PSICOTERAPIA Y EXISTENCIALISMO
ESCRITOS SELECTOS SOBRE LOGOTERAPIA

VIKTOR E. FRANKL

y las colaboraciones de
JAMES C. CRUMBAUGH
HANS O. GERZ
y LEONARD T. MAHOLICK

PSICOTERAPIA Y EXISTENCIALISMO
ESCRITOS SELECTOS SOBRE LOGOTERAPIA

Traducción de
ANTONI MARTÍNEZ RIU

Herder

Título original: Psychotherapy and Existentialism
Traducción: Antoni Martínez Riu
Diseño de cubierta: Gabriel Nunes

ISBN: 978-84-254-5480-6

Imprenta: Qpprint
Depósito legal: B- 6.333-2026
Printed in Spain – Impreso en España

Herder
www.herdereditorial.com

RECONOCIMIENTOS

El autor desea expresar su agradecimiento a los siguientes autores y entidades, por el permiso que le concedieron de reeditar –por entero o en parte– artículos aparecidos en esta colección:

American Journal of Psychoterapy, por «Paradoxical Intention: A Logotherapeutic Tecnique», en *American Journal of Psychotherapy,* 4, 3 julio (1960) 520-535.

The Christian Century Foundation, por «The Will to Meaning», The Christian Century Foundation, Copyright © 1964. Reimpreso aquí de *The Christian Century,* 7, 22 abril (1964) 515-517, como una sección de «Los fundamentos filosóficos de la logoterapia».

Dr. James C. Crumbaugh y Dr. Leonard T. Maholick, por su artículo «An Experimental Study in Existentialism: The Psychometric Approach to Frankl's Concept of *Noögenic* Neurosis».

Dr. Joseph Fabry y esposa, por su traducción de «Psychotherapy, Art, and Religion».

Dr. Hans O. Gerz, por su artículo «The Treatment of the Phobic and the Obsessive-compulsive Patient Using Paradoxical Intention sec. Viktor E. Frankl».

Group Psychotherapy, J. L. Moreno, Doctor en medicina, editor y publicista de Beacon House, Inc., por «Group Psychotherapeutic Experience in a Concentration Camp», en *Group Psychotherapy,* 7, 1 (1954) 81-90.

International Journal of Neuropsychiatry, por «The Treatment of the Phobic and the Obsessive-compulsive Patien Using Paradoxical Intention sec. Viktor F. Frankl, en *Journal of Neuropsychiatry,* 3, 6 (julio-agosto 1962) 375-387.

The Jewish Echo, por «In Memoriam», en *The Jewish Echo,* vol. 5, n°6, 11.

Journal of Clinical Psychology, por «An Experimental Study in Existentialism: The Pyschometric Approach to Frankl's Concept of Noögenic Neurosis», en *Journal of Clinical Psychology,* 20 (2 abril 1964) 200-207.

Journal of Existentialism, Libra Publisher, Inc., por «Beyond Self-Actualization and Self-Expression», en *Journal of Existential Psychiatry,* 1, 1 (primavera 1961) 5-16, aquí reimpreso en una versión revisada como «Dinámica y valores»; «Existential Dynamics and Neurotic Escapism», en *Journal of Existential Psychiatry,* 4 (1963) 27-42.

Journal of Individual Psychology, por «The Spiritual Dimension in Existential Analysis and Logotherapy», en *Journal of Individual Psychology,* 15 (1959) 157-165, reimpreso aquí en una versión corregida y abreviada como «Análisis existencial y ontología dimensional».

Journal of Religion and Health, por «Psychiatry and Man's Quest for Meaning», en *Journal of Religion and Health,* 1, 2 (enero 1962) 93-103.

Motive Magazine, por «Existential Escapism», en *Motive Magazine,* (enero-febrero 1964), reimpreso aquí en forma abreviada como «La logoterapia y el desafío del sufrimiento».

Padre Adrian L. VanKaam, por «The Philosophical Foundations of Logotherapy» y «Logotherapy and Existence»

Review of Existential Psychology and Psychiatry, por «Logotherapy and the Challenge of Suffering», en Review of Existential Psychology and Psychiatry, 1 (1961) 3-7, reimpreso aquí en forma abreviada como «Logoterapia y existencia».

Universitas, Dr. H. W. Bähr, editor, Wissenschaftliche Verlagsgesellschaft M. B. H., Stuttgart, English Language Edition, por «Collective Neuroses, of the Present Day», en *Universitas,* 4, 3 (1961) 301-315; «Existential Dynamics and Neurotic Escapism», en *Universitas,* 5, 3 (1962) 273-286.

PRÓLOGO DE LA EDICIÓN ESPAÑOLA

Ha de llamar forzosamente la atención del lector que Editorial Herder publique, a los tres años de la muerte de Viktor E. Frankl, una colección de artículos y conferencias del fundador de la logoterapia y del análisis existencial, escritos en los años sesenta. Pero poco ha de sorprender esto mismo al lector habitual de las obras del doctor Frankl, habituado como está a la práctica habitual de este eximio médico-psiquiatra de recurrir al depósito de la memoria y sacar de allí textos antiguos de artículos y conferencias, reelaborados de nuevo y presentados con nuevas aportaciones para agradable y sugerente lectura del novicio y del iniciado; tampoco puede decirse que las dos últimas obras de Frankl sean precisamente novedosas: una de ellas es una recopilación de escritos (*Viktor Frankl – Recollections*) y la otra (*Man's search for ultimate meaning*) es sustancialmente una edición revisada y ampliada de *La presencia ignorada de Dios* (ed. inglesa en 1975), libro cuya historia primera se remonta al original alemán de 1947 (*Der unbewußte Gott*) y de la conferencia, de igual título, pronunciada en Dallas en 1985. La presente obra, *Psicoterapia y existencialismo,* que se publica ciertamente con retraso desde que viera la luz en el año 1967 y que, a diferencia de la mayoría de obras de Frankl, ha sido objeto de escasas traducciones (ha sido publicada, además del inglés, en japonés, griego y coreano), es una recopilación de artículos y conferencias escritos en los años cincuenta y sesenta y persigue el objetivo, como el mismo Viktor E. Frankl destaca en su prólogo, de editarlos para que los lectores tengan acceso a obras habitualmente reseñadas en las bibliografías, pero publicadas las más de las veces en revistas profesionales de difusión limitada. Estos textos escritos en torno a 1959, año en que publica *Fundamentos del análisis existencial y de la logoterapia* (en *Handbuch der Neurosenlehre und Psychotherapie,* editado por Frankl, Gebsattel and Schultz, Urban & Schwarzenberg, Múnich-Berlín 1959), conservan la frescura de la recién estrenada madurez del sistema conceptual que Frankl construye en esta última obra, que se considera el tratamiento sistemático por excelencia del análisis existencial y de la logoterapia; el soporte empírico que esta terapia de corte humanista busca constantemente tiene, en el capítulo XIV de esta obra («Un estudio experimental en existencialismo: el enfoque psicométrico del concepto de neurosis noógena de Frankl»), un buen ejemplo de fundamentación empírica: el primer estudio empírico llevado a cabo por colaboradores de Frankl (James C. Crumbaugh, Hans O. Gerz y Leonard T. Maholick), al que más adelante seguirán otros del mismo tipo (como, por ejemplo, el de Elisabeth S. Lukas, «Para validar la logoterapia, en Viktor E. Frankl, *La voluntad de sentido,* Herder, Barcelona 1994»).

No extrañe el lector, pues, la obra por aparecer con tanto retraso en su edición castellana; más bien lo celebre, porque tiene a mano, una vez más, una nueva exposición de las categorías fundamentales del pensamiento de Frankl, tantas veces reiteradas en sus obras y presentadas con multitud de ejemplos. La repetición es una característica de las obras de Frankl, que él mismo justifica desde una perspectiva pedagógica *–repetita juvant–* de clarificación de conceptos; la repetición y hasta la acronía, diríamos, pues de este autor quizá no hemos recibido a lo largo y amplio de todas sus obras más que una sola y provechosa lección dicha de mil maneras: la de que el hombre busca y desea sentido. No deja de ser significativo que la última de sus obras lleve por título «El hombre en busca del sentido último»; el título ya estaba contenido en ciernes en el de la obra que más nombre le ha dado, ya lejana en el tiempo, «El hombre en busca de sentido» y lo que dice en la última lo ha dicho en otras anteriores y pudo decirlo en la primera; si hay sentido, en la vida del hombre y en el mundo –lo que Kant llamaba el *fin final* del hombre y del mundo–, no meramente «significado», que éste se encuentra en cualquier soporte simbólico –la palabra o la acción concreta– lo hay porque el sentido de una totalidad –la vida– ha de ser último e incondicionado, esto es, religioso. Ignoramos si la lección de Frankl, este análisis de la existencia humana que ve en el hombre un ser responsable y libre, cuya naturaleza es trascenderse a sí mismo y cuya motivación no es otra que la «voluntad de sentido», es la lección definitiva para nuestra vida; se traspasa en esto el dintel del campo del conocimiento racional y teórico y se entra de lleno en el de la razón práctica, de la libertad y la responsabilidad humana, del deseo y la voluntad, y hasta de la fe. Como Kant, que una vez escritas todas las *Críticas* deja al lector solo, aunque ilustrado, en el umbral de la religión, también Frankl, al término de todas sus obras –o podemos decir, a lo largo de toda su obra– nos sitúa avisados e igualmente esclarecidos ante la puerta de la religión, pero, eso sí, con las debidas advertencias: «La logoterapia, como práctica y teoría laica que es, se resiste claro está, a abandonar los límites de la ciencia médica. Puede abrir la puerta a la religión, pero es el paciente, no el médico, quien ha de decidir si quiere atravesar dicha puerta» (Capítulo II).

Noviembre de 2000

ÍNDICE

PRÓLOGO

Este volumen consta básicamente de escritos míos en el terreno de la logoterapia, publicados durante los cincuenta y sesenta. He seleccionado para reimpresión aquellos ensayos que he creído aportarán una más clara y más directa comprensión de los principios de la logoterapia y de sus aplicaciones terapéuticas, ensayos que complementan el tratamiento más amplio que doy a la logoterapia en otras obras mías, a la vez que plantean ulteriores discusiones sobre aspectos específicos de este sistema.

Con demasiada frecuencia han intentado los lectores tener acceso a obras reseñadas en la bibliografía y se han encontrado con que la mayoría de artículos citados han aparecido en revistas profesionales de relativamente poca difusión. Quiero esperar, por tanto, que esta colección sirva como introducción o como libro de consulta para tantas personas como se han interesado en la logoterapia.

He preferido presentar estos artículos más o menos como fueron escritos o impresos en su forma originaria en lugar de reelaborarlos y componer con ellos un libro excesivamente estructurado. Con todo, si cada escrito ofreció la oportunidad de llevar a imprenta ideas o materiales nuevos, en el momento de su publicación, la presente colección ofrece la oportunidad de reagrupar el material nuevo con el antiguo, las ideas recientes con las ya conocidas. Pero esto no quiere decir que me haya decidido a cotejar todo el material sobre un determinado tema. En última instancia, cada escrito constituía un todo básico, y no parecería oportuno destruir esta totalidad originaria por pretender otra artificial. De modo parecido, la mayoría de estos artículos fueron leídos ante una audiencia y, por razones didácticas, he desechado la idea de editarlos revisándolos a fondo. Es decir, he preferido dejarles su tono conversacional.

Ciertamente, estas decisiones implicaban el riesgo de una superposición parcial, porque sólo intentando reestructurar cada uno de los ensayos para adaptarlo a un volumen totalmente estructurado habría sido posible eliminar toda repetición. Pero, y esto es importante, la repetición puede llegar a ser un instrumento didáctico y manifestarse útil al lector, en particular si las repeticiones se refieren a principios básicos de la logoterapia y ocurren en contextos diferentes dentro de cada ensayo, por cuanto permiten ver el tema desde distintas perspectivas.

Por ello, siempre que me ha parecido preferible y posible, he mantenido el título original y la unidad de cada artículo. En aquellos casos en que ha parecido más prudente una mínima confrontación del material, he cambiado los títulos para disponer los ensayos tal como ahora están.

Para justificar el título de este libro, *Psicoterapia y existencialismo,* son necesarias unas pocas palabras.

La logoterapia representa una de las escuelas del campo de la psicoterapia y, más específicamente, tal como lo consideran diversos autores, entra en la categoría de lo que éstos denominan «psiquiatría existencial». Ya en los años treinta introduje el término de *Existenzanalyse* como una designación y denotación alternativa de logoterapia, palabra que yo mismo acuñé en los años veinte. Cuando los escritores americanos comenzaron a publicar trabajos sobre *Existenzanalyse,* tradujeron el término como «análisis existencial». Sin embargo, usaron el mismo término para nombrar las teorías de Ludwig Binswanger, quien, en los años cuarenta, había comenzado a denominar sus propias enseñanzas *Daseinsanalyse.* De este modo, el análisis existencial se convirtió en una noción ambigua. Para no aumentar la confusión surgida con esta ambigüedad, decidí usar sólo el término «logoterapia» y evitar en lo posible el empleo de su sinónimo, análisis existencial, como traducción de *Existenzanalyse.*

En lo que concierne a la psiquiatría existencial, o por lo que se refiere al existencialismo en su sentido más inclusivo y abarcador, puede decirse con toda seguridad que hay tantos existencialismos como existencialistas hay. En el marco de este libro, algunos serán dejados de lado mientras que otros serán criticados. Esto último es particularmente cierto en el caso de aquellos que no son conscientes de que, en realidad, construyen y usan mal frases que toman en préstamo de la terminología de los existencialistas de verdad.

Al concluir este prefacio es mi deseo más sentido dar las gracias a todos aquellos que me han ofrecido su valioso consejo y su ayuda para la edición de estos escritos, incluso antes de que aparecieran en este libro. Espero que no van a sentir como una ofensa que simplemente los enumere en una lista sin precisar, para cada caso, sus preciosos servicios. De un modo conjunto expreso satisfecho mi gratitud, aprecio y consideración a Gordon W. Allport, Heinz L. Ansbacher, Joseph B. Fabry, Emil A. Gutheil, Eleanore M. Jantz, Paul E. Johnson, Melvin A. Kimble, Daniel J. Kurland, Robert C. Leslie, Lester C. Rampley, Randolph J. Sasnett, Donald F. Tweedie, Jr., Adrian L. VanKaam, George Vlahos, Werner von Alvensleben, Rolf H. von Eckartsberg, Walter A. Weisskopf, Antonia Wenkart y Julius Winkler.

VIKTOR E. FRANKL
Viena 1967

I
LOS FUNDAMENTOS FILOSÓFICOS DE LA LOGOTERAPIA[1]

Según la afirmación hecha por Gordon W. Allport, la logoterapia es una de las escuelas americanas a las que se aplica la etiqueta de «psiquiatría existencial». Tal como Aaron J. Ungersma ha señalado en su libro *The search for meaning: A new approach in psychotherapy and pastoral psychology* [La búsqueda del sentido: un nuevo enfoque en psicoterapia y psicología pastoral], la logoterapia es actualmente la única escuela en el amplio campo de la psiquiatría existencial que ha conseguido desarrollar lo que puede justificadamente considerarse una técnica psicoterapéutica. Donald F. Tweedie, Jr., en su volumen *Logotherapy and the Christian Faith* [Logoterapia y fe cristiana], observa que este hecho despertará el interés del americano típico, cuya perspectiva es tradicionalmente pragmática.

Comoquiera que sea, la logoterapia excede y va más allá del análisis existencial, o el ontoanálisis, en la medida en que es esencialmente más que un análisis de la existencia, o del ser, e implica más que un simple análisis de su sujeto. A la logoterapia concierne no sólo el ser, sino también el sentido –no sólo el *ontos* sino también el *logos*–, y este rasgo justifica adecuadamente la orientación activista y terapéutica de la logoterapia. En otras palabras, la logoterapia no es sólo análisis, es también terapia.

Como pasa con todo tipo de terapia, hay una teoría que subyace en su práctica; una *theoria,* es decir, una visión, una *Weltanschauung.* A

1. Trabajo leído en la Conferencia sobre Fenomenología, Lexington, Kentucky, 4 de abril de 1963.

diferencia de otras muchas terapias, no obstante, la logoterapia se basa en una filosofía explícita de la vida. Más específicamente, se basa en tres supuestos fundamentales que constituyen una cadena de eslabones interconectados:

1. La libertad de la voluntad;
2. La voluntad de sentido;
3. El sentido de la vida.

La libertad de la voluntad

La libertad de la voluntad del hombre pertenece a los datos inmediatos de su experiencia. Estos datos ceden la palabra a ese planteamiento empírico que, desde la época de Husserl, se denomina fenomenológico[2]. En la actualidad sólo dos clases de personas sostienen que su voluntad no es libre: los pacientes que sufren del engaño de creer que su voluntad está manipulada y sus pensamientos controlados por otros y, junto a éstos, los filósofos deterministas. A decir verdad, estos últimos admiten que tenemos experiencia de nuestra voluntad como si fuera libre, pero esto, dicen, no es más que un autoengaño. Por ello, el único punto de desacuerdo entre su convicción y la mía se refiere a la cuestión de si nuestra experiencia nos lleva, o no, a la verdad.

¿Quién ha de ser juez en este asunto? Para responder a esta pregunta, tomemos como punto de partida el hecho de que no sólo las personas anormales, como los esquizofrénicos, sino hasta las normales pueden, en determinadas circunstancias, tener experiencia de su voluntad como de algo no libre. Pueden hacerlo si hacemos que tomen una pequeña dosis de dietilamida del ácido lisérgico (LSD). Pronto empezarán a padecer una psicosis artificial en la que, según los informes de investigación publicados, se sienten a sí mismos como autómatas. En otras palabras, experimentan la «verdad» del determinismo. Sin embargo, es momento de preguntarnos si es o no probable que

2. La fenomenología, tal como la entiendo, habla más bien el lenguaje de la autocomprensión humana prerreflexiva que no interpreta un determinado fenómeno según pautas preconcebidas.

el hombre acceda a la verdad sólo después de envenenarse el cerebro. Realmente, un extraño concepto de *aletheia:* ¡que la verdad sólo se revele y descubra a través de una falsa ilusión, que el *logos* sólo pueda ser mediado a través de lo *patológico*!

Huelga decir que la libertad de un ser finito como el hombre es una libertad con límites. El hombre no está libre de condicionantes, sean biológicos, psicológicos o de naturaleza sociológica. Pero el hombre es y sigue siendo libre de tomar posiciones con respecto a estos condicionantes; siempre conserva la libertad de decidir su actitud para con ellos. El hombre es libre de elevarse por encima del nivel de los determinantes somáticos y psíquicos de su existencia. Por esto mismo se abre a una nueva dimensión. El hombre entra en la dimensión de lo noético, en contraposición a lo somático y lo psíquico. Se vuelve capaz de adoptar una actitud no sólo con relación al mundo, sino también en relación consigo mismo. El hombre es un ser capaz de reflexionar sobre sí mismo y hasta de rechazarse. Puede ser su propio juez, el juez de sus propios actos. En suma, los fenómenos específicamente humanos vinculados entre sí –la conciencia y la autoconciencia– no serían comprensibles a menos que entendamos al hombre como un ser capaz de distanciarse de sí mismo, abandonando el «plano» de lo biológico y lo psicológico para pasar al «espacio» de lo noológico. Esta dimensión específicamente humana, que he denominado noológica[3], no es accesible al puro animal. Un perro, por ejemplo, tras haber mojado la alfombra, puede ocultarse a hurtadillas bajo el sofá, pero esto no sería todavía un signo de mala conciencia; es un cierto tipo de angustia de expectación, esto es, temerosa anticipación del castigo.

La capacidad específicamente humana de autodistanciamiento se moviliza y aprovecha con fines terapéuticos en una técnica especial de logoterapia llamada intención paradójica. El siguiente caso puede ser una ilustración clara y concisa de esa intención paradójica:

> El paciente era un contable que había sido tratado por diversos doctores y en clínicas diversas sin ningún tipo de éxito terapéutico. Cuan-

3. Cf. V. E., Frankl, «The concept of man in logotherapy», en *Journal of Existentialism,* 4 (1965) 53.

do vino a mi clínica, se encontraba sumido en la más extrema desesperación, admitiendo que estaba a punto de suicidarse. Hacía años que sufría de dolores al intentar escribir, y últimamente habían llegado a tal gravedad que corría el peligro de perder su empleo. Por consiguiente, sólo una terapia inmediata a corto plazo podía aliviar su situación. Al empezar el tratamiento, mi socio recomendó al paciente que hiciera justamente lo contrario de lo que habitualmente solía hacer; a saber, en vez de intentar escribir de forma tan clara y legible como le fuera posible, que escribiera con los peores garabatos posibles. Se le advirtió que se dijera a sí mismo: «¡Ahora demostraré a los demás qué escritorzuelo tan bueno que soy!» Y en el mismo momento en que deliberadamente intentó garabatear, le fue imposible hacerlo. «Intentaba hacer garabatos, pero simplemente no podía», explicó al día siguiente. En cuarenta y ocho horas se liberó así el paciente de sus dolores al escribir, permaneciendo curado durante el período de observación que siguió al tratamiento. Es ahora un hombre feliz absolutamente capaz de trabajar.

Es propio de esta técnica un buen sentido del humor. Y la cosa puede entenderse, puesto que sabemos que el humor es una manera extraordinaria de poner distancia entre nosotros y alguna otra cosa. Podríamos también decir que el humor ayuda al hombre a elevarse por encima de su desgracia al darle la oportunidad de verse a sí mismo de un modo más imparcial. De manera que también el humor debería situarse en la dimensión noética. En definitiva, ningún animal es capaz de reírse, y mucho menos de sí mismo.

El mecanismo básico subyacente en la técnica de la intención paradójica puede óptimamente ilustrarse con un chiste que alguien me contó hace algunos años: Un muchacho que llegó tarde a la escuela se excusó ante el maestro argumentando que las calles heladas resbalaban tanto que cada vez que intentaba dar un paso hacia delante resbalaba dos pasos hacia atrás. A lo que el maestro replicó: «Ahora sí que te pillo con una mentira. Si esto fuera verdad, ¿cómo pudiste llegar a la escuela? Y el muchacho respondió tranquilamente: «¡Al final di la vuelta y me fui para casa!»

Estoy convencido de que la intención paradójica no es en modo alguno un procedimiento que simplemente se mueve por la superficie de una neurosis; más bien capacita al paciente a llevar a cabo a un nivel más profundo un cambio radical de actitud, y ciertamente un cambio saludable. Sin embargo, ha habido intentos de explicar los innegables efectos terapéuticos obtenidos mediante esta técnica logoterapéutica con principios psicodinámicos[4]. Uno de los médicos de mi equipo en el Hospital Policlínico de Viena, un freudiano sumamente experto, presentó a la Sociedad Psicoanalítica de Viena, la más antigua del mundo, un trabajo sobre la intención paradójica con el que explicaba sus éxitos exclusivamente en términos psicodinámicos. Mientras preparaba su trabajo, sucedió que recibió en consulta a una paciente que padecía una agorafobia aguda y probó con ella la intención paradójica. Pero, para desgracia suya, después de sólo una sesión, aquella paciente se curó de todos sus males y al médico le resultó sumamente difícil hacerla volver para seguir con más sesiones a fin de descubrir la psicodinámica subyacente en la cura.

La voluntad de sentido

Volvamos ahora al segundo supuesto básico: la voluntad de sentido. Por razones didácticas, la voluntad de sentido se ha contrapuesto, por la vía de una excesiva simplificación heurística, tanto al principio de placer, de tan frecuente uso en las teorías psicoanalíticas de la motivación, como a la voluntad de poder, el concepto que desempeña un papel decisivo en la psicología adleriana. No me canso de sostener que la voluntad de placer es realmente un principio contraproducente, en la medida en que, cuanto más se esfuerza de verdad por conseguir placer menos lo consigue. Esto se debe al hecho fundamental de que el placer es un subproducto, o un efecto secundario, del esfuerzo realizado, pero que se destruye y vacía en la medida en que se convierte en una meta o en un objetivo. Cuanto más busca uno el placer por la vía de la intención directa tanto más fracasa en el intento. Y éste, me atrevo a decir es un mecanismo etiológicamente contenido en la mayoría

4. Cf. V. E. Frankl, *The doctor and the soul: from psychotherapy to logotherapy*, Alfred A. Knopf, Nueva York ²1965, p. 236; trad. cast.: *Psicoanálisis y existencialismo*, Fondo de Cultura Económica, México-Buenos Aires 2010.

de casos de neurosis sexual. En consonancia, una técnica logoterapéutica basada en esta teoría de la cualidad autofrustratoria de la intención paradójica arroja notables éxitos a corto plazo, y esta técnica la han usado de un modo efectivo incluso terapeutas de orientación psicodinámica de mi propio equipo de trabajo. Uno de ellos, a quien asigné la responsabilidad del tratamiento de todos los pacientes sexualmente neuróticos, ha usado esta técnica de un modo exclusivo, en términos de un procedimiento a corto plazo, que ha resultado el único indicado en el marco establecido.

En definitiva, sucede que tanto la voluntad de placer como la voluntad de poder son derivados de la voluntad original de sentido. El placer, como hemos dicho antes, es un efecto de la realización de sentido; el poder es un medio para un fin. Una cierta cantidad de poder, como el poder económico o financiero, es por lo general un requisito del cumplimiento del sentido. Así podríamos decir que, mientras que la voluntad de placer confunde el efecto con el fin, la voluntad de poder confunde el medio para un fin con el fin en sí mismo.

Sin embargo, no tenemos en verdad razón de hablar de una *voluntad* de placer o de poder en relación con escuelas de pensamiento de orientación psicodinámica; dan éstas por supuesto que el hombre busca las metas de su conducta de forma involuntaria e inconsciente y que sus motivaciones conscientes no son sus motivaciones reales. Erich Fromm, por ejemplo, sólo recientemente hablaba de «fuerzas de motivación que mueven al hombre a actuar de un modo determinado, impulsos que le obligan a esforzarse en determinadas direcciones»[5]. Por mi parte, en cambio, no concibo que el hombre se vea realmente obligado a esforzarse; yo diría o que se esfuerza o que es forzado. *Tertium non datur.* Ignorar esta diferencia o, más bien, sacrificar uno de los fenómenos al otro, es un procedimiento indigno de un científico. Actuar así es dejar que la adhesión a las hipótesis nos impida ver los hechos. Una distorsión de este tipo hace suponer que al hombre «le animan» sus instintos. Al citar aquí a Sigmund Freud, en beneficio de la justicia añadiremos otra afirmación del mismo Freud, no tan conocida. En una reseña a un libro que escribió para el «Wiener Medi-

5. *Beyond de chains of illusion,* Simon & Schuster, Inc., Nueva York 1962, p. 38.

zinische Wochenschrift» [Semanario médico vienés], en 1889, dice: «Reverenciar la grandeza de un genio es ciertamente una gran cosa. Pero deberíamos reverenciar más los hechos.»

Freud y, en consecuencia, sus epígonos nos han enseñado siempre a ver algo más allá, o por debajo, de las voliciones humanas: las motivaciones inconscientes, la dinámica subyacente. Freud nunca interpretó un fenómeno humano según su valor nominal; o, adoptando la formulación usada por Gordon W. Allport, «Freud era un especialista en precisamente aquellos motivos que no pueden ser tomados en su valor nominal»[6]. ¿Quiere esto decir, sin embargo, que no hay en principio motivos que puedan ser tomados en su valor manifiesto? Un supuesto de este tipo es comparable a la actitud de aquel que, al serle mostrada una cigüeña, dijo: «¡Pero si yo creía que la cigüeña no existía!» ¿Acaso el hecho de que la cigüeña haya sido empleada para ocultar a los niños los hechos de la vida niega de algún modo la realidad del ave?

El principio de realidad es, según las propias palabras de Freud, una simple extensión del principio de placer; un principio que sirve al propósito del principio de placer. Podría justamente decirse también que el principio de placer en sí mismo es una simple extensión que actúa al servicio de un concepto más amplio llamado principio homeostático, facilitando *sus* objetivos. En última instancia, el concepto psicodinámico de hombre considera a éste un ser básicamente ocupado en mantener o restaurar su equilibrio interno, que, a este fin, procura complacer sus impulsos y satisfacer sus instintos. Incluso en la perspectiva con que se contempla al hombre en la psicología de Jung, la motivación humana se interpreta de acuerdo con esta línea. Pensemos en los arquetipos. También éstos son entidades míticas (igual como Freud llama a sus pulsiones). De nuevo se ve al hombre dedicado a liberarse de las tensiones, nazcan ellas de los impulsos y pulsiones que exigen gratificación y satisfacción, o de los arquetipos que reclaman su materialización. En ambos casos, la realidad, el mundo de seres y sentidos, se envilece y degrada convirtiéndose en una serie de instrumentos más o menos viables que pueden usarse para liberarse de diversos estímulos, como los enojosos superyoes o los arquetipos. Lo que, no

6. *Personality and social encounter,* Beacon Press, Boston 1960, p. 103.

obstante, se ha sacrificado y, por ello, eliminado totalmente en esta visión del hombre es el hecho fundamental que se presta a un análisis fenomenológico, a saber, que el hombre es un ser que va al encuentro de otros seres y tiende la mano en busca de sentidos por realizar.

Y ésta es precisamente la razón por que hablo de una voluntad de sentido más que de una necesidad de sentido o de una pulsión de sentido. Si el hombre estuviera verdaderamente impulsado al sentido emprendería la realización del sentido sólo por las ganas de liberarse de esta pulsión, en orden a restaurar la homeostasis interior. Pero, al mismo tiempo, ya no se preocuparía por el sentido en sí, sino más bien por su propio equilibrio y, en definitiva, por sí mismo.

Es posible que esté ahora claro que un concepto como la autoactualización, o la autorrealización, no sea principio suficiente en una teoría de la motivación. Se debe esto sobre todo al hecho de que la autoactualización, como el poder o el placer, pertenece también a la clase de fenómenos que sólo pueden obtenerse a modo de efectos secundarios y que se frustran justamente en la medida en que se constituyen en objeto de intención directa. La autoactualización es buena; sin embargo, mantengo que la persona sólo se actualiza a sí misma en la medida en que realiza sentidos. La autoactualización ocurre espontáneamente; se echa a perder cuando se la constituye en un fin en sí misma.

Cuando daba clases en la universidad de Melbourne, me regalaron como recuerdo un bumerán australiano. Contemplando este regalo inusual, se me ocurrió que en cierto sentido era un símbolo de la existencia humana. Por lo general, se da por supuesto que un bumerán vuelve a la mano del cazador; pero en realidad, me dijeron en Australia, que sólo vuelve al cazador si ha fallado su objetivo, la presa. Bien, el hombre sólo vuelve a sí mismo, a ocuparse de sí mismo, después de fallar su misión, tras fracasar en la búsqueda de sentido en su vida.

Ernest Keen, uno de mis ayudantes durante un período docente en un curso de verano en Harvard, dedicó su tesis doctoral a demostrar que los puntos débiles del psicoanálisis freudiano quedaban compensados por la psicología del yo de Heinz Hartmann, y las deficiencias de la psicología del yo, a su vez, por el concepto de identidad de Erikson. Sin embargo, sostiene Keen, faltaba aún un último eslabón, y este eslabón es la logoterapia. De hecho, estoy convencido que nadie debe, en realidad nadie puede, luchar por su identidad de un modo directo; encontramos más bien nuestra identidad en la medida en que nos comprometemos con algo que está más allá de nosotros, con una causa mayor que uno mismo. Nadie lo ha dicho con tanta fuerza como Karl Jaspers cuando afirma: «Lo que el hombre es, lo es por la causa que él ha hecho suya.»

Rolf von Eckartsberg, otro de mis ayudantes en Harvard, ha mostrado la insuficiencia del concepto de la función de rol señalando que evita el auténtico problema que oculta: el problema de la elección y del valor. Porque de nuevo hay un problema: ¿*Qué* rol hay que adoptar? ¿*Cuál* es la causa que hay que defender? No podemos no tomar decisiones.

Lo mismo puede decirse de aquellos que enseñan que tanto el destino último del hombre como la intención primaria es desarrollar las propias potencialidades. Sócrates confesó que poseía en su interior la potencialidad de ser un criminal, pero decidió evitar la materialización de esta potencialidad, y esta decisión, podemos añadir, constituye la diferencia.

Pero preguntémonos por el propósito real de las siguientes afirmaciones: ¿Debería el hombre únicamente desarrollar sus potencialidades internas o –como también suele decirse– expresarse a sí mismo? El motivo oculto que hay detrás de nociones de este tipo es, a mi entender, disminuir la tensión surgida por la distancia que hay entre lo que somos y lo que debemos ser; la tensión entre el estado actual de cosas y el estado ideal que hay que materializar; la tensión entre la existencia y la esencia, o como también podríamos decir, entre el ser y el sentido. De hecho, predicar que el hombre no necesita preocuparse por ideales y valores, dado que no son nada más que «autoexpresiones» y que, por consiguiente, debería simplemente emprender la actualización de sus propias potencialidades es una buena señal. Es como decir al hombre que no alargue la mano hacia las estrellas para hacerlas descender a la tierra, porque todo está bien, todo está ya ahí, por lo menos en forma de potencialidades por actualizar.

El imperativo de Píndaro –sé lo que eres– se ve así privado de su carácter imperativo y se cambia en el enunciado en indicativo de que el hombre ha sido siempre lo que debía ser. En consecuencia, el hombre no precisa extender la mano hacia las estrellas para bajarlas a la tierra, porque *¡la tierra es ya una estrella!*

El hecho es que la tensión entre ser y sentido es imposible de erradicar en el hombre. Es inherente al ser humano y, por consiguiente, indispensable para el bienestar mental. Por ello hemos comenzado por la orientación del hombre al sentido, es decir, por su voluntad de sentido y hemos llegado ahora a otro problema, a saber: su confrontación con el sentido. La primera cuestión remite a lo que el hombre básicamente *es:* orientado al sentido; la segunda remite a lo que *debe ser,* confrontado con el sentido.

Sin embargo, no tiene sentido confrontar al hombre con valores que se ven meramente como una forma de autoexpresión. Mucho menos consideraríamos buen comienzo hacerle ver que los valores no son nada más que «meros mecanismos de defensa, formaciones reactivas o racionalizaciones de sus pulsiones instintivas», como dos destacados cultivadores de este campo, de orientación psicoanalítica, los han definido. Mi reacción a este planteamiento teórico es que para nada desearía vivir a causa de mis «mecanismos de defensa» y mucho menos morir por causa de mis «formaciones reactivas».

Por otro lado, en un caso y en un marco concreto, la indoctrinación de un paciente según las líneas de las interpretaciones psicodinámicas puede ser muy útil a efectos de lo que debería llamarse *racionalización existencial.* Si se le enseña a una persona que su preocupación por un sentido último de su vida no es nada más que, digamos, una manera de ponerse de acuerdo con la situación edípica de su primera infancia, entonces podemos psicoanalizar su preocupación, junto con la tensión existencial que provoca.

La logoterapia hace otro planteamiento. La logoterapia no ahorra al paciente enfrentarse al sentido específico que él tiene que realizar y no nos ahorra a nosotros tener que ayudarle a encontrarlo. El profesor Tweedie ha relatado lo que sucedió en cierta ocasión en mi despacho cuando un médico americano me preguntó en Viena que le explicara la diferencia entre logoterapia y psicoanálisis con una sola frase. Le contesté invitándole a que primero a que me dijera cuál era, a su entender, la esencia del psicoanálisis. Me dijo: «En el psicoanálisis, el paciente debe estar echado sobre un sofá y contarte cosas que a veces son muy desagradables de contar». Como bromeando le repliqué: «Pues, en logoterapia, el paciente puede permanecer sentado, pero tiene que oír cosas que a veces son muy desagradables de oír».

La otredad de otro ser no ha de quedar disminuida en el pensamiento existencial, como dice con toda justicia Erwin Straus; y lo mismo hay que decir del sentido. El sentido que un ser tiene que llevar a efecto es algo que está más allá de sí mismo, nunca es lo mismo que él. Sólo si el sentido retiene esta otredad, puede ejercer sobre un ser esa exigencia de entregarse a un análisis fenomenológico de la experiencia de la existencia. Sólo un sentido que no sea meramente expresión del ser mismo representa un auténtico desafío. Recordemos la historia de la Biblia: cuando los israelitas marchaban por el desierto, la gloria de Dios los precedía en forma de una nube; sólo de esta manera pudo Dios guiar a los israelitas. Imaginemos, por otro lado, qué habría sucedido si la presencia de Dios, la nube, hubiera permanecido en medio de los israelitas; más que guiarlos acertadamente, la nube hubiera nublado todo y los israelitas hubiesen andado perdidos.

Dicho de otra manera, el sentido no ha de coincidir con el ser; el sentido va por delante del ser. El sentido marca la pauta al ser. La existencia se quiebra a menos que sea vivida en términos de trascendencia hacia algo más allá de sí misma. Viendo las cosas desde este ángulo, podríamos distinguir entre personas que marcan la pauta y personas conciliadoras: las primeras nos enfrentan a los sentidos y valores, ayudando así a orientarnos en el sentido; las últimas aligeran el peso de la confrontación con el sentido. En este sentido Moisés era alguien que marcaba la pauta; no fue un pacificador de conciencias, sino un provocador. Moisés confrontó a su pueblo con los Diez Mandamientos y no les ahorró la confrontación con ideales y valores. Los conciliadores, en cambio, apaciguan a la gente; intentan reconciliarla consigo misma. «Plantemos cara a los hechos», dicen. «¿Por qué os preocupáis por vuestras deficiencias? Sólo unos pocos viven según sus ideales. De modo que olvidémosles; cuidemos de la paz de nuestra mente, del alma, y no de esos sentidos existenciales que sólo provocan tensiones en los seres humanos.»

Pero los conciliadores se olvidan de la sabiduría que destila la advertencia de Goethe: «Cuando aceptamos al hombre tal como es, lo hacemos peor; cuando lo aceptamos como si fuera ya lo que debería ser, le ayudamos a serlo.»

Luego que la orientación al sentido se vuelve hacia la confrontación con el sentido, se alcanza un estadio de madurez y desarrollo en el que la libertad –ese concepto tan subrayado por la filosofía existencialista– se vuelve responsabilidad. El hombre es responsable de la realización del sentido específico de su vida personal. Pero es también responsable *ante* algo, o para algo, sea la sociedad, el género, la humanidad o su propia conciencia. Sin embargo, hay un importante número de personas que interpretan su propia existencia, no sólo en términos de ser responsables para algo, sino también para *alguien,* a saber, Dios[7].

La logoterapia, como teoría y práctica médica secular, debe ceñirse a los enunciados fácticos, dejando al paciente la decisión sobre el modo de entender su propia manera de ser responsable: de acuerdo con las directrices de una creencia religiosa o de acuerdo con convicciones agnósticas. La logoterapia debe ser accesible a todo el mundo; debería estar obligado a creerlo así por mi juramento hipocrático, si ya no por otras razones. La logoterapia es aplicable en casos de pacientes ateos y puede ser aplicada por médicos ateos. En todo caso, la logoterapia ve en la responsabilidad la auténtica esencia de la existencia humana. Al capitalizar la responsabilidad hasta este punto, el logoterapeuta no puede ahorrar a su paciente la decisión acerca de qué y para qué o para quién se siente él responsable.

Un logoterapeuta no tiene conscientemente derecho alguno a influir en la decisión del paciente acerca de cómo interpretar su propia responsabilidad, o acerca de qué es lo que tiene que considerar como sentido personal. La conciencia de cada cual, como todo lo humano, está sujeta a error; pero esto no excusa al hombre de su obligación de obedecerla: la existencia implica riesgo de error. El hombre debe

7. Personalmente, dudo de si, dentro de la religión, puede distinguirse lo verdadero de lo falso por evidencias universalmente aceptables entre los humanos. Me parece a mí que las diversas confesiones religiosas son algo así como lenguajes diferentes. Tampoco es posible declarar que una de ellas sea superior a las restantes. De modo parecido, ningún lenguaje puede justificadamente denominarse «verdadero» o «falso», pero con todos ellos podemos acercarnos a la verdad –a una sola verdad– como por distintos lados, y con cada uno de ellos podemos también equivocarnos y hasta mentir.

arriesgarse comprometiéndose con una causa que puede no ser digna de su compromiso. Quizás mi compromiso con la causa de la logoterapia sea erróneo. Pero prefiero vivir en un mundo en que uno tiene derecho a hacer decisiones, ni que sea decisiones erróneas, a vivir en un mundo en el que no haya posibilidad de elección. En otras palabras, prefiero un mundo en el que sean posibles, por un lado, un fenómeno como el de Adolf Hitler y, por otro, el de tantos santos como han vivido. Prefiero este mundo a un mundo de conformismo y colectivismo total o totalitario, en el que el hombre se envilece y degrada a mero funcionario de una parte del Estado.

El sentido de la vida

Hemos llegado al punto del tercer supuesto básico: después de haber tratado sobre la libertad de la voluntad y de la voluntad de sentido, el tema a considerar es ahora el sentido mismo.

Aunque ningún logoterapeuta *prescribe* un sentido, sí puede muy bien *describirlo*. Me refiero a que puede describir qué pasa en un hombre cuando experimenta algo significativamente, sin aplicar a esas experiencias pauta alguna preconcebida de interpretación. Para decirlo con pocas palabras, nuestra tarea es recurrir a una investigación fenomenológica de los datos inmediatos de la experiencia vital real. De un modo fenomenológico, el logoterapeuta puede ampliar y ensanchar el campo visual de este paciente en lo tocante a sentidos y valores, haciendo que cobren importancia, por así decir. Si somos cada vez más conscientes, sucede finalmente que nuestra vida no deja ya de mantener y retener un sentido hasta el último momento. Esto se debe al hecho de que, como puede mostrarnos un análisis fenomenológico, el hombre no sólo encuentra significativa su vida por lo que hace, sus obras, su creatividad, sino también por sus experiencias, sus encuentros con lo verdadero, bueno y bello del mundo y, por último, pero no por ello menos importante, por sus encuentros con los demás, con los seres humanos y sus cualidades únicas. Comprender a otra persona en su singularidad significa quererla. Pero incluso faltándole al hombre creatividad y receptividad, puede todavía realizar un sentido en su vida. Justamente cuando se ve enfrentado a este destino, cuando se ve abocado a una situación desesperada, le queda todavía al hombre una última oportunidad de realizar un sentido, de hacer real incluso el valor más elevado, de cumplir el más profundo de los sentidos: el sentido del sufrimiento[8].

Resumamos. La vida puede cobrar sentido de tres maneras: primero, por *lo que damos* a la vida (en términos de obras creativas); segundo, por *lo que tomamos* del mundo (en términos de nuestra experiencia de valores); y tercero, por *el planteamiento que hacemos* ante un destino que ya no podemos cambiar (una enfermedad incurable, un cáncer inoperable o cosas por el estilo). Sin embargo, incluso aparte de esto, el hombre no puede ahorrarse encarar su condición humana, lo cual incluye lo que yo llamo la tríada trágica de la existencia humana, a saber: dolor, muerte y culpa. Por dolor quiero decir sufrimiento; por los otros dos constituyentes de la tríada trágica, entiendo la doble faceta de la mortalidad y la falibilidad humana.

Poner el acento en estos aspectos trágicos de la vida humana no es tan superfluo como pueda parecer a primera vista. En particular, el temor a envejecer y a morir inunda la cultural actual, y Edith Weisskopf-Joelson, profesora de psicología de la universidad de Duke, ha afirmado que la logoterapia puede ayudar a contrarrestar estas angustias particularmente extendidas entre los americanos. De hecho, tengo la convicción, y es también un principio de logoterapia, que el carácter transitorio de la vida no le priva a ésta en lo más mínimo de sentido. Lo mismo puede decirse de su falibilidad. De modo que no hay necesidad alguna de reforzar el escapismo de nuestros pacientes ante la trágica tríada de la existencia.

Y ahora volvamos por un momento al sufrimiento. Es posible que conozcan ya la historia que me agrada mucho contar a mis audiencias porque prueba lo mucho que ayuda a «engrandecer el sentido del sufrimiento». Un médico ya mayor acudió a mi consulta en Viena, porque no podía liberarse de una profunda depresión que se debía a la muerte

8. No hace falta decir que el sufrimiento puede tener sentido sólo si la situación no puede cambiarse; de otro modo, no estaríamos hablando de heroísmo, sino de masoquismo.

de su esposa. Le pregunté: «¿Qué habría ocurrido, doctor, si usted hubiera muerto primero y su esposa hubiera tenido que sobrevivirle? A lo que él replicó: «Para ella hubiera sido terrible; ¡cómo habría sufrido!» Entonces le dije: «Ya ve, doctor, a ella se le ahorrado este sufrimiento, y es usted quien se lo ha ahorrado; pero ahora tiene que pagar por ello sobreviviendo y llorándola.» Aquel hombre mayor vio de repente su desgracia bajo una luz nueva y revalorizó su sufrimiento en los términos significativos de un sacrificio por amor a su mujer.

Incluso si esta historia les resulta ya familiar, lo que no saben es un comentario que hizo un psicoanalista americano hace unos cuantos meses. Tras oírme contar el relato, se levantó y dijo: «Entiendo lo que quiere decir, doctor Frankl; sin embargo, si partimos del hecho de que obviamente su paciente sufría tanto por la muerte de su esposa sólo porque inconscientemente la había odiado toda su vida...»

Si quieren ustedes saber mi reacción, aquí la tienen: «Es muy posible que, después de hacer que el paciente esté echado sobre su sofá por más de quinientas horas, usted le haya lavado el cerebro y lo haya adoctrinado hasta el punto de confesar "Sí, doctor, tiene usted razón, he odiado a mi mujer toda la vida, nunca la he querido...", pero entonces», le dije, «lo que habría usted conseguido sería privar a ese hombre mayor del único precioso tesoro que todavía poseía, a saber, ese ideal marital que él se había creado, el verdadero amor entre ambos..., mientras que yo, en un minuto, he conseguido provocar un cambio significativo en su actitud o, déjeme serle franco, en darle consuelo.»

La voluntad de sentido de una persona sólo puede expresarse si el sentido mismo puede ser elucidado como algo que es esencialmente más que la mera autoexpresión de ella. Esto implica un cierto grado de objetividad y, sin una mínima cantidad de objetividad, nunca vale la pena vivir un sentido. No es que concedamos y atribuyamos sentidos a las cosas, sino más bien que los encontramos; no los inventamos, los detectamos. (No queremos decir otra cosa, cuando hablamos de la objetividad del sentido). Sin embargo, por otro lado, una investigación no sesgada revelaría también una cierta subjetividad inherente al sentido. El sentido de la vida debe concebirse en cuanto sentido específico de una vida personal en una situación concreta. Cada hombre es único y cada vida humana es singular; nadie es reemplazable ni ninguna vida es repetible. Esta doble singularidad acrecienta la responsabilidad humana. En última instancia, esta responsabilidad deriva del hecho existencial de que la vida es una cadena de preguntas que el hombre ha de responder respondiendo de su vida, a la que da respuesta siendo responsable, tomando decisiones, decidiendo cuál es la respuesta a dar a cada una de las preguntas. Y me atrevo a decir que para cada pregunta sólo hay una respuesta, ¡la correcta!

Esto no quiere decir que el hombre sea siempre capaz de dar con la repuesta o la solución acertada para cada problema o de hallar el verdadero sentido de su existencia. Más bien es verdad lo contrario; en cuanto ser finito, no está exento de error y, por tanto, debe asumir el riesgo de equivocarse. Cito a Goethe, una vez más, que dijo en cierta ocasión: «Debemos siempre apuntar a los ojos del toro, aunque sepamos que no siempre acertaremos.» O, para decirlo más prosaicamente: debemos intentar alcanzar lo mejor en sentido absoluto; de otro modo, ni siquiera llegaremos al bien relativo.

Cuando hablaba de la voluntad de sentido, me remití a la orientación al sentido y a la confrontación con el sentido. Pero, al hablar del sentido de la vida, debo remitirme a la frustración de sentido, o a la frustración existencial. Representa lo que podemos llamar la neurosis colectiva de nuestro tiempo. El decano de estudiantes de una importante universidad norteamericana me contó que en su trabajo como consejero continuamente se encuentra con estudiantes que se quejan de la falta de sentido de la vida, llenos de ese vacío interno, que yo he denominado «vacío existencial». Y no son pocos los casos de suicidio entre estudiantes atribuibles a este estado de cosas.

Lo que se requiere hoy día es complementar, no suplir o sustituir la denominada psicología profunda con lo que podríamos llamar una psicología elevada. Esta psicología haría justicia a los aspectos y aspiraciones más elevados del hombre, incluidas sus frustraciones. Freud fue suficientemente genial para ser consciente de las limitaciones de su sistema, como cuando confesó a Ludwig Binswanger que se había «siempre limitado», en su caso, a «la planta baja y al sótano del edificio»[9].

9. Ludwig Binswanger, *Sigmund Freud: Reminiscences of a friendship*, Grune & Stratton, Inc., Nueva York 1957, p. 96.

Un psicólogo elevado en el sentido ahora esbozado ha dicho que lo que se precisa es una «base de convicciones y creencias tan fuertes que empuje a los individuos a vaciarse de sí mismos y los haga vivir y morir por un propósito más noble y mejor que ellos», y que habría que enseñar a los estudiantes que «la supervivencia está hecha de ideales»[10].

Y, ¿quién es este psicólogo elevado que acabo de citar? Quien ha hablado no es un logoterapeuta, ni un psicoterapeuta ni un psiquiatra o un psicólogo; es un astronauta, el teniente coronel John H. Glenn: un psicólogo de «altura», ciertamente...

10. Esto no es idealismo o materialismo; es simplemente realismo. Soy del tipo realista, lo mismo que Goethe cuando dijo: «Cuando aceptamos al hombre tal como es, lo hacemos peor; cuando lo aceptamos como si fuera ya lo que debería ser, le ayudamos a serlo.» Si mido la presión sanguínea de un paciente y veo que ha aumentado algo, y luego lo cuento al paciente, no le estoy diciendo de hecho la verdad, porque va a ponerse nervioso y su presión va a subir todavía más. Si le cuento, a la inversa, que no ha de preocuparse, no le estoy mintiendo, porque se calmará y su presión sanguínea será normal.

II
DINÁMICA EXISTENCIAL Y ESCAPISMO NEURÓTICO[1]

Cada vez con mayor frecuencia cuentan los psicoanalistas que se enfrentan a un nuevo tipo de neurosis que se caracteriza sobre todo por la pérdida del interés y la falta de iniciativa. Se quejan de que, en estos casos, el psicoanálisis convencional no es efectivo. Una y otra vez acuden al psiquiatra pacientes que dudan de que la vida tenga sentido. A esta situación he llamado yo «vacío existencial». En cuanto a la frecuencia del fenómeno, me remito a un estudio estadístico llevado a cabo entre mis estudiantes de la universidad de Viena: sólo el 40% de los estudiantes (ingleses, suizos y austríacos) que frecuentaban mis clases en alemán afirmaban que conocían por propia experiencia ese sentimiento de absurdidad definitiva, mientras que no el 40, sino el 81% de los estudiantes (norteamericanos) que asistían a mis clases en inglés confesaban la misma experiencia. De estos porcentajes no debemos inferir la conclusión de que el vacío existencial sea de manera predominante una enfermedad norteamericana, sino más bien que es aparentemente un elemento concomitante de la industrialización.

El vacío existencial parece surgir de una doble pérdida humana: la pérdida de esa seguridad instintiva que rodea la vida del animal y la ulterior y más reciente pérdida de aquellas tradiciones que han orientado la vida humana en tiempos pasados. En la actualidad, los instintos no dicen al hombre lo que tiene que hacer ni le dirigen las tradiciones hacia lo que él debería hacer; pronto ni tan sólo va a saber el hombre qué

1. Trabajo leído en la Conferencia sobre Psiquiatría Existencial, Toronto, Canadá, 6 de mayo de 1962.

es lo que realmente quiere hacer y se dejará llevar por lo que los demás quieren que haga, sucumbiendo así por completo al conformismo.

¿Está la psicoterapia preparada para salir al paso de las necesidades actuales? Ante todo, considero peligroso reducir la búsqueda de sentido por parte del hombre a interpretaciones estereotipadas del estilo «nada más que un mecanismo de defensa» o «racionalizaciones secundarias». Creo que la búsqueda del hombre, y hasta el cuestionamiento, de un sentido de su existencia, esto es, de sus aspiraciones espirituales así como de sus frustraciones espirituales, debería ser considerada según su valor nominal y no debería ser apaciguada o sometida a análisis[2]. Por consiguiente, no puedo compartir la opinión de Freud, tal como la expresaba en una carta a la princesa Bonaparte: «En el momento en que uno cuestiona el sentido y el valor de la vida ya está enfermo»[3]. Más bien pienso que esta persona sólo prueba que es verdaderamente humana. Recuerdo cómo mi profesor de ciencias en el instituto explicaba una vez que la vida, a fin de cuentas, no era más que un proceso de oxidación. Me levanté de un salto y apasionadamente le pregunté: «Si es así, ¿qué sentido tiene la vida?» Es posible que con esta pregunta yo actualizara mi personalidad por vez primera.

Más que ser meramente una «racionalización secundaria» de pulsiones instintivas, el esfuerzo por encontrar un sentido a la vida es una fuerza motivadora primaria en el hombre. En logoterapia hablamos en este contexto de una voluntad de sentido en contraposición a los principios de placer y de la voluntad de poder. De hecho, el «placer» no es el fin de los esfuerzos humanos, sino más bien un subproducto del cumplimiento de estos esfuerzos; y el «poder» no es un fin sino un medio para un fin. Por ello, la escuela del «principio de placer» confunde un efecto secundario con el objetivo, mientras que la escuela de la «voluntad de poder» confunde un medio con un fin.

2. Un paciente mío, profesor universitario en Viena, fue remitido a mi clínica porque no dejaba de atormentarse por el sentido de su vida. Ocurría que sufría de una depresión endógena recurrente; sin embargo, no era durante las fases de su enfermedad psíquica cuando dudaba del sentido de su vida, sino en los intervalos, cuando se encontraba sano.

3. *Letters of Sigmund Freud,* ed. por Ernst L. Freud, Basik Bnoks, Inc., Nueva York 1960.

La psicoterapia procura que el paciente tome conciencia de lo que él realmente anhela en lo profundo de su ser. No es que, al hacer aflorar algo a la conciencia, la psicoterapia se limite a lo inconsciente instintivo, sino que se ocupa también de las aspiraciones espirituales del hombre, intenta desencadenar sus esfuerzos por un sentido de la vida, e intenta asimismo esclarecer el sentido de su existencia. En otras palabras, debemos ahondar en la autocomprensión de nuestros pacientes no sólo a nivel subhumano, sino también a nivel humano. Es hora de completar la denominada psicología profunda con lo que bien podríamos llamar psicología elevada.

En logoterapia, el paciente se enfrenta, de hecho, a sentidos y propósitos y se le desafía a llevarlos a término. Podría plantearse en este momento la cuestión de si el paciente no va a sentirse sobrecargado con esa confrontación. Sin embargo, en la era del vacío existencial, es mucho mayor el peligro de no cargar suficientemente al hombre. La patología proviene no sólo del estrés, sino también del alivio del estrés que acaba en la vaciedad. Una falta de tensión creada por la pérdida de sentido es una amenaza tan peligrosa para la salud mental como pueda serlo una tensión excesivamente intensa. La tensión no es algo que deba evitarse indiscriminadamente. El hombre no necesita homeostasis a todo coste, sino más bien una correcta intensidad de tensión como la que surge del carácter de exigencia (*Aufforderungscharakter*) inherente al sentido de la existencia humana. Igual que las limaduras de hierro en un campo magnético, la vida del hombre se ordena por su orientación al sentido. Con ello se establece un campo de tensión entre lo que el hombre es y lo que debe ser. En este campo opera la que denomino dinámica existencial. Por esta dinámica el hombre se siente atraído más que empujado; en vez de estar determinado por el sentido, el hombre decide si su vida ha de estructurarse según el carácter de exigencia de un sentido dado a su existencia.

Así como el hombre necesita la fuerza atractiva de la gravedad (por lo menos en su vida normal), necesita también la fuerza atractiva que emana del sentido de su existencia. Necesita la llamada y el desafío a realizar ese sentido. El impacto de la dinámica existencial tal como aparece en el concepto logoterapéutico de «orientación al sentido» lo destacó bien Kotchen cuando encontró una correlación significativamente positiva entre orientación al sentido y salud mental[4]. Además, Davis, McCourt y Solomon han demostrado que las alucinaciones que ocurren durante la privación sensorial no podían eliminarse proporcionando simplemente al sujeto percepciones sensoriales, sino sólo restaurando un contacto significativo con el mundo externo[5]. Por último, Pearl Schroeder ha relatado que los clientes con alta puntuación en responsabilidad mostraban mayores progresos en terapia que los individuos con un sentimiento bajo de responsabilidad[6].

Una intensa orientación al sentido podría también tener un efecto de prolongación de la vida o hasta un efecto salvavidas. En cuanto a lo primero, recordemos que Goethe trabajó durante siete años en la finalización de la segunda parte de *Fausto*. Terminó finalmente el manuscrito en enero de 1832; dos meses más tarde moría. Me atrevería a decir que durante los siete años finales de su vida vivió biológicamente más allá de sus posibilidades. Habían vencido ya los plazos de su muerte, pero siguió viviendo hasta el momento de acabar su obra y de realizar su sentido. En cuanto al efecto salvavidas de la orientación del sentido, me remito a mis experiencias clínicas y metaclínicas reunidas en el laboratorio viviente de los campos de concentración[7].

Al subrayar la benéfica y decisiva influencia de la orientación del sentido sobre la conservación o restauración de la salud mental, estoy lejos de despreciar bazas tan valiosas de la psiquiatría, como el tratamiento electroconvulsivo (ECT), los tranquilizantes y hasta la lobotomía. Ya en 1952, antes incluso de que se iniciara el «paso al meprobamato», había fomentado yo el primer tranquilizante en el continente

4. Theodore A. Kotchen, «Existential mental health. An empirical approach», en *Journal of Individual Psychology*, 15 (1960) 174.

5. John M. Davis, William F. McCourt y Philip Solomon, «The effect of visual stimulation on hallucinations and other mental experiences during sensory deprivation», en *The American Journal of Psychiatry*, 116 (1960) 889.

6. Pearl Schroeder, «Client acceptance of responsibility and difficulty of therapy», en *Journal of Consulting Psychology*, 24 (1960) 467.

7. Puede verse una presentación y un análisis amplio de estas experiencias en *Man's search for meaning: An introduction to logotherapy*, Beacon Press, Boston 1962; edición en rústica, Square Press, Inc. Nueva York-Washington 1963, una edición ampliada de *From death-camp to existentialism*, Beacon Press, Boston 1959; trad. cast.: *El hombre en busca de sentido*, Herder, Barcelona [1/3]2010. [Nota del editor]

Europeo. Y en varias ocasiones de mi trabajo clínico he señalado como indicada la lobotomía, a veces realizadas por mí mismo, sin hallar razón alguna luego de lamentar la cirugía. Ni tampoco debemos privar al paciente, en casos graves de depresión endógena, del alivio que puede suponer el ECT. Entiendo que es interpretar mal las cosas decir que en estos casos los sentimientos de culpabilidad no deben eliminarse mediante el tratamiento de choque, porque en el fondo hay un auténtico sentimiento de culpa. En cierto sentido, cada uno de nosotros se ha hecho culpable en el transcurso de su vida; esta culpabilidad existencial es simplemente inherente a la condición humana. Un paciente con depresión endógena la experimenta únicamente de un modo patológicamente distorsionado. Esto no nos permite inferir que la culpabilidad existencial sea la causa de la depresión endógena; ésta sólo produce una conciencia anormal de aquella culpabilidad. Así como la aparición de un arrecife en el mar durante la marea baja no es la causa de que baje la marea, sino que es efecto de la misma, tampoco los sentimientos de culpa que aparecen en una depresión endógena –una marea baja emocional– son la causa de la depresión. Además, es muy posible que una confrontación de un paciente con su culpabilidad existencial durante un estado depresivo intensifique su tendencia a la autoacusación hasta el punto de inducir al suicidio.

No ocurre lo mismo en una depresión neurótica. Aquí el escapismo típicamente neurótico debe eliminarse. Este escapismo no sólo remite a la culpabilidad, sino también a los otros dos constitutivos de lo que llamo la tríada trágica de la existencia humana, a saber, al dolor y a la muerte. El hombre ha de aceptar su finitud en sus tres aspectos: ha de afrontar el hecho (1) de que ha fracasado; (2) que sufre y (3) que ha de morir. Por esto, después de tratar de la culpabilidad, pasemos al dolor y a la muerte.

Es un principio de la logoterapia que es posible encontrar el sentido de la vida no sólo a través de la actuación o de la vivencia de valores, sino también a través del sufrimiento. Ésta es la razón por que la vida nunca deja de tener y retener sentido hasta el último momento. Incluso puesto ante un destino inevitable, por ejemplo, una enfermedad incurable, le queda todavía al hombre una oportunidad de realizar el sentido más profundo posible. Lo que importa, por consiguiente, es el planteamiento que adopta en su desgracia. La vida puede hacerse significativa (1) mediante lo que damos al mundo en términos de creación nuestra; (2) mediante lo que tomamos del mundo en cuanto experiencia propia; y (3) por el planteamiento que adoptamos para con el mundo, es decir, por la actitud que adoptamos ante el sufrimiento.

Permítanme ilustrar lo que quiero decir:

> En una ocasión, un médico internista ya mayor vino a mi consulta por padecer una depresión grave. No podía superar la pérdida de su esposa ocurrida dos años antes a quien él había querido por encima de todo. ¿Cómo podía ayudarle? ¿Qué es lo que debía decirle? Bueno, me guardé de empezar a contarle cosas y más bien le puse ante una pregunta: «Qué habría sucedido, doctor, si usted hubiera muerto primero, y su esposa hubiera tenido que sobrevivirle?» «Oh», dijo él, «para ella hubiera sido terrible; ¡cómo habría sufrido la pobre!» A lo que yo repliqué: «Ya ve, doctor, a ella le ha sido ahorrado este sufrimiento, y usted es la causa de habérselo ahorrado; pero ahora, usted debe pagar por ello sobreviviendo y llorándola.» No dijo nada, me dio la mano y tranquilo salió de mi despacho. El sufrimiento deja de serlo en cierta manera en el momento en que se le encuentra algún sentido, como puede serlo el de un sacrificio.

Evidentemente, esto no fue terapia en sentido auténtico, puesto que, en primer lugar, su desesperación no era una enfermedad y, en segundo lugar, yo no podía cambiar su destino; no podía hacer vivir a su esposa. Pero por lo menos conseguí cambiar su actitud para con su destino inalterable, de modo que a partir de entonces pudo al menos ver un sentido en su sufrimiento. La logoterapia insiste en que la principal preocupación del hombre no es buscar el placer o evitar el dolor, sino más bien encontrar un sentido a su vida. Por ello vemos que el hombre está dispuesto a sufrir, con tal que pueda convencerse de que su sufrimiento tiene algún sentido.

Tal como enseña la logoterapia, la libertad humana no es en modo alguno libertad de condicionantes, sino libertad de adoptar un planteamiento ante los condicionantes. Por consiguiente, elegir un planteamiento ante el sufrimiento quiere decir ejercer la libertad. Al hacerlo, el hombre, en cierto sentido, trasciende el mundo y su situación en él. Intentaré ilustrar esto con una experiencia que tuve durante mis primeros días en el campo de concentración en Auschwitz. Las probabilidades de sobrevivir en aquellas condiciones no eran más que una entre veinte. Ni tan sólo el manuscrito de un libro que había ocultado en mi chaqueta era probable que pudiera salvarse. Este manuscrito fue la primera versión de mi libro *The doctor and the soul: An introduction to logotherapy* (que más tarde, en 1955, se publicó en Nueva York, traducido por la Alfred A. Knopf, Inc.; [trad. cast.: *Psicoanálisis y existencialismo,* Fondo de Cultura Económica, México-Buenos Aires 2010]). En el campo de concentración tenía que entregar mis ropas con el manuscrito. De modo que tenía que superar la pérdida de mi hijo espiritual, por así decir, y enfrentarme a la pregunta de si esta pérdida no iba a vaciar de sentido mi vida. Pronto se me dio una respuesta a esa pregunta. Al cambiar mis ropas, me dieron los harapos de un prisionero que ya había sido enviado a la cámara de gas; en un bolsillo encontré una única página arrancada de un libro de oraciones hebreo. Contenía la importante oración judía *Shema Yisrael* [«¡Oye, Israel!»], es decir, el mandamiento del «amarás a Dios con todo tu corazón y con toda tu alma y con todas tus fuerzas», o, como también es posible interpretarla, el mandamiento de decir «sí» a la vida pese a todo cuanto haya que hacer frente, sea el sufrimiento o sea hasta la muerte. Una vida, me dije a mí mismo, cuyo sentido se aguanta o cae según uno pueda o no publicar un manuscrito no sería, en última instancia, digna de ser vivida. Por ello, en aquella única página que sustituyó las hojas de mi manuscrito vi una llamada simbólica a vivir, a partir de aquel momento, mis pensamientos, en vez de ponerlos simplemente por escrito.

Y ahora quisiera relatarles el siguiente caso:

> Una madre que había tenido dos hijos ingresó en mi clínica tras un intento de suicidio. Uno de ellos sufría de parálisis infantil y sólo podía moverse en una silla de ruedas, y el otro había muerto a los once años. Mi socio, el doctor Kocourek, invitó a esta mujer a unirse al grupo de terapia. Mientras la mujer realizaba un psicodrama en este grupo, pasó que yo entré en la habitación justo en el momento en que esta madre estaba contando su historia. Se rebelaba contra su destino y no podía

soportar la pérdida de su hijo, pero cuando intentó suicidarse junto con el hijo impedido que le quedaba, fue este último quien le impidió llevar a efecto el suicidio. Para éste la vida tenía todavía sentido, ¿Por qué no había de tenerlo para la madre? ¿Cómo podíamos ayudarla a encontrar un sentido?

Pregunté a otra mujer del grupo cuántos años tenía. Al decir que tenía treinta años, le repliqué: «No, usted no tiene treinta años, sino que ahora tiene ochenta y está muriéndose, yaciente sobre la cama. Está recordando su vida, una vida sin hijos, pero llena de éxitos financieros y de prestigio social.» Luego la invité a que imaginara qué sentiría en esa situación. «¿Qué pensaría de todo esto? ¿Qué se diría a sí misma?» Voy a citar su respuesta tal como consta en la cinta grabada de esta sesión: «Oh, me casé con un millonario; tuve una vida llena de riquezas; ¡y la viví a fondo! Flirteé con hombres y los provoqué. Pero ahora tengo ochenta años, y no tengo hijos. Mirando hacia atrás como una mujer vieja, no sé decirme para qué sirvió todo esto; en realidad, debo decirlo, ¡mi vida ha sido un fracaso!»

Entonces invité enseguida a la madre del paralítico que se imaginara a sí misma en esta situación. De nuevo cito de la cinta: «Deseaba tener hijos y se me concedió este deseo; un hijo murió, pero el otro, paralítico, habría tenido que ingresar en una institución si yo no me hubiera ocupado de él. Aunque está impedido e inválido, es en definitiva mi hijo. Y así he procurado darle una vida lo más llena posible; me he preocupado de que tuviera mejor calidad humana.» Entonces rompió a llorar, pero continuó: «En cuanto a mí, puedo mirar tranquilamente mi vida; pues puedo decir que mi vida estuvo llena de sentido y he procurado con todas mis fuerzas realizarlo; he hecho todo cuanto he podido: he hecho lo mejor por mi hijo. ¡Mi vida no ha sido ningún fracaso!» Anticipando una revisión de su vida como hecha en el lecho de muerte, descubrió de repente que era capaz de ver sentido en su vida, un sentido que incluía hasta todos sus sufrimientos. Por la misma razón, se le había hecho claro que incluso una vida de corta duración, como la de su hijo muerto, podía estar bien llena de gozo y amor, y contener más sentido que una vida que durase ochenta años.

Con una buena y correcta manera de sufrir, el hombre trasciende la dimensión de éxito y fracaso tal como prevalece en el mundo de los negocios de hoy día. Un hombre de negocios se mueve entre los polos

del éxito y del fracaso. El *homo patiens,* sin embargo, se eleva por encima de esta dimensión: se mueve entre los polos del sentido y la desesperación, situados en una línea perpendicular a la del éxito y el fracaso. ¿Qué quiero decir con esto? Uno puede disfrutar de una vida llena de placer y poder y, sin embargo, verse atrapado por el sentimiento de una falta de sentido último. Recordemos a la paciente cuya evaluación de la vida he citado en primer lugar. Y a la inversa, es concebible que uno tenga que hacer frente a una situación más allá de toda esperanza y que, con todo, pueda realizar el verdadero sentido de su vida. Puede faltarle la riqueza y la salud y, con todo, querer y ser capaz de sufrir, sea por razón de una causa con la que siente compromiso, sea por amor a un ser querido o por amor de Dios. Recordemos a la paciente que cito en segundo lugar. Un logro así, a decir verdad, es un obstáculo y una locura para los materialistas, y sólo es comprensible en términos del diagrama esbozado arriba.

A través de su libertad, el ser humano es, no sólo capaz de distanciarse del mundo, sino capaz también de distanciarse de sí mismo. En otras palabras, uno puede adoptar una actitud respecto de sí mismo; como persona espiritual, puede escoger una determinada actitud ante el propio carácter psicológico. La siguiente historia es una buena ilustración de esta capacidad específicamente humana del autodistanciamiento. Durante la Primera Guerra mundial, un médico militar judío del ejército austríaco se encontraba sentado junto a un coronel, cuando empezó un intenso tiroteo. El coronel dijo bromeando: «¡Otra prueba de que la raza aria es superior a la semita! Usted tiene miedo, ¿no es verdad?» «Cierto, tengo miedo», fue la respuesta del doctor. «Pero, ¿quién es superior? Si usted, mi querido coronel, tuviera tanto miedo como yo, ya hace rato que habría empezado a correr.» El miedo y la angustia como tales no cuentan. Lo que importa es nuestra actitud ante los hechos más que los hechos mismos. Esto se aplica igualmente a los hechos de nuestra vida interior.

La capacidad específicamente humana del autodistanciamiento se actúa también mediante una técnica logoterapéutica especial, que he denominado «intención paradójica». Hans O. Gerz, director clínico del Connecticut Valley Hospital, ha conseguido excelentes resultados en la aplicación de esta técnica[8]. En este contexto me gustaría citar al profesor Tweedie, que dice en su libro sobre logoterapia: «... La logoterapia, a diferencia de tantas psicoterapias denominadas existenciales, dispone de un procedimiento terapéutico explícito que ofrecer»[9].

Hoy día, el ejercicio de la propia libertad se ve en ocasiones impedido por lo que yo llamo un predeterminismo paralizante, de tan frecuente uso en psicología[10]. El pandeterminismo del médico le hace el juego al fatalismo del paciente, reforzando de este modo la neurosis de este último[11]. Hay la pretensión, por ejemplo, de que la vida religiosa de una persona está totalmente condicionada por las experiencias de su primera niñez; que su concepto de Dios se configura según su imagen paterna. A fin de obtener una información más precisa sobre esta correlación, hice que los componentes de mi equipo en el Hospital Policlínico de Viena examinaran a los pacientes que visitaron la clínica externa durante un día. El examen mostró que veintitrés pacientes tenían una imagen positiva del padre, y trece una imagen negativa. Pero sólo dieciséis de los que tenían una imagen paterna positiva y dos con una imagen negativa admitieron sentirse absolutamente determinados por estas imágenes en el desarrollo de sus respectivas creencias religiosas. La mitad del total de sujetos examinados había desarrollado sus ideas religiosas independientemente de sus imágenes paternas. Por ello, la mitad de los sujetos desplegó lo que la educación había hecho de ellos,

8. Véase capítulo 15, p. 199.

9. Donald F. Tweedie, Jr., *Logotherapy and the Christian faith: An evaluation of Frankl's existential approach to psychotherapy,* Baker Book House, Grand Rapids, Mich. 1961.

10. Paul E. Johnson, «Logotherapy: A corrective for determinism», en *Christian Advocate,* 5 (1961) 12.

11. Godfryd Kaczanowski, «Frankl's Logotherapy», en *The American Journal of Psychiatry,* 117 (1960) 563.

mientras que la otra mitad mostraba, por vía de la propia decisión, lo que ellos mismos habían querido ser. Una vida religiosa pobre no es siempre la consecuencia del impacto de una imagen paterna negativa (en siete sujetos examinados). Ni siquiera la peor imagen paterna puede forzosamente impedir que alguien establezca una sólida relación con Dios (en once de los sujetos).

Me dispongo ahora a salir al paso de una objeción que presentan los teólogos, dado que podría decirse que tener éxito en la construcción de las propias creencias religiosas, pese unas condiciones educativas desfavorables, es algo inconcebible sin la intervención de la gracia divina: si el hombre ha de creer en Dios, ha de recibir la ayuda de la gracia. Pero no hay que olvidar que mi investigación procede dentro del marco de referencia de la psicología o más bien de la antropología, lo cual quiere decir en el plano de lo humano. La gracia, sin embargo, reside en dimensiones suprahumanas y, por consiguiente, aparece en el plano de lo humano sólo como una proyección. En otras palabras, lo que en el plano humano adopta la apariencia de ser una decisión del hombre bien podría interpretarse en el plano sobrenatural como la ayuda asistencial de Dios. La logoterapia, como práctica y teoría laica que es, se resiste claro está, a abandonar los límites de la ciencia médica. Puede abrir la puerta a la religión, pero es el paciente, no el médico, quien ha de decidir si quiere atravesar dicha puerta[12].

En todo caso, deberíamos tener cuidado en interpretar la religión meramente en términos de una resultante de la psicodinámica, es decir, a partir de la motivación inconsciente. Si lo hiciéramos, equivocaríamos el planteamiento y perderíamos de vista el fenómeno auténtico. O se respeta la libertad de decisión del hombre a favor o en contra de Dios o, verdaderamente, la religión no es sino un fraude y la educación una ilusión.

Lo que amenaza al hombre es su culpa en el pasado y su muerte en el futuro. Ambas son inevitables, ambas deben aceptarse. Por ello el hombre hace frente a su condición humana en términos de falibilidad y mortalidad. Entendiéndolo bien, es sin embargo, precisamente

12. Ferdinand Birnbaum, «Frankl's existential psychology from the viewpoint of individual psychology», *en Journal of Individual Psychology*, 17 (1961) 162.

la aceptación de esta doble finitud humana lo que añade a la vida la característica de ser digna de vivirse, puesto que sólo frente al sentimiento de culpa tiene sentido mejorar y sólo frente a la muerte tiene sentido actuar.

El constitutivo de la responsabilidad del hombre, la esencia de la existencia, es la misma transitoriedad de la existencia humana. Si el hombre fuera inmortal, estaría justificado en posponer todo; no habría necesidad alguna de hacer *ahora* nada correcto. Sólo con la urgencia y la presión de la transitoriedad de la vida tiene sentido usar el tiempo que pasa. En realidad, los únicos aspectos transitorios de la vida son las potencialidades; tan pronto como hemos conseguido actualizar una potencialidad, la hemos cambiado en una actualidad y, así, la salvamos y rescatamos para el pasado. Una vez es actualidad lo es ya para siempre. Todo lo que hay en el pasado se salva de ser transitorio. En él llega a almacenarse de forma irrevocable más que a perderse de forma irrecuperable. Haber sido es todavía una forma de ser, quizás su forma más segura.

Lo que el hombre ha hecho no puede dejar de ser hecho. Pienso que esto implica a la vez activismo y optimismo. El hombre está llamado a hacer el mejor uso de cada momento y a elegir correctamente en cada ocasión, se trate de saber qué hacer, o de a quién amar o de cómo sufrir. Esto significa activismo. En cuanto al optimismo, podemos recordar las palabras de Lao-tse: «Acabar una tarea significa haberla hecho eterna.» Diría que esto vale no sólo referido para el acabamiento de una labor, sino para todas nuestras experiencias y, en última instancia, pero no en último lugar, para nuestro sufrimiento heroico.

Hablando figuradamente, podríamos decir que el pesimista se parece a uno que observa con miedo y tristeza cómo el bloque del calendario de pared, de donde cada día arranca una hoja, se vuelve cada más delgado a medida que pasan los días. Sin embargo, una persona que acepta la vida en el sentido antes sugerido es como aquel que arranca una hoja y la archiva cuidadosamente, después de haber tomado unas cuantas notas diarias. Puede reflexionar con satisfacción y gozo sobre todas las riquezas esbozadas en estas notas, sobre toda la vida que ha vivido ya en su plenitud.

Tampoco en la edad avanzada deberíamos envidiar a la gente joven. ¿Por qué tendríamos que hacerlo? ¿Por las posibilidades de que dispone un joven? ¿Por su futuro? No; deberíamos decir que, en vez de posibilidades de futuro, la persona mayor tiene realidades del pasado: el trabajo hecho, el amor querido y el sufrimiento sufrido. De todas estas cosas se puede estar orgulloso, aunque es cierto que apenas levantarán envidia

Edith Weisskopf-Joelson, de la Duke University, en su trabajo sobre logoterapia, apuntó la posibilidad de que esta escuela podía contrarrestar el miedo a envejecer y a sufrir, que esta autora considera un rasgo insano de la cultura actual de Estados Unidos[13]. Por mi parte, no puedo concluir este trabajo sin citar otra personalidad que, en el otro lado del Atlántico, ha encontrado mi trabajo digno de ser apoyado. Martín Heidegger, visitándome en mi casa me habló de mis optimistas puntos de vista sobre el pasado, a que me refiero aquí. Para demostrarme hasta qué punto estaba de acuerdo conmigo, escribió en mi libro de huéspedes las siguientes líneas:

Das Vergangene geht;
Das Gewesene kommt.

En castellano podríamos decir:

Lo pasado se ha ido;
Lo que ha sido vendrá.

Imaginemos cuánto consuelo puede provocar la actitud logoterapéutica ante el pasado a una viuda de guerra que sólo ha vivido, digamos, dos semanas de abrazo marital. Sentiría esta mujer que esa experiencia nunca puede serle arrebatada. Seguirá siendo su tesoro inviolable, preservado y entregado a su pasado. Su vida nunca perderá sentido aun cuando nunca llegue a tener hijos. Por cierto, el supuesto de que el único sentido de la vida es la procreación se contradice y se destruye a sí mismo; algo que por sí mismo careciera de sentido nunca podría convertirse en significativo por el mero hecho de perpetuarlo.

13. Edith Weisskopf-Joelson, «Logotherapy and existential analysis», en *Acta Psychotherapeutica,* 6 (1958) 193.

No es tarea menor de la psiquiatría provocar reconciliación y dar consuelo: el hombre debe reconciliarse con su finitud, y ha de hacérsele capaz de hacer frente a la transitoriedad de su vida. Con estos esfuerzos, la psicoterapia en realidad se avecina a la religión. Hay suficiente terreno común para garantizarse un acercamiento mutuo. Tender un puente, sin embargo, no quiere decir confundirse. Queda siempre la diferencia esencial entre los objetivos respectivos de la psicoterapia y de la religión. La meta de la psicoterapia, de la psiquiatría y, en general, de la medicina es la salud. La meta de la religión, en cambio, es algo esencialmente distinto: la salvación. Esto en cuanto a la diferencia de metas. Lo resultados conseguidos son otra cuestión. Aunque la religión pueda no buscar la salud mental, ésta puede ser uno de sus resultados.

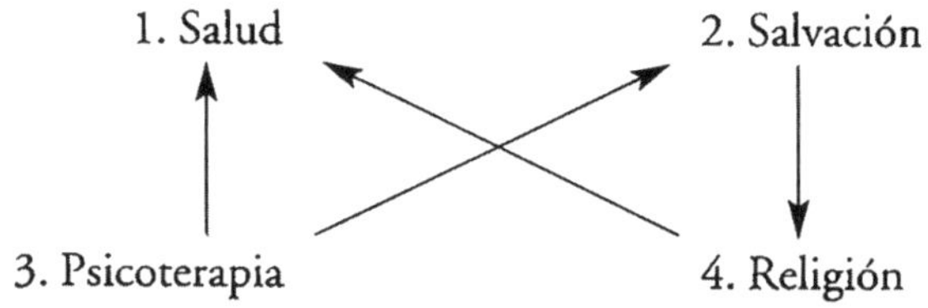

La psicoterapia, a su vez, produce a veces un subproducto análogo; aunque el médico no está, y no debe estar, preocupado por ayudar al paciente a reanudar su fe en Dios, a veces esto es precisamente lo que ocurre, por no poco intencionado e inesperado que pueda ser.

¿Cómo ocurre, entonces, esto en la actual situación? Volvamos a la sesión de grupo terapéutico, o logodrama, antes mencionado. Durante la discusión sobre el sentido del sufrimiento, pregunté al grupo en general si un simio, inyectado varias veces para que desarrolle suero de poliomielitis, es capaz de entender el sentido de su sufrimiento. Unánimemente el grupo contestó: «¡Evidentemente que no! Pues su inteligencia limitada no puede entrar en el mundo del hombre, es decir, ese mundo en que su sufrimiento sería comprensible.» Continué presionando con otra pregunta: «¿Y qué, el hombre? Tienen ustedes la certeza de que el mundo humano es el punto terminal de la evolución del cosmos? ¿No es concebible que exista además otra dimensión, un mundo más allá del humano; un mundo en el que haya respuesta para la pregunta por un sentido último del sufrimiento humano?»

Por su propia naturaleza, ese sentido último excede de la capacidad intelectual humana limitada. En contraste con aquellos escritores existencialistas que declaran que el hombre debe resistirse a la absurdidad última del ser humano, yo sostengo que el hombre ha de enfrentarse sólo a su incapacidad de captar el sentido último por motivos intelectuales. Al hombre se le llama únicamente a decidir entre las alternativas de «la última absurdidad o el sentido último» por motivos existenciales, por el modo de existencia por el que se decide. En el «cómo» de la existencia, diría, está la respuesta a la pregunta por su «porqué».

Por ello, el sentido último no es ya cuestión de conocimiento intelectual, sino de compromiso existencial. Podríamos decir igualmente que el sentido puede entenderse, pero que el sentido último ha de ser interpretado. Pero una interpretación implica una decisión. La realidad es intrínsecamente ambigua porque admite multiplicidad de interpretaciones. El hombre, al decidirse por una de estas interpretaciones, se halla en una situación parecida a la de aquel que se encuentra ante un test proyectivo. Para ilustrar este punto, séame permitido relatar la siguiente experiencia.

Poco antes de que Estados Unidos entrara en la Segunda Guerra mundial, me llamaron del consulado americano en Viena para recibir el visado de inmigración. Mis ancianos padres esperaban que yo marchara de Austria tan pronto como me dieran el visado. Sin embargo, en el último momento tuve mis dudas: me perseguía la pregunta de si debía abandonar a mis padres. Sabía que cualquier día podían llevarlos a un campo de concentración. ¿Debía quedarme con ellos? Mientras sopesaba esta pregunta, descubrí que éste era el tipo de dilema que hace que uno quiera una señal del cielo. Entonces me acordé de un trozo de mármol que había sobre una mesa en casa. Al preguntar a mi padre por aquel trozo de mármol, me explicó que lo había encontrado en el sitio donde los nazis habían destruido incendiando la mayor sinagoga de Viena. Mi padre recogió aquel trozo de mármol porque era parte de las tablas que contenían los Diez Mandamientos. La pieza mostraba una letra hebrea grabada en oro. Mi padre me explicó que esta letra era la abreviatura de uno de los mandamientos. Impaciente le pregunté: «¿Cuál?» Y la respuesta fue: «Honra a tu padre y a tu madre para que se prolonguen tus días sobre la tierra». Así fue como permanecí junto a mi padre y a mi madre sobre la tierra y dejé que caducara el visado americano.

Reconocer en aquel trozo de mármol una señal del cielo puede ser muy bien la expresión del hecho de que ya mucho antes, en lo profundo de mi corazón, había ya decidido quedarme. Solamente proyecté esta decisión en la apariencia del pedazo de mármol. Si uno no viera en él más que $CaCO_3$, también sería poco más o menos expresión de la propia personalidad; aunque yo lo llamaría más bien una proyección de un vacío existencial...

El hombre no puede evitar decisiones. La realidad obliga necesariamente al hombre a decidir. El hombre toma decisiones en cada momento, incluso sin querer y contra su voluntad. A través de estas decisiones, el hombre decide sobre sí mismo. De forma continua e incesante se configura el hombre y se rehace. El *agere sequitur esse,* de Tomás de Aquino, no es sino media verdad: el hombre no sólo se comporta de acuerdo con lo que es, sino que se convierte en lo que es de acuerdo con el modo como se comporta. El hombre no es una cosa entre otras –las cosas se determinan unas a otras–, sino que el hombre, en última instancia, se determina a sí mismo. Lo que llega a ser –dentro de los límites de su dotación genética y su medio– lo decide él. En los laboratorios vivientes de los campos de concentración vimos camaradas que se conducían como cerdos, mientras que otros se comportaban como santos. El hombre posee ambas potencialidades en su interior. Cuál actualiza depende de su decisión, no de los condicionantes. Es hora de que este carácter de decisión propio de la existencia humana se incluya dentro de la definición de hombre. Nuestra generación ha llegado a conocer al hombre tal como realmente es: el ser que ha inventado las cámaras de gas de Auschwitz y el ser también que entró en esas cámaras con la cabeza alta, con el del Libro de Oración o el *Shema Yisrael* en los labios.

III
MÁS ALLÁ DE LA AUTOACTUALIZACIÓN Y DE LA AUTOEXPRESIÓN[1]

Según McGregor, «toda conducta humana va dirigida a la satisfacción de necesidades»[2]. Murelius identifica la satisfacción de necesidades con la reducción de la tensión[3]. Por ello, cuando Knickerbocker dice que «la existencia puede contemplarse como una lucha continuada para satisfacer necesidades, aliviar tensiones y mantener el equilibrio»[4], podemos concluir que tanto la satisfacción de las necesidades como la reducción de las tensiones ayudan al mantenimiento del equilibrio o, lo que es lo mismo, de la homeostasis. Esta conclusión la sostiene también Charlotte Bühler: «Desde las primeras formulaciones de Freud sobre el principio de placer hasta la última versión actual de la descarga de tensión y del principio homeostático (por ejemplo, el que presenta el modelo de Rapaport), la meta final invariable de toda actividad a lo largo de toda la vida se ha concebido como el restablecimiento del equilibrio del individuo»[5].

1. Comunicación leída en la Conferencia sobre Psicoterapia Existencial, Chicago, 13 de diciembre de 1959.
2. D. McGregor, «The staff function in human relations», en *Journal of Social Issues,* 4 (1948) 5.
3. O. Murelius, «Ethics and Psychology», en *American Journal of Psychotherapy,* 12 (1958) 641.
4. I. Knickerbocker, «Leadership: A concepcion and some implications», en *Journal of Social Issues,* 4 (1948) 23.
5. Charlotte Bühler, «Basic tendencies of human life; theoretical and clinical considerarions», en *Sein und Sinn,* ed. por R. Wisser, Volumen de aniversario para el

Gordon W. Allport, sin embargo, objeta a este punto de vista sobre el hombre: «La motivación es vista como un estado de tensión que nos lleva a buscar el equilibrio, el reposo, el ajuste, la satisfacción o la homeostasis. Desde esta perspectiva, la personalidad no es otra cosa que nuestra manera habitual de reducir tensión. Esta formulación no llega a representar adecuadamente la naturaleza del esfuerzo propio. El rasgo característico de ese esfuerzo es su resistencia al equilibrio; se mantiene más bien la tensión, antes que se reduce»[6]. La crítica de Maslow apunta, a mi entender, en la misma dirección cuando dice: «Homeostasis, equilibrio, adaptación, instinto de conservación, defensa y ajuste son meramente conceptos negativos que deben ser complementados con conceptos positivos»[7].

Sin embargo, en mi opinión, esta crítica no va lo bastante lejos. Ni siquiera alcanza el punto esencial o, mejor dicho, el fallo esencial de las perspectivas sobre el hombre que lo entienden como un ser a quien la realidad sirve nada más que como un puro medio de «satisfacer necesidades, reducir tensiones y/o mantener el equilibrio». Desde esta perspectiva, el hombre es visto de un modo que yo denomino monadológico[8], mientras que se deja de lado el vínculo con el mundo en el que habita.

En una perspectiva monadológica del hombre, no hay lugar para ningún verdadero encuentro entre el hombre por un lado y el mundo y sus objetos por otro. Los objetos del mundo no son ya vistos en su esencia objetiva, sino sólo como instrumentos más o menos útiles para el mantenimiento de la homeostasis. No hay margen para algo así como el compromiso con una causa por razón de sí misma o la participación con un socio por amor al socio. En vez de ello, causas y socios se devalúan al nivel de simples medios para un fin: el fin de restaurar

profesor von Rintelen (en prensa).

6. Gordon W. Allport, *Becoming, basic considerations for a psychology of personality*, Yale University Press, New Haven 1955.

7. A. H. Maslow, *Motivation and personality*, Harper & Row, Publishers, Nueva York 1954, p. 367.

8. Este término remite a la *Monadología,* una de las principales obras de Leibniz, en la que habla de las «mónadas» o factores primarios de la realidad. Yo definiría las mónadas como átomos espirituales sin «ventanas» que se abran al mundo exterior y, por tanto, sin conexión alguna con las otras mónadas.

determinadas condiciones en el sistema psíquico del sujeto. Como medios, al sujeto no le parece que tengan *valor* por sí mismos, sino que sólo existen para el *uso* que de ellos pueda hacer.

Esto nos trae a la memoria un muy conocido fenómeno observado en los casos de neurosis sexual. A menudo oímos que estos pacientes hablan de «masturbarse con una mujer», expresión con la que quieren decir que a veces «utilizan» a su pareja simplemente con el fin de reducir su tensión sexual. Como podemos ver, esto se corresponde a las claras con esa visión del hombre a que nos hemos referido hace poco con el término de «monadológica». No debe olvidarse, sin embargo, que se trata de casos neuróticos y, por lo mismo, anormales. El enfoque normal que hace el hombre del mundo nunca es primariamente el de la relación entre medios y fines.

Más bien, una perspectiva de este tipo, centrada en torno a la relación entre medios y fines, se corresponde con lo observado en animales expuestos a determinadas condiciones artificiales. Me refiero ahora a los experimentos de autoestimulación descritos por Olds y Milner, Brady y Werner. Estos autores implantaron electrodos en cerebros de ratas y, en determinadas condiciones, esto es, cuando los electrodos se localizaban en ciertos centros nerviosos del hipotálamo y del rinencéfalo, el cierre del circuito daba como resultado una conducta que sólo podía explicarse como satisfacción de una necesidad. Además, los animales, cuando se les daba la oportunidad de presionar una palanca que cerraba el circuito, empezaban inmediatamente a hacerlo de un modo continuado. El aspecto más impresionante de este experimento, no obstante, es, a mi entender, la observación hecha por los experimentadores de que los animales se olvidaban entonces por completo de la comida real y de sus parejas sexuales reales. Se ponía así en evidencia con los experimentos que, tan pronto como los objetos del propio mundo son considerados simplemente como medios para el fin de satisfacer una necesidad, pueden ser dejados de lado o hasta omitidos en conjunto. Ya no es necesario atender a ellos para nada; ya basta con cerrar el circuito eléctrico.

Tal como Jung destaca con acierto, lo anterior vale sólo para animales de experimentación puestos en una situación artificial, no en circunstancias normales. Esto prueba que hasta un animal no está normalmente, o por lo menos no primariamente, interesado en la restauración de esa condición psíquica que llamamos satisfacción. *A fortiori,* mucho menos el hombre. De acuerdo con los conceptos logoterapéuticos, el hombre no está de por sí interesado primariamente en ningún tipo de condición psíquica, sino que más bien se orienta hacia el mundo, hacia el mundo de sentidos y valores potenciales que, por así decir, esperan ser realizados y actualizados por él. En logoterapia hablamos de una «voluntad de sentido»[9] que oponemos al principio de placer (que podríamos también denominar «voluntad de placer» y, por el otro lado, a la denominada «voluntad de poder».

Como es generalmente aceptado, el principio de placer incluye la evitación del dolor. De este modo, coincide casi con el principio de reducción de tensiones. Sin embargo, debemos preguntarnos si realmente existe algo nada parecido a la voluntad de placer en el sentido de una tendencia primaria que podamos hallar en el hombre. En mi opinión, y de acuerdo con ciertas observaciones de Kant y de Max Scheler, el placer es, primaria y normalmente, no un objetivo, sino un efecto, digamos un efecto secundario, de la consecución de una tarea. En otras palabras, el placer se establece de un modo automático tan pronto como alguien ha cumplido un sentido o realizado un valor. Además, si alguien realmente intenta obtener placer constituyéndolo en objetivo propio, necesariamente tendría que fracasar, porque fallará en aquello a lo que tiende. Puede demostrarse esto fácilmente en aquellos casos de neurosis sexual en los que nuestros pacientes fracasan en la obtención de placer sexual por la precisa razón de que intentan conseguirlo directamente. Cuanto más busca un varón demostrar su potencia o una mujer su capacidad de experimentar orgasmo, menos resultan ambos capaces de conseguirlo. Me atrevo a decir que no pocos casos de neurosis sexual podrían remitirse a este punto de partida.

Algo parecido vale también para otros fenómenos humanos, por ejemplo, ese fenómeno que describe el título del famoso *best seller, Peace of mind* [paz del espíritu]. Podemos dar un paso más hacia delante afirmando que la «prosecución de la felicidad» encierra una autocon-

9. V. E. Frankl, «The will to meaning», en *The Journal of Pastoral Care,* 12 (1958) 828.

tradicción: cuanto más nos esforzamos por la felicidad, menos la conseguimos. La paz del espíritu debe contentarse con ser un efecto secundario, puesto que, como intención, se destruye a sí misma. Podemos ilustrar esto con ese tipo específico de paz de espíritu que se asocia con la buena conciencia. Quien se esforzara por llegar a un estado en el que pueda decir con justicia «yo tengo una buena conciencia» representaría un caso de fariseísmo. Una realmente buena conciencia nunca puede conseguirse apoderándose de ella, sino solamente haciendo algo por razón de una causa o por amor de la persona implicada, o por el amor de Dios. Una buena conciencia es una de aquellas cosas que sólo llega como un efecto secundario no intencionado y se destruye en el mismo momento en que se la busca de una forma directa. (Nótese el tipo de hombre que se es cuando se busca directamente la salud. En la medida en que uno hace esto, ya está fracasando, es decir, está desplegando esa enfermedad nerviosa llamada hipocondría). Todo esto puede establecerse en una simple fórmula: tanto el objetivo de la filosofía hedonista de los epicúreos como el de la filosofía quietista de los estoicos, a saber, la felicidad y la paz del espíritu (o, como llamaron a esta última esos antiguos griegos, la *ataraxia*) no puede ser posiblemente un objetivo real de la conducta humana, y no pueden por la razón *a priori* de que huyen del hombre exactamente en la misma medida en que éste se esfuerza por conseguirlos.

Me parece a mí que la tendencia actual creciente a la adicción a los fármacos tranquilizantes es un signo de que el hombre contemporáneo se ha dejado seducir cada vez más por la creencia en la ilusión de que, con su esfuerzo, puede conseguir la felicidad o la paz del espíritu. El hombre ni tan sólo puede esforzarse por conseguir la «paz del alma», porque esta clase de paz, que en apariencia significa el restablecimiento de una buena conciencia le huye tan pronto como se convierte en asunto de intención, en vez de ser una cuestión de efectos.

En el marco de la interpretación psicodinámica de la conciencia, el hombre se esfuerza por una conducta moral sólo para de librarse de los estímulos de una mala conciencia o, ateniéndonos a la terminología psicodinámica, del estímulo de un super yo insatisfecho. Obviamente, este punto de vista de la conducta moral del hombre no alcanza a entender la auténtica moralidad, que empieza sólo cuando el hombre comienza a actuar por amor de algo o de alguien, pero no por amor propio, es decir, para hacerse con una buena conciencia o para liberarse de una mala conciencia.

Volviendo a la cuestión que nos importa, esto es, si el principio de la homeostasis es en realidad, o no, el principio por el que se guía una persona, podemos remitirnos a un simple y bien conocido hecho que, en mi opinión, demuestra que la homeostasis nunca puede ser el objetivo último de la vida. ¿Cuál sería el resultado si uno tuviera la oportunidad de satisfacer por completo todas y cada una de sus necesidades y pulsiones? Seguramente, los resultados de tal experimento no consistirían en modo alguno en una experiencia de la más profunda de las realizaciones, sino, por el contrario, de un vacío interno frustratorio, de un sentimiento desesperado de vacuidad o, para emplear términos logoterapéuticos, de la conciencia del propio vacío existencial. Este es el mismo resultado de la frustración de la voluntad de sentido mencionada anteriormente. En la medida en que podemos definir como existencial todo cuanto se conecta, no sólo con la existencia humana, sino también con el sentido de la existencia del hombre, podemos hablar de frustración existencial, concepto de suma importancia en logoterapia.

Hoy día, el vacío existencial del hombre tiene una importancia primaria que crece sin parar. Y esto es comprensible si consideramos la doble pérdida que el hombre ha sufrido desde que se convirtió en humano. Me refiero al hecho de que, al comienzo de la historia humana, el hombre fue privado de los instintos básicos animales que incorporan la conducta del animal y la garantizan. Esta seguridad está ahora, igual que el paraíso, negada para siempre al hombre. Pero además de ésta, el hombre ha sufrido otra pérdida más reciente. Las tradiciones en que se apoyaba su conducta están ahora desapareciendo rápidamente, por lo menos con relación a su carácter de obligación moral. El hombre medio de hoy día apenas siente ninguna obligación respecto de ellas.

Mi equipo del Hospital Policlínico de Viena llevó a cabo un estudio transversal con pacientes de las salas de pacientes neurológicos y psicoterapéuticos externos y el personal médico y el equipo de enfermería de la misma institución. El estudio reveló que el 55% de las personas examinadas mostraban un grado más o menos acentuado de frustración y/o de vacío existencial. Más de la mitad experimentaba pérdida del sentimiento de que la vida tiene sentido.

La logoterapia enseña que este vacío existencial, junto con otras causas, puede convertirse también en una enfermedad neurótica. En el marco de referencia de esta escuela, esas neurosis se denominan, en contraposición a las neurosis psicógenas (es decir, neurosis en el sentido estricto de la palabra), neurosis noógenas. Éstas tienen una etiología distinta que aquéllas, puesto que se originan en otra dimensión de la personalidad. Se originan en la dimensión noética más que en la psíquica. En otros términos, en los casos de neurosis noógenas, estamos tratando con enfermedades psicológicas que no radican, como pasa con las neurosis psicógenas, en conflictos entre distintas pulsiones, o desacuerdos entre componentes psíquicos como los denominados ello, yo y super yo. Radican más bien en las colisiones que se producen entre diferentes valores, o en el anhelo y la busca a tientas descompensados del hombre de ese valor jerárquicamente supremo: el último sentido de la vida. Para decirlo simplemente, tratamos de la frustración de la lucha del hombre por un sentido en su existencia, de una frustración de su voluntad de sentido. No es necesario decir que en todos estos casos en que los síntomas neuróticos remiten a una frustración existencial, la logoterapia está indicada como método de tratamiento psicoterapéutico adecuado.

Debería observarse que, cuando hablamos del sentido de la propia existencia, nos referimos específicamente al sentido *concreto* de la existencia personal. Por la misma razón, podríamos hablar de una misión en la vida, señalando que cada hombre tiene una misión que cumplir en la vida. Cada ser humano es único tanto en su esencia (*Sosein*) como en su existencia (*Dasein*) *y*, por ello, no es ni prescindible ni reemplazable. Dicho de otra manera, es un individuo particular con sus características personales únicas que experimenta un contexto histórico único en un mundo que ha reservado para él solo oportunidades y obligaciones especiales.

Está claro que nunca es tarea del terapeuta dar un sentido a la vida del paciente. Toca al paciente mismo encontrar el sentido concreto de su existencia. El terapeuta simplemente le ayuda en la empresa. Que sea él quien deba encontrar el sentido implica que este sentido ha de ser descubierto, no inventado. Implica que el sentido de la vida de uno mismo es, de algún modo, objetivo.

Por desgracia, de esta objetividad se olvidan con frecuencia aquellos escritores que se denominan a sí mismos existencialistas. Aunque nunca se cansan de repetir *ad nauseam* que el hombre es «ser en el mundo», parece que olvidan que el sentido está también «en el mundo», por lo que no es meramente un factor subjetivo. Es más que una mera autoexpresión, o una proyección del sí mismo *al* mundo.

Tocamos aquí el problema de ese aspecto del sí mismo, al que la bibliografía psicológica se refiere con frecuencia en la actualidad, llamado autoactualización. Según Piotrowski, K. Goldstein «rechaza y argumenta contra una teoría dominante de la motivación que supone que el motivo básico es la reducción de la tensión y, con ella, el restablecimiento del equilibrio. Rechaza la homeostasis como teoría de la motivación. Rechaza la idea de que el objetivo de las pulsiones sea la eliminación de una tensión perturbadora producida por aquélla. Por ello, discute el principio de placer de Freud y la teoría de la tensión y el alivio... Para Goldstein, un individuo cuya meta principal sea meramente mantener su nivel de ajuste está manifestando un indicio de enfermedad... La autoexpresión o la autorrealización es el motivo último en condiciones de salud»[10]. Charlotte Bühler afirma que «el concepto de autorrealización atraviesa por diversas variaciones de Nietzsche y Jung a Karen Horney, Erich Fromm, Kurt Goldstein, Frieda Fromm-Reichmann, Abraham Maslow, Carl Rogers y otros, que parecen estar buscando una teoría general del fin último de la vida. De nuevo y con otra connotación, aparece en el contexto del pensamiento existencialista»[11].

Elkin comenta críticamente, con especial referencia a Horney y a Fromm, que «sus concepciones han adquirido connotaciones místicas. Esto recuerda las ideas de Jung sobre el sí mismo, cuyas connotaciones místicas siguen muy de cerca a las que se encuentran en religiones

10. Z. A. Piotroswski, «Basic human motives according to Kurt Goldstein», en *American Journal of Psychotherapy*, 13 (1959) 553.

11. Charlotte Bühler, «Theoretical observations about life's basic tendencies», en *American Journal of Psychotherapy*, 13 (1959) 561.

orientales»[12]. Mi crítica, en cambio, va en otra dirección. El error fundamental en atribuir a la autorrealización el «motivo último» es que devalúa de nuevo el mundo y sus objetos a simples medios para un fin. De hecho, A. H. Maslow sostiene explícitamente que «el medio ambiente no es más que un medio para los fines de la autoactualización de la persona»[13].

De forma que ahora toca plantear la pregunta crucial de si la intención primaria del hombre, o hasta su destino último, puede ser adecuadamente descrito, o no, con el término de autoactualización. Yo aventuraría una respuesta estrictamente negativa a esta pregunta. Me parece completamente obvio que la autoactualización es un efecto y que no puede ser objeto de la intención. Se refleja en este hecho la verdad antropológica fundamental de que la autotrascendencia es una de las características de la existencia humana. Sólo en la medida en que el hombre se aparta de sí mismo en cuanto deja de lado los intereses y la atención egoístas consigue un modo auténtico de existencia. Esta regla encuentra su aplicación clínica (y su confirmación clínica) en las técnicas logoterapéuticas de derreflexión e intención paradójica[14].

Charlotte Bühler tenía, en mi opinión, toda la razón de afirmar que «a lo que ellos [los representantes del principio de la autoactualización] realmente se referían era al desarrollo de las potencialidades»[15]. Como la autoactualización remite al cumplimiento de las posibilidades disponibles, o potencialidades, del sujeto, podríamos denominar también potencialismo a esta opinión. Según ella, la tarea de la vida humana hay que concebirla como la actualización de las potencialidades que desarrollarán la personalidad hasta su mayor grado posible. Por consiguiente, el grado de autoactualización depende del número de potencialidades realizadas. Pero, ¿cuál sería el resultado si una persona

12. H. Elkin, «On the origin of the self», en *Psychoanalysis and the Psychoanalysis Review,* 45 (1958-1959) 57.

13. A. H. Maslow, *Motivation and personality,* Harper & Row, Nueva York 1954, p. 117.

14. V. E. Frankl, *The doctor and the soul: From psychotherapy to logotherapy,* Alfred a. Knopf, Inc.m Nueva York ²1965, p. 253s; [trad. cast.: *Psicoanálisis y existencialismo,* Fondo de Cultura Económica, México-Buenos Aires 2010.

15. Véase nota 5.

tuviera que actualizar simplemente sus potencialidades internas? Nos viene a la memoria la respuesta que nos recuerda Sócrates. Él confesaba tener en su interior la potencialidad de llegar a ser un criminal y, por consiguiente, si hubiera conseguido el pleno desarrollo de sus potencialidades, aquel gran defensor de la ley y de la justicia ¡no habría más que un común quebrantador de la ley!

Las potencialidades de la vida no son posibilidades indiferentes; han de ser vistas a la luz del sentido y de los valores. En un momento determinado, sólo una de las posibles elecciones del individuo llena la necesidad de su tarea vital. Ahí se implica el desafío de cada situación vital, el desafío a ser responsable. Uno debe hacer su elección entre un cúmulo de potencialidades actuales: unas quedarán condenadas a no ser y otra se actualizará y, por lo mismo, se rescatará para toda la eternidad. Las decisiones son definitivas, pues las potencialidades son los únicos aspectos realmente transitorios de la vida. Cuando se actualiza una potencialidad, se actualiza para siempre y ya nunca puede ser destruida. El hombre, por consiguiente, debe hacer frente a la responsabilidad de dejar escritas inmortales «huellas en las arenas del tiempo». Debe decidir, para su suerte o para desgracia, cómo ha de ser el monumento de su existencia.

El potencialismo implica un intento de evitar el peso de esta responsabilidad. Bajo la presión del tiempo y ante la transitoriedad de la vida, el hombre se engaña a menudo creyendo que puede escapar de la necesidad de tomar decisiones responsables. Pero sus esfuerzos son vanos, pues dondequiera vaya debe enfrentarse a las exigencias de la vida y al imperativo de aceptar compromisos significativos y valiosos y, por lo mismo, existenciales.

Al mismo tiempo, hay en ello implicado un problema indispensable de valores; pues la elección en cuestión es una elección de la única potencialidad, entre las muchas posibles, que vale la pena actualizar. Por ello el problema empieza justamente cuando el potencialismo termina. El potencialista intenta huir de este problema axiológico, pero por más que lo posponga nunca puede realmente liberarse del mismo.

Un más atento examen de este escapismo revela que el potencialista encuentra insoportable la tensión que existe entre lo que es (*Sein*) y lo que debe ser (*Sein-sollen*). Sin embargo, esta tensión no puede ser anulada, ni siquiera por el potencialismo, porque es inherente a la existencia humana. No existe condición humana imaginable en la que el hombre pueda estar exonerado de sentir la tensión entre lo que ha hecho, por un lado, y lo que, por otro, debería haber hecho o debe hacer todavía. Como ser finito, el hombre nunca completa perfectamente su tarea vital. Cuando quiere y sabe sostener sobre sus espaldas el peso de esta incompletud, está reconociendo esta finitud. Esta aceptación de la finitud es la condición previa de la salud mental y del progreso humano, mientras que la incapacidad de aceptarla es una característica de la personalidad neurótica. Por ello el principio homeostático, al que nos hemos referido anteriormente, no es en modo alguno un fenómeno normal, sino más bien un fenómeno neurótico. Sólo el individuo neurótico es incapaz de soportar la tensión normal de la vida, sea física, psíquica o moral.

Además de este vacío infranqueable entre lo que es y lo que debe ser de la existencia humana, hay otra polaridad que debe ser también tomada en consideración. Es la escisión que hay entre el sujeto y el objeto del conocimiento. Esta escisión es también inevitable, aunque más de un autor habla de haberla «superado». Una afirmación así es cuestionable, pues este logro significaría la superación de la *condition humaine,* la insuperable finitud del ser humano. Ni siquiera Heidegger, el espíritu guía de la filosofía existencial, pensó o enseñó nunca que pudiera conseguirse un verdadero conocimiento por encima de la dualidad de sujeto y objeto. No soy teólogo y, por ello, no intento hablar en relación con esto de *hybris;* pero creo que el hombre no debería intentar superar la doble tensión de la existencia humana, sino más bien sufrirla. Una metáfora apropiada, aunque quizás radicalmente frívola, establece la cuestión de forma muy resumida: la filosofía moderna no debería tirar el niño (el objeto de conocimiento) con el agua del baño (el dualismo cartesiano).

Por supuesto, el sujeto por su acto cognoscitivo es capaz de acercarse al objeto, estableciendo así esa intimidad cognoscitiva con las cosas del mundo que yo he llamado «ser junto con» (*Beisein*) el objeto[16]. De

16. V. E. Frankl, *Der unbedingte Mensch, Metaklinische Vorlesungen.* Deuticke, Viena 1949, p. 27s.; [trad. cast: *El hombre incondicionado. Meditaciones metaclínicas,* Plantin, Buenos Aires 1955].

modo que el notable logro de conocimiento consiste en que el sujeto alcanza al objeto cruzando el vacío que los separa. Sin embargo, el objeto alcanzado por el sujeto sigue siendo un objeto y no se convierte, en virtud del proceso cognoscitivo, en parte del sujeto mismo[17]. Toda teoría que oscurezca la objetividad del objeto y haga caso omiso de su intrínseca otredad, mediante el supuesto de que el mundo es una mera autoexpresión y nada más que una proyección del sujeto, es una teoría que no ha entendido el problema.

No resulta recomendable una erradicación total de la diferencia entre sujeto y objeto, incluso suponiendo que fuera posible. Cada acto cognoscitivo humano se basa indispensablemente en el campo de tensión polar entre el sujeto y el objeto. La dinámica esencial que constituye el conocimiento humano tiene su origen en esta situación de tensión entre el hombre y ese «mundo», donde el hombre es «ser en» (para usar una expresión existencial popular). En logoterapia, esta dinámica, en contraposición con la psicodinámica, es conocida como noodinámica.

Ignorar la tensión noodinámica ente sujeto y objeto equivale a ignorar la objetividad del mundo. Toda filosofía o psicología que, por su cuidadosa investigación de los fenómenos psíquicos en su riqueza y plenitud, merezca el nombre de «enfoque fenomenológico» ha de reconocer el hecho primordial de que todo verdadero acto cognoscitivo implica la objetividad del objeto. De este modo, lo que llamamos objeto, o para hablar con mayor generalidad, el mundo, es en esencia más que una mera autoexpresión del sujeto. Hablar del mundo como si fuera un mero «diseño» del sujeto cognoscente es hacer injusticia al fenómeno pleno del acto cognoscitivo que es la autotrascendencia de la existencia hacia el mundo en cuanto realidad objetiva. Es verdad que el hombre no puede captar más que un segmento subjetivo cognoscitivamente recortado del mundo o, por decirlo de otra manera, sólo puede realizar una selección subjetiva del espectro entero del mundo; no obstante, siempre estará haciendo una selección subjetiva de un mundo objetivo.

17. El lector podrá interesarse por una afirmación similar en los escritos de Erwin Straus; Erwin W. Straus, en *Existence,* ed. por Rollo May, Ernest Angel y Henri F. Ellenberger, Basic Books, Inc., Nueva York 1958, p. 147.

El punto de vista, no obstante, adoptado por algunos escritores existencialistas diluye la objetividad del objeto. Podríamos darle el nombre de calidoscopio epistemológico. Cuando uno mira por un calidoscopio, no ve a través de él, sino que observa una cierta constelación de trocitos de vidrio de diferentes colores, que son parte del calidoscopio. ¿No se parece a esto la teoría epistemológica de estos autores? Para ellos, el hombre es un ser que, en todos sus esfuerzos y actos cognoscitivos, nunca alcanza el mundo real. El mundo del hombre no es más que un diseño suyo proyectado, que refleja la estructura de su propio ser. Igual como la observación mediante calidoscopio depende de cómo caen las pequeñas piezas de vidrio, esta epistemología calidoscópica presenta un proyecto de mundo (*Weltentwurf*) en total dependencia del «estar arrojado» (*Geworfenheit*): un simple reflejo de su condición y estructura subjetivas.

Hasta qué punto ese subjetivismo no alcanza a entender el auténtico conocimiento humano se hace obvio tan pronto como recordamos la verdad fundamental de que sólo en la medida en que una persona es capaz de ignorarse y olvidarse de sí misma es también capaz de reconocer todo cuanto hay en el mundo y es propio del mundo. Sólo si se aleja hacia la periferia de su atención puede ella llegar a ser propiamente consciente de los objetos que están más allá de sí misma. Podemos ilustrar esto con el caso del ojo que se ve a sí mismo, o algo en sí mismo (por ejemplo, una *mouche volante*), sólo cuando padece un defecto visual. Cuanto más se ve el ojo menos visibles le son el mundo y sus objetos. La capacidad del ojo para ver depende de su incapacidad de verse. Cierto, el conocimiento humano finito no puede librarse del todo de los momentos subjetivos inherentes a su actividad, pero esto no altera el hecho de que, cuanto más se convierte el conocimiento realmente en simple autoexpresión y en proyección de la propia estructura del sujeto cognoscente, tanto más se ve envuelto en el error. En otras palabras, el conocimiento es conocimiento verdadero sólo en la medida en que es lo contrario de una mera autoexpresión, en la medida en que implica trascendencia.

Parece, en conclusión, que esas teorías del hombre que se basan en la reducción de su tensión, como en la teoría de la homeostasis, o la realización del mayor número de posibilidades, como en la autoactualización, si se las sopesa, se las encuentra deficientes. Es opinión del autor que sólo puede formularse una perspectiva adecuada del hombre más allá de la homeostasis, más allá de la autoactualización, en esa esfera de la existencia humana en la que el hombre decide lo que quiere hacer y lo que quiere ser en medio de un mundo objetivo de sentido y de valores[18].

18. V. E. Frankl, «Philosophie und Psychotherapie. Zur Grundlegung einer Existenzanalyse», *en Schweizerische medizinische Wochenschrift,* 69 (1939) 707

IV
LOGOTERAPIA Y EXISTENCIA[1]

Se ha producido un progreso considerable en el desarrollo de la psicoterapia durante los últimos cinco años, en la medida en que el antiguo concepto psicodinámico de hombre, en cuanto ser principalmente ocupado con la satisfacción de sus necesidades, ha ido siendo sustituido, de un modo lento pero obvio, por la nueva perspectiva antropológica del hombre en cuanto ser cuya meta en la vida se concibe ahora como autoactualización y realización de sus propias potencialidades. Podemos también decir que la categoría de las necesidades (en el sentido de un ser del hombre totalmente determinado por la pulsiones instintivas y condicionado por las circunstancias) va siendo reemplazada cada vez más por otra categoría, a saber, la de las potencialidades que pueden llevarse a efecto. En otras palabras, podemos hablar de una reinterpretación actual del ser humano.

El fenómeno global de la existencia humana es, no obstante, inefable y sólo puede circunscribirse con una frase, el enunciado «yo soy»[2]. Este «yo soy» tuvo que ser interpretado en un principio como «yo tengo que» (es decir, estoy obligado por determinadas condiciones y determinantes, pulsiones e instintos, factores e impactos hereditarios y ambientales), mientras que en el período siguiente el «yo soy» se en-

1. Resumen del artículo leído en la Conferencia Americana sobre Psicoterapia Existencial. Nueva York, 27 de febrero de 1960.

2. Tan pronto como una frase comienza por «yo soy» esperamos que continúe. «Yo soy» suena a modo de sólo media frase. La cuestión de *qué* «soy yo» permanece con todo abierta. Este *qué,* sin embargo, va más allá de la existencia por cuanto remite a la esencia.

tendió como un «yo puedo» (es decir, yo soy capaz de actualizar este o aquel aspecto de mi mismo).

Falta, no obstante, todavía un tercer concepto. Pues si queremos obtener una visión adecuada de la realidad humana en todas sus dimensiones, debemos ir más allá de las necesidades y de las posibilidades y traer a colación –además de los aspectos de «tengo que» y «puedo» del fenómeno «yo soy» total– esa dimensión a la que antes me he referido del «yo debo». Pero lo que «yo debo» hacer es realizar en cada caso el sentido concreto que me interpela en cada situación de mi vida. En otras palabras, en el momento en que aceptamos la entrada del «yo debo», completamos el aspecto subjetivo de la existencia humana, *el ser,* con su contrapartida objetiva, que es el *sentido.*

Sólo después de haberlo hecho así se justifica el rasgo actual de poner el acento en la autoactualización. Si ésta se convierte en un fin en sí misma y se busca como el objetivo de una intención primaria, entonces no se consigue. En ese intento de conseguirlo directamente, se iría a pique aquello que sólo se produce como efecto secundario. Pues sólo en la medida en que el hombre ha llevado a efecto el sentido concreto de su existencia personal podrá también conseguir la plena realización de sí mismo.

Esto no es en modo alguno contradictorio con la teoría de la autoactualización, tal como la presenta Abraham Maslow. A mi entender ha tenido en cuenta esto cuando, por ejemplo, dice:

> Es posible llamar a mis sujetos más objetivos en todos los sentidos del término que al promedio de personas. Se centran más en los problemas que en su ego... intensamente centrados como están en problemas de su exterior. Puede que crean que una tarea es responsabilidad suya, deber u obligación. Pero estas tareas no son ni personales ni egoístas.[3]

De modo que Maslow estará ciertamente de acuerdo si yo me atrevo a decir que la autoactualización no es ni la intención primaria ni (mirando lo mismo desde un ángulo más objetivo y no desde el punto

3. A. H. Maslow, *Motivation and personality,* Harper & Row, Publishers, Nueva York 1954, p. 211, 213.

de vista del sujeto) el destino último del hombre, sino más bien un resultado o un subproducto.

Por ello, podemos ver que, cuando hablamos del «ser del hombre en el mundo» no deberíamos negar que hay también un «sentido en el mundo». Sólo cuando hemos tomado este sentido completamente en cuenta hemos completado el aspecto subjetivo de la existencia humana con su correlato objetivo. Y sólo entonces, no antes, llegamos a ser conscientes de la existencia expandida en un campo de tensión polar entre el sí mismo y el mundo.

Ningún concepto del mundo es, entonces adecuado si es entendido en términos de simple proyección o autoexpresión. Si, ante todo, el sentido del mundo que ha de llevar a cabo el hombre y los valores que en él deben ser realizados por él no fueran más que su «racionalización secundaria, sublimaciones o formaciones reactivas», nadie podría esperar razonablemente que el hombre viviera de acuerdo con sus obligaciones. De hecho, esos pseudovalores carecen en absoluto de todo carácter imperativo cuando son simplemente entendidos como un reflejo de los procesos que suceden en el individuo de un modo impersonal o simplemente como proyecciones y expresiones de la estructura interna del sujeto. Hemos de ver en el mundo, en esencia, mucho más que esto. Hemos de tener en cuenta la objetividad del mundo que es lo único que supone un desafío real al sujeto. Sin embargo, no sería suficiente que nos limitáramos simplemente a mirar el mundo y sus objetos, incluidos valores y sentidos y el desafío que nos dirigen, como simples autoexpresiones; deberíamos abstenernos también de mirar el mundo como un mero instrumento sometido a nuestros propósitos, un instrumento para la satisfacción de nuestras pulsiones instintivas, para restablecer un equilibrio interno, para restaurar la homeostasis, o como un medio para el fin de autoactualizarnos. Esto sería degradar el mundo y destruir de nuevo la relación objetiva del hombre con el mundo, donde el hombre «es en». Me atrevo a decir que el hombre nunca, o por lo menos no de un modo normal y primariamente, ve en los semejantes con que se encuentra y en las causas con las que se compromete simples medios para un fin; porque, en caso contrario, habría destruido cualquier auténtica relación con ellos. Se habrían convertido en simples medios; habrían servido al hombre, pero, por la misma razón, habrían dejado de tener para él valor alguno, es decir, valor en sí mismos.

Cuando hablamos de sentido, sin embargo, no debemos olvidar el hecho de que el hombre no lleva a cabo el sentido de su existencia simplemente mediante sus empresas creativas y sus encuentros experienciales, o el trabajo o el amor. No debemos pasar por alto el hecho de que hay también experiencias trágicas inherentes a la vida humana, sobre todo esas de la «tríada trágica» –si podemos utilizar esta expresión–, representadas en los hechos primordiales de la existencia del hombre: sufrimiento, culpa y transitoriedad.

Evidentemente, podemos cerrar los ojos ante estos «existenciales». También el terapeuta puede eludirlos y retirarse a lo que es meramente somatoterapia o psicoterapia[4]. Éste sería el caso, por ejemplo, si el terapeuta intentara eliminar el temor del paciente a morir, tranquilizándolo, o a eliminar mediante el análisis su sentimiento de culpa. Pero, con especial referencia al sufrimiento, diría que los pacientes nunca desesperan realmente por causa de un sufrimiento en sí mismo. Más bien su desespero proviene en cada caso de la duda acerca de si tiene sentido sufrir. El hombre está dispuesto y quiere soportar un sufrimiento sólo si y en la medida en que es capaz de verle sentido.

En el fondo, sin embargo, este sentido no puede ser captado simplemente con medios intelectuales, porque supera esencialmente –o para hablar con mayor propiedad, dimensionalmente– la capacidad del hombre en cuanto ser finito. Procuro señalar este hecho con el término «supersentido». Este sentido trasciende necesariamente al hombre y a su mundo y, por consiguiente, no puede ser abordado por simples procesos racionales. Es más bien accesible a un acto de com-

4. Aquí entendemos psicoterapia en el sentido más estricto del término, en cuanto puede oponerse a ese concepto más amplio que también tiene presente la dimensión humana de lo *noético* en oposición a lo *psíquico*. Este enfoque psicoterapéutico más amplio recibe el nombre de logoterapia y en su marco hablamos de dimensiones (en cuanto distintas de niveles discretos) del ser y distinguimos la dimensión biológica, la psicológica y la específicamente humana. En alemán se distingue entre *geistig y geistlich;* el primer término indica la dimensión humana y el segundo la religiosa. En inglés, en cambio, sólo tenemos el término *spiritual,* con sus connotaciones religiosas, por lo que la logoterapia, al ser un planteamiento esencialmente secular, ha acuñado el término «noológico», que aplica a esta dimensión.

promiso que sale de lo profundo y del centro de la personalidad humana, enraizando así en su existencia total. Tenemos que habérnoslas, no con un proceso intelectual o racional, sino con un acto absolutamente existencial que quizás puede ser descrito por lo que denomina *Urvertrauen zum Dasein,* «confianza básica en el ser».

Conscientes ahora de que el sentido del ser, o el *logos* de la existencia, trasciende esencialmente la mera intelectualidad del hombre, entenderemos que la «logo»-terapia está tan lejos de ser un proceso de razonamientos «lógicos» como de ser simplemente una exhortación moral. Ante todo, un psicoterapeuta –incluido también el logoterapeuta– no es ni un maestro ni un predicador, ni ha de compararse, digamos, a un pintor. Con esto quiero decir que nunca incumbe al terapeuta comunicar al paciente un cuadro del mundo tal como lo ve el terapeuta; más bien, el terapeuta debería capacitar al paciente a ver el mundo tal como es. Se parece, por tanto, más a un oftalmólogo que a un pintor. Además, haciendo referencia especial a los sentidos y valores, lo que importa no es el sentido de la vida del hombre en general. Buscar el sentido general de la vida humana podría compararse a preguntar a un jugador de ajedrez: «¿Cuál es la mejor jugada?» No hay algo así como «la mejor jugada», aparte de la mejor en el contexto de una situación particular de un juego particular. Igual podemos decir de la existencia humana por cuanto uno puede buscar sólo el sentido concreto de su existencia personal, un sentido que cambia de persona a persona, de día en día y de hora en hora. La conciencia de este sentido concreto de la propia existencia no es para nada algo abstracto, sino que es más bien una dedicación y devoción implícitas e inmediatas que ni se preocupa de la verbalización ni la necesita. En psicoterapia, evidentemente, puede ser evocado planteando preguntas provocativas en el marco de un diálogo mayéutico, en sentido socrático. Lo que sale entonces a la luz es que las preguntas últimas sobre la existencia humana afloran en los labios de todo hombre y que estas preguntas interpelan constantemente al psicoterapeuta. Pero no es necesario entrar en complicados debates con los pacientes.

El *logos* es más profundo que la lógica.

V
DINÁMICA Y VALORES[1]

Al psicoanálisis, especialmente en sus primeros y más antiguos estadios de desarrollo, se le he acusado a menudo de lo que se denomina pansexualismo. Dudo de si en fechas anteriores, o hasta en tiempos de Freud, este reproche fue alguna vez legítimo. Pero, ciertamente, en la historia más reciente del psicoanálisis apenas encontramos evidencia alguna en que apoyar esta acusación de pansexualismo en el sentido estricto del término.

Sin embargo, hay otra cosa distinta, que a mí me parece un supuesto incluso más erróneo, que subyace en la teoría psicoanalítica –y, por desgracia, en la práctica analítica– y que podemos llamar «pandeterminismo». Por tal entiendo toda visión del hombre que deje de lado u olvide la capacidad humana intrínseca de la libre elección e interprete la existencia humana en términos de simple dinámica[2].

El hombre, como ser básicamente finito que es, nunca será capaz de liberarse del todo de los vínculos que le atan a los diversos campos en donde se enfrenta a condicionantes inalterables. Sin embargo, siempre hay un cierto residuo de libertad en sus decisiones. Pues dentro de los límites –por restringidos que puedan ser–, puede el hombre moverse libremente; y sólo por esta actitud que adopta frente a cualquier condicio-

1. Conferencia patrocinada por la Universidad de Chicago, 22 de octubre de 1960.

2. El término «dinamismo» sirve a menudo a modo de simple sustitución eufemística del término «mecanicismo». Sin embargo, no creo que ni siquiera los psicoanalistas freudianos ortodoxos continúen siendo o tengan que ser siempre «incorregiblemente mecanicistas y materialistas», tal como en una ocasión los consideró un enunciado claro y conciso hecho, nada más y nada menos, que por el mismo Sigmund Freud.

nante a que tenga enfrentarse demuestra el hombre ser verdaderamente humano. Y esto vale tanto para los hechos y factores biológicos y psicológicos como para los sociológicos. El medio social, la dotación hereditaria y las pulsiones instintivas pueden limitar el alcance de la libertad humana, pero en sí mismos nunca pueden ellos eliminar totalmente la capacidad humana de adoptar una actitud frente a todos estos condicionantes.

Permítanme ilustrar esto con un ejemplo concreto. Hace unos meses estaba hablando con un famoso psicoanalista americano en un café de Viena. Como era una mañana de domingo y hacía un tiempo magnífico, lo invité a acompañarme a una escalada de montaña. Pero él rehusó tenazmente, señalando que su profunda aversión a subir montañas se debía a precoces experiencias infantiles. Siendo niño, su padre le obligaba a acompañarlo a caminatas de larga duración, y pronto comenzó a odiar esta clase de excursiones. De modo que intentaba explicarme su proceso infantil de condicionamiento que le impedía compartir con entusiasmo escalar empinadas paredes rocosas. Ahora me toca a mí confesarme, le dije; y comencé a explicarle que también mi padre me obligaba a acompañarle en sus excursiones de fin de semana y que llegué a odiarlas por fatigosas y aburridas. Pero, pese a todo, llegué a ser guía de escalada en un club alpino.

Que algunas circunstancias, internas o externas, influyan, o no, en un individuo concreto o que su influencia tome una dirección u otra depende únicamente de la libre elección del individuo. Los condicionamientos no me determinan, sino que yo decido si me someto a ellos o los desafío. No hay nada concebible que pueda condicionar del todo a un hombre, es decir, sin dejarle la más mínima libertad. El hombre nunca está plenamente condicionado en el sentido de estar determinado por hechos o fuerzas. Más bien, en definitiva, el hombre se determina a sí mismo. Determina no sólo su destino, sino también su sí mismo, porque el hombre no sólo forma y configura el curso de su vida sino también su propio yo. El hombre es no sólo responsable[3] de

3. Evidentemente, la responsabilidad humana es tan finita como su libertad. Por ejemplo, yo no soy responsable del hecho de que mis cabellos se hayan vuelto grises; sin embargo, soy ciertamente responsable del hecho de no haber ido a la peluquería a por un tinte de cabello, tal como muchas señoras podrían haber hecho con idénticos «condicionantes».

lo que hace, sino también de lo que es, en la medida en que no sólo se comporta de acuerdo con lo que es, sino que además se convierte en lo que es de acuerdo a cómo se comporta. En definitiva, el hombre llega a ser lo que él ha hecho de sí mismo. En vez de estar plenamente condicionado por algún tipo de condicionante, el hombre se construye a sí mismo. Hechos y factores no son sino el material bruto de estos actos de construcción del sí mismo. Y una vida humana es una cadena ininterrumpida de actos de esta índole. Son las herramientas, los medios para el fin que el hombre mismo determina.

A decir verdad, esta manera de contemplar al hombre es justamente la inversa de ese concepto que afirma que el hombre es un producto o un efecto de una cadena de diversas causas. Por el otro lado, nuestra afirmación de la existencia humana en cuanto acto autocreador se corresponde con el supuesto fundamental de que el hombre no «es» sin más, sino que siempre decide lo que va a ser en el momento siguiente. En cada momento la persona humana modela y forja constantemente su propio carácter. Por ello, todo ser humano tiene la oportunidad de cambiar en un momento dado. Hay la libertad de cambiar, y a nadie debe negársele el derecho a hacer uso de esa libertad. En modo alguno podemos predecir el futuro de un ser humano, a no ser dentro de un amplio marco de un estudio estadístico referido a un grupo como a tal. La personalidad humana en sí es esencialmente impredecible. La base para una predicción estaría representada por las influencias biológicas, psicológicas o sociológicas. Sin embargo, uno de los rasgos principales de la existencia humana es su capacidad de emerger y levantarse por encima de todos estos condicionantes; o de trascenderlos. La persona humana se trasciende a sí misma en la medida en que configura su propio carácter.

Permítanme citar el siguiente caso. Se trata del doctor J., la única persona, de todas las que he conocido en toda mi vida, que me atrevería a caracterizar de personaje satánico. Por la época que le conocí, se lo llamaba comúnmente «el asesino de Steinhof», el nombre del gran hospital mental de Viena. Cuando los nazis comenzaron su programa de eutanasia, tenía todas las riendas en sus manos y era tan fanático en el cumplimiento de la tarea que le habían asignado que procuraba que no se escapara ni un solo individuo psicótico de la cámara de gas.

Los pocos pacientes que pudieron escapar fueron, paradójicamente, judíos. Sucedió que el doctor J. ignoraba la existencia de un pequeño pabellón de una casa judía para ancianos, y aunque la Gestapo que supervisaba esta institución había prohibido estrictamente la admisión de cualquier paciente psicótico, conseguí introducirme a escondidas y ocultar a aquellos pacientes suministrando certificados de diagnósticos falsos. Manipulé la sintomatología de aquellos casos de modo que indicaran afasia en lugar de esquizofrenia. Administré también choques de metrazol de forma ilegal. De este modo aquellos pacientes judíos pudieron salvarse cuando incluso se mataba «por compasión» a parientes de funcionarios del partido nazi. Cuando volví a Viena –después de haberme liberado de ir a parar a la cámara de gas en Auschwitz– pregunté por el doctor J. «Fue hecho prisionero por los rusos en una de las celdas de aislamiento de Steinhof», me dijeron. «Al día siguiente, no obstante, la puerta de esa celda apareció abierta y al doctor J. nadie nunca más lo vio.» Más tarde llegué al convencimiento de que, igual que otros, había encontrado refugio en América del sur con la ayuda de sus camaradas. Pero recientemente, vino a mi consulta un antiguo diplomático austríaco de rango elevado, que había permanecido prisionero tras el telón de acero durante varios años, primero en Siberia y luego en la famosa prisión de Moscú, Ljubljana. Mientras lo examinaba neurológicamente, me preguntó de improviso si acaso había conocido yo al doctor J. Tras contestarle afirmativamente, continuó: «Yo lo conocí en Ljubljana. Allí murió, a los cuarenta años, de un cáncer en la vejiga urinaria. ¡Pero antes de morir me demostró ser el mejor camarada que usted pueda imaginar! Consolaba a todo el mundo. Vivía de acuerdo con el más alto nivel moral concebible. ¡Fue el mejor amigo que nunca encontré en todos los años de prisión!»

Esta es la historia del doctor J. «el asesino de Steinhof». ¡Cómo puede uno atreverse a predecir la conducta del hombre! Lo que puede predecirse son los movimientos de una máquina, de un aparato, de un autómata. Aparte de esto, podemos intentar predecir también los mecanismos o el «dinamismo» del psiquismo humano; pero el hombre es algo más que su psiquismo: el hombre es espíritu. Por el mero hecho de su autotrascendencia se aleja del plano de lo meramente biopsicológico y entra en la esfera de lo específicamente humano, la dimensión noológica. La existencia humana es, en su esencia, noética. Un ser humano no es una cosa entre otras: las cosas se determinan unas a otras, mientras que el hombre se autodetermina. En realidad, el hombre es libre y responsable, y estos constituyentes de su espiritualidad, a saber, la libertad y la responsabilidad, nunca pueden enturbiarse por lo que se denomina la reificación o la despersonalización del hombre.

Por el proceso de reificación o despersonalización el sujeto se convierte en objeto. La persona humana, cuando es tratada meramente en términos de un mecanismo psíquico controlado por la ley de causa y efecto, pierde su carácter intrínseco como sujeto que finalmente se autodetermina (según una expresión de Tomás de Aquino la persona es *dominium suiactus*). De este modo, toda interpretación exclusivamente psicodinámica del ser humano deja totalmente de lado una característica esencial de la existencia humana, la libertad de la voluntad. ¡El sujeto que «quiere» se ha convertido en un objeto que «tiene que...»!

Sin embargo, la libertad, en el última instancia (esto es, en la instancia fenomenológica), es el aspecto subjetivo de un fenómeno global y, como tal, ha de completarse con su aspecto objetivo, a saber, la responsabilidad. La libertad de adoptar una actitud, como destacamos antes, nunca es completa si no se ha convertido y transformado en la libertad de asumir responsabilidad. La capacidad específicamente humana de «querer» permanece vacía en la medida en que no se ha complementado todavía con su contrapartida objetiva, la de querer lo que yo «debo». Lo que debo, sin embargo, es la actualización de valores, la realización del sentido concreto de mi existencia personal. El mundo del sentido y de los valores puede ser llamado con razón *logos.* Por tanto, el *logos* es el correlato objetivo del fenómeno subjetivo llamado existencia humana. El hombre es libre de ser responsable, pero él es el responsable de la realización del sentido de su vida, del *logos* de su existencia.

Pero todavía tenemos que plantear la pregunta acerca de hasta qué punto o en qué medida los valores que han de actualizarse o los sentidos que han de realizarse tienen un carácter «objetivo». Lo que queremos decir con este término, «objetivo», es que los valores son necesariamente más que una mera expresión de la personalidad del sujeto mismo. Son más que la simple expresión de la vida interna de uno, entendidos como sublimaciones o como racionalizaciones secundarias de las propias pulsiones instintivas, tal como el psicoanálisis freudiano parece explicarlas, o como arquetipos inherentes del inconsciente colectivo de uno mismo, tal como da por supuesto la psicología jungiana (también estos arquetipos son meras autoexpresiones, de la humanidad como un todo, en este caso). Si sentidos y valores no fueran más que algo emergente del sujeto mismo –es decir, si no fueran algo que procediera de una esfera que está más allá y por encima del hombre–, instantáneamente perderían su carácter imperativo. Ya no podrían ser un auténtico desafío para el hombre, nunca más podrían emplazarle, interpelarle. Si aquello, cuya realización nos incumbe responsablemente, ha de conservar su carácter de exigencia, entonces debemos contemplarlo en su cualidad objetiva.[4]

No podremos ya reconocer este carácter objetivo inherente a sentidos y valores, y que justifica su carácter de exigencia, si los vemos como «nada más que» un diseño subjetivo, o incluso una proyección de pulsiones o arquetipos. Por ello, podemos entender que, junto con la reificación y la despersonalización de la persona humana (es decir, junto con *objetivación de la existencia*), se produce otro proceso (esto es, una subjetivación de sentidos y valores), la *subjetivación del logos.*

Al psicoanálisis se debe la producción de este doble proceso, en la medida en que una interpretación exclusivamente psicodinámica de la persona humana no puede sino convertirse en una objetivación de algo que es intrínsecamente subjetivo; mientras que, al mismo tiempo, una interpretación exclusivamente psicogénica de sentido y valores no puede sino convertirse en la subjetivación de algo que es intrínsecamente objetivo.

Uno de los grandes méritos y logros del *ontoanálisis*[5] me parece a mí que es que ofrece un correctivo al primer aspecto del doble error

4. Esto incumbe también a esa entidad ante la cual somos responsables: si la conciencia –o este ser cuya voz cree ser la conciencia– se reduce a un superyó (interpretándolo así en términos de una proyección interna de la propia imagen del padre, o de su proyección), el carácter de exigencia de esa instancia se evaporaría.

5. Ludwig Binswanger y Erwin W. Straus «The existential analysis school of thought», en *Existence,* ed. por Rollo May, Ernest Angel y Henri F. Ellenberger, Basik Books, Inc., Nueva York 1958. Cf. Jordan M. Scher, «The concept of the self in schizophrenia», *en Journal of Existential Psychiatry,* 1 (1960) 64.

cometido por el psicoanálisis, tal como acabamos de delinearlo. Esta escuela de pensamiento más reciente ha ayudado a restablecer la persona humana en cuanto fenómeno que elude todo intento de captar su esencia en términos de una cosa totalmente condicionada y absolutamente predecible entre, y parecida a, otras cosas. Por ello, el ontoanálisis reclama, frente al psicoanálisis, entre otras, la cualidad plenamente subjetiva.

Sin embargo, el otro aspecto del mismo proceso, la depreciación de la cualidad objetiva de sentido y valores, la subjetivación de lo objetivo, todavía no ha sido rectificado. Mediante el ontoanálisis, lo *subjetivo,* es decir, la existencia, se «resubjetiva». Es la *logoterapia*[6] la que ha asumido como tarea y objetivo propios la «reobjetivación de lo objetivo», es decir, el *logos.* Sólo de este modo se restablece el fenómeno íntegro del ser humano en su doble aspecto: la existencia en su subjetividad, y el *logos* en su objetividad. Podemos representar este asunto con el siguiente diagrama:

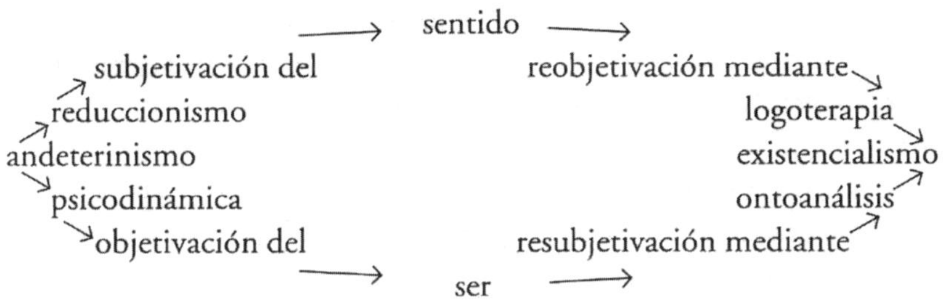

Para la logoterapia, no obstante, el sentido no es sólo un «yo debo» sino también un «yo quiero»; el logoterapeuta habla de la «voluntad de sentido» del hombre. Este concepto logoterapéutico no ha de dejar en el lector la impresión de que está tratando simplemente con una hipótesis idealista. Recordemos los resultados de los experimentos, referidos por J. M. Davis, William F. McCourt y P. Solomon, sobre los

6. Paul Polak, «Frankl's existential analysis», en *American Journal of Psychotherapy,* 3 (1949) 617, y Donald F. Tweedie, Jr., *Logotherapy and the Christian faith: An evaluation of Frankl's existential approach to psychotearpy,* Baker Book House, Gran Rapids, Mich. 1961.

efectos de la estimulación visual en las alucinaciones durante la privación sensorial. Los autores llegan finalmente a la siguiente conclusión: «Nuestros resultados son consistentes con la hipótesis que subraya el parámetro del sentido. La alucinación se presenta como resultado de una falta de contacto significativo con el mundo externo. *Lo que el cerebro necesita* para su funcionamiento normal *es* un contacto *significativo* continuado con el mundo externo».[7]

Esto ya lo habían observado mucho antes los logoterapeutas. Sabíamos del impacto perjudicial de lo que nosotros llamamos «vacío existencial» del hombre, es decir, el fruto de la frustración de la ya mencionada «voluntad de sentido». La sensación de una falta de sentido total y definitiva de la propia vida produce a menudo un cierto tipo de neurosis para cuya designación la logoterapia ha acuñado el término de neurosis «noógena»; lo cual equivale a decir, una neurosis cuyo origen está en un problema espiritual, un conflicto moral o el vacío existencial. ¡Pero hay otros tipos de neurosis que invaden también este vacío! No puede completarse ninguna psicoterapia, no es posible completar y superar definitivamente ninguna neurosis del tipo que sea, si este vacío y esta vacuidad internos, en donde florecen los síntomas neuróticos, no se ha llenado con una logoterapia complementaria, aplicada de una manera consciente o inconsciente.

Con esto no quiero dar la impresión de que el vacío existencial en si mismo representa una enfermedad mental: dudar de si la propia vida tiene sentido es un desespero existencial, es un malestar espiritual más que una enfermedad mental. Por ello la logoterapia en estos casos es más que la terapia de una enfermedad; es una tarea de todas las profesiones de asesoramiento. La búsqueda del sentido de la propia existencia, incluso la duda de si puede encontrarse en principio este sentido, es algo humano y nada patológico.

De lo anteriormente dicho puede verse fácilmente cómo gran parte de la salud mental se basa en la presencia de un estado adecuado de tensión, similar al que surge del infranqueable hiato que hay entre lo que el hombre ha conseguido y lo que debería conseguir. La hendidura

7. «The effect of visual stimulation on hallucinations and other mental experiences during sensory deprivation», en *The American Journal of Pyschiatry*, 116 (1960) 887.

entre lo que yo soy y lo que yo debería ser es inherente a mi existencia humana y, por consiguiente, indispensable para mi bienestar mental. Por consiguiente, no deberíamos ser timoratos ni dubitativos en procurar confrontarnos con el sentido potencial que hemos de actualizar o en sacar nuestra voluntad de sentido de su estado de latencia. La logoterapia intenta que el hombre sea consciente, en primer lugar del sentido que, por así decir, espera ser realizado por él y, en segundo lugar, de su voluntad de sentido que, por así decir, espera que se le asigne una tarea, mejor dicho, una misión. En la medida en que la logoterapia procura que el paciente sea consciente de ambos hechos, representa un procedimiento esencialmente analítico, ya que hace que algo sea consciente; no algo psíquico, sino algo noético y no sólo lo subhumano, sino lo humano mismo.

Cargar con la tarea de realizar el único sentido que nos ha sido asignado a cada uno de nosotros no es algo a evitar o temer. El principio de la homeostasis, en cambio, subyacente en la interpretación dinámica del hombre mantiene que su conducta se dirige básicamente a la gratificación y satisfacción de sus pulsiones e instintos, hacia la reconciliación de los diferentes aspectos de su psiquismo, como el ello, el yo y el super yo, y hacia la adaptación y ajuste en la sociedad, hacia su propio equilibrio bio-psico-sociológico. Pero la existencia humana es esencialmente autotrascendencia. Por la misma razón, no puede consistir en la autoactualización; el interés primario del hombre no reside en la actualización de su sí mismo, sino en la realización de valores y en la realización de las potencialidades de sentido que han de encontrarse en el mundo más que dentro de uno mismo o dentro del propio psiquismo como sistema cerrado.

Lo que realmente necesita el hombre no es homeostasis, sino lo que yo denomino noodinámica, es decir, este tipo de tensión adecuada que lo mantiene consistentemente orientado hacia valores concretos que han de actualizarse, hacia el sentido de su existencia personal que ha de realizarse. Esto es también lo que garantiza y sostiene su salud mental; escapar de toda situación de estrés sería incluso convertirse de un modo precipitado en víctima del vacío existencial.

Lo que el hombre necesita no es un estado sin tensiones, sino el esfuerzo y la lucha por algo digno de ser deseado y buscado. Lo que el hombre necesita no es tanto la descarga de tensiones como el desafío que le plantea el sentido concreto de su existencia que ha de ser realizado por él y que no puede ser realizado sino por él. La tensión entre el sujeto y el objeto no debilita la salud y la integridad, sino que las fortalece. En individuos neuróticos, no es que no sea así; es aún más cierto. Integrar al sujeto presupone dirigirse hacia un objeto. Si los arquitectos quieren reforzar un arco en mal estado, *aumentan* el peso que sostiene, de modo que sus elementos se unen entre sí con mayor fuerza. Del mismo modo, si los terapeutas desean promover la salud mental del paciente, no han de temer aumentar el peso de la responsabilidad de llevar a cabo el sentido de la propia existencia.

VI
LA PSIQUIATRÍA Y LA BÚSQUEDA HUMANA DE SENTIDO[1]

Un psiquiatra se enfrenta hoy día cada vez más a un nuevo tipo de paciente, a una nueva clase de neurosis, a una nueva especie de sufrimiento, cuya característica más notable es el hecho de que no representa una enfermedad en el sentido propio del término. Este fenómeno ha producido un cambio en la función –¿o deberíamos decir misión?– de la psiquiatría actual. En estos casos, las técnicas tradicionales de tratamiento de que dispone el psiquiatra muestran ser, cada vez, más menos aplicables.

He llamado a este fenómeno, al que el psiquiatra ha de enfrentarse ahora con tanta frecuencia, «vacío existencial». Con este término quiero significar la experiencia de una falta total, o de una pérdida, del sentido último de la propia existencia que haría que la vida fuera digna de ser vivida. El vacío consiguiente, el estado de vacuidad interior, es en este momento uno de los mayores desafíos que tiene ante sí la psiquiatría. En el marco conceptual de la teoría terapéutica, a este fenómeno se le denomina también «frustración existencial» o frustración de la «voluntad de sentido».

Este último concepto lo aplica la logoterapia a lo que considera la fuerza motivacional más fundamental en el hombre. El psicoanálisis freudiano centra su teoría de la motivación en el principio de placer[2], o,

1. Conferencia inaugural leída ante el Seminario de Logoterapia, Harvard, curso de verano de 1961.

2. Según Freud, el principio de realidad no es nada más que una extensión del principio de placer, en cuyo servicio actúa en última instancia.

como también podría llamarse, la «voluntad de placer», mientras que la psicología individual adleriana se centra en lo que generalmente se llama la «voluntad de poder». En oposición a ambas teorías, la logoterapia considera que el hombre se motiva primariamente por una búsqueda de sentido de su existencia, por el esfuerzo por realizar este sentido y, por su medio, actualizar tantas potencialidades de valor como le sea posible. En suma, al hombre lo motiva la voluntad de sentido.

Antes, la gente frustrada en su voluntad de sentido se dirigía probablemente al pastor, al sacerdote o al rabino. En la actualidad, llena las clínicas y los despachos de consulta. El psiquiatra, entonces, se encuentra a menudo en una situación embarazosa; se enfrenta ahora a problemas humanos más que a síntomas clínicos específicos. La búsqueda de sentido por el hombre no es patológica, sino más bien el signo más cierto de que es realmente humano. Incluso si esta búsqueda se frustra, no puede considerarse signo de una enfermedad. Es un malestar espiritual, no una enfermedad mental.

¿Cómo debería responder el clínico a ese desafío? Tradicionalmente, no está preparado a hacer frente a la situación más que en términos médicos. Por ello, se ve obligado a considerar el problema como algo patológico. Además, induce a su paciente a interpretar su malestar como si fuera más bien una enfermedad que ha de ser curada y no un desafío al que ha de enfrentarse. Actuando de esta manera, el médico priva al paciente de los frutos potenciales de su lucha espiritual.

El médico no debería dejarse seducir por el reduccionismo todavía prevaleciente, que devalúa el interés del hombre por el sentido y los valores como si fueran «nada más que» un mecanismo de defensa, una formación reactiva o una racionalización. Esta característica del «nada más que»[3] de los fenómenos humanos es en verdad uno de los prime-

3. Es verdad que la mayoría de escritores del campo existencialista suelen introducir y aplicar una terminología que adolece, hasta cierto punto, de neologismos, síntoma frecuente de casos de esquizofrenia. En una ocasión presenté a la audiencia de una conferencia mía dos citas, una tomada de Martin Heidegger y la otra de un paciente esquizofrénico. Luego invité a la audiencia a atribuir las palabras a sus autores respectivos, y sucedió que la mayoría atribuyó las palabras de uno de los mayores filósofos de todos los tiempos al paciente gravemente perturbado, y viceversa. Pero esto no va en contra de Heidegger, sino más bien en contra de la capacidad humana de verbalizar con

ros rasgos de la imagen reduccionista del hombre. ¿Pero sería prudente basar la terapia en, o hasta empezar con, el supuesto de Freud, por ejemplo, de que la filosofía no es «nada más que» una forma de sublimación de la sexualidad reprimida?[4] Una sólida filosofía de la vida, pienso, puede ser la más valiosa de las bazas de que puede disponer un psiquiatra cuando está tratando a un paciente en su extrema desesperación. En vez de intentar obstinadamente reducir el sentido y los valores a sus supuestas raíces psicodinámicas, o deducirlos de fuentes psicógenas, el psiquiatra debería aceptar estos fenómenos en su valor nominal y no recostarlos en un lecho procustiano de ideas preconcebidas en cuanto a su función y origen. Conservar lo humano de los fenómenos humanos es precisamente lo que el enfoque fenomenológico, tal como lo han propuesto Husserl y Scheler, ha intentado hacer.

Ciertamente, sólo puede accederse al sentido de la existencia humana o a la voluntad de sentido del hombre por un planteamiento que vaya más allá del plano de los datos meramente psicodinámicos o psicógenos. Debemos hacer que el hombre entre, o mejor, que permanezca en la dimensión de los fenómenos específicamente humanos, como es la dimensión espiritual del ser. Para evitar la más mínima confusión que pudiera surgir del hecho de que el término «espiritual» normalmente tiene una connotación religiosa en algunos idiomas, prefiero hablar del fenómeno noético en contraste con psíquico y de la dimensión noológica en contraste con la psicológica. La dimensión noológica debe definirse como esa dimensión en la que se localizan los fenómenos específicamente humanos.

A través de un análisis meramente psicológico, los fenómenos humanos se sacan, por así decir, del espacio noológico y se rebajan al plano psicológico. A este procedimiento lo llamamos psicologismo[5]. Implica nada menos que la pérdida de toda una dimensión. Además, lo

palabras de la vida cotidiana la experiencia de un mundo hasta ahora desconocido, ya sea el mundo de una nueva filosofía o el que un paciente esquizofrénico se ve obligado a vivir. El común denominador no es la expresión de una crisis psicótica, sino más bien una crisis de expresión semántica.

4. Ludwig Binswanger, *Sigmund Freud: Reminiscences of a friendship*, Grune & Stratton Inc., Nueva York 1957, p. 9.

5. En la medida en que el psicoanálisis se vincula más o menos a los fenómenos anormales, como neurosis y psicosis, tiende a tratar las aspiraciones espirituales del

que se pierde es la dimensión que permite al hombre emerger y elevarse por encima del nivel de los fundamentos biológicos y psicológicos de su existencia. Se trata de una cuestión importante, pues trascender esos fundamentos y, por lo mismo, trascenderse, significa el acto mismo de existir. La *autotrascendencia,* diría, es la esencia de la existencia; y la existencia, a su vez, significa el modo específicamente humano de ser. En la medida en que este modo de ser supera el marco psicológico de referencia, el enfoque propio y adecuado de la existencia no es psicológico, sino existencial.

Esto vale también para la terapia. La logoterapia es esa psicoterapia que se centra en el sentido de la vida así como en la búsqueda de ese sentido por el hombre. De hecho, *logos* quiere decir «sentido». Sin embargo, significa también «espíritu». Y la logoterapia toma plenamente en cuenta la dimensión espiritual o noológica. De este modo, la logoterapia está también capacitada para llevar a cabo –y para utilizar– la diferencia intrínseca entre los aspectos noéticos y psíquicos del hombre. A pesar de esta diferencia ontológica entre lo noético y lo psíquico, entre espíritu y mente, la totalidad y singularidad antropológica no sólo se mantiene con nuestro concepto de hombre multidimensional, sino que se apoya en él. Hablar del hombre en términos de sus niveles, o estratos, espirituales, mentales y corporales puede llevarnos a suponer que cada uno de estos aspectos puede separarse de los otros. Pero nadie puede sostener que la visión de un ser humano en sus múltiples dimensiones ha de destruir la totalidad y la singularidad inherente al hombre.

Hay una suposición de tipo práctico implicada en nuestra «ontología dimensional». Me refiero a la capacidad específica del hombre de distanciarse de sí mismo. Mediante su emergencia en la dimensión noológica, el hombre se vuelve capaz de distanciarse de su estado psicológico. Esta capacidad específicamente humana de autodistanciamiento se moviliza particularmente mediante la logoterapia contra acontecimientos patológicos en el ámbito de la dimensión psicológica, como son, por ejemplo, los síntomas neuróticos y psicóticos. Pese al

hombre no sólo en términos psicológicos, sino también patológicos. Así el peligro de psicologismo se acrecienta con la falacia de lo que yo he llamado «patologismo».

énfasis que pone en la responsabilidad en cuanto cualidad esencial del ser humano, la logoterapia no hace en modo alguno responsable al hombre de los síntomas neuróticos o hasta psicóticos. Sin embargo, lo hace responsable de su actitud antes estos mismos síntomas. Porque la logoterapia contempla al hombre en cuanto libre y responsable y considera que esta libertad no es una libertad de condicionantes, sino más bien libertad de adoptar una actitud, de mantener principios ante los condicionantes. La llamada intención paradójica es un técnica logoterapéutica diseñada para hacer uso de la capacidad humana de distanciamiento noopsíquico.

Una perspectiva multidimensional nos capacita para evitar no sólo el psicologismo, sino también el noologismo. El espiritualismo es un mundo tan unilateral como el materialismo. El monismo, sea espiritual o material, revela menos la supuesta unicidad del mundo que la manifiesta unilateralidad de su propio punto de vista.

Un ejemplo de noologismo flagrante sería la opinión de algunos psiquiatras según la cual un paciente que sufra de una depresión endógena no sólo siente culpa, sino que realmente es culpable –«existencialmente culpable»– y ésta es la razón de su depresión. Yo contemplo en la depresión endógena más bien un origen somatógeno que noógeno, o hasta psicógeno. Esta psicosis somatógena engendra, a su vez, una conciencia anormal de culpa normalmente vinculada a la «condición humana». Podemos comparar este fenómeno al arrecife que emerge durante la marea baja. A nadie se le ocurre sostener que el arrecife sea causa de la marea. Del mismo modo, la culpa no ha sido la causa de la depresión psicótica, sino al contrario, la depresión –una marea baja emocional, por así decir– ha sido la causa de que la culpa se sienta con tanta intensidad. Pero imaginemos el efecto potencial de confrontar al paciente psicótico con esa tan espiritualista, hasta moralista, interpretación de su enfermedad en términos de «culpa existencia»[6]. No haría sino ofrecer un contenido adicional a la tendencia patológica del paciente hacia la autoacusación, y su respuesta podría ser muy bien el suicidio.

6. ¿Cómo podría explicarse que la culpa existencial, en un determinado caso, aparezca sólo, pongamos por caso, de febrero hasta abril de 1951; o de marzo a junio de 1956, sin mostrarse patógena en ningún otro momento?

En sí mismo, el vacío existencial no es nada patológico. Sin embargo, puede convertirse finalmente en una enfermedad neurótica para la cual la logoterapia ha acuñado el término de «neurosis noógena». Esta neurosis no es el resultado de conflictos pulsionales o choques entre las pretensiones del yo, el ello y el super yo, sino que más bien se debe a problemas espirituales y a frustración existencial. Lo que se requiere en esos casos es una psicoterapia que se centre tanto en el espíritu como en el sentido, es decir, la logoterapia. Sin embargo, la logoterapia, en cuanto planteamiento y procedimiento psicoterapéuticos, es también aplicable a las neurosis psicógenas y hasta a las somatógenas. Como ejemplo de estas últimas, el hipertiroidismo produce una inclinación a estados de angustia a los que el paciente responde a menudo en términos de lo que se denomina «angustia de expectación». Es decir, teme la repetición de la angustia y la misma expectativa de ese ataque lo precipita una y otra vez. Cada vez más queda preso el paciente en un mecanismo de realimentación entre la condición somática primaria y la reacción psíquica secundaria. Este círculo vicioso debe ser atacado tanto por el lado somático como por el psíquico. Para conseguir esto último, debemos recurrir a la logoterapia, y más específicamente a la intención paradójica, que «le gana la mano» a la angustia de expectación: los fármacos tranquilizantes cumplen la otra exigencia, a saber, la eliminación del fundamento y de la base somática del desorden global. De acuerdo con la observación del autor, la tetania enmascarada produce con frecuencia claustrofobias igual como el hipertiroidismo leve produce agorafobias. Y la verdad es que el primer tranquilizante introducido en Europa continental (desarrollado por el autor ya en 1952, antes de que se iniciara el «paso al meprobamato») demostró ser el tratamiento preferencial con fármacos más efectivo en casos de fobias somatógenas.

Una y otra vez, sin embargo, sucede que el mecanismo de realimentación denominado angustia de expectación empuja al vacío existencial. Llenar este vacío impide que el paciente recaiga. Centrándolo en el sentido y el propósito y descentrándolo de su obsesión y compulsión hace que los síntomas se atrofien. En estos casos, la fuente de la patología es psicológica o hasta biológica; pero la fuente de la terapia, el agente terapéutico, es noológico. Como dice Edith Weisskopf-Joelson, «la logoterapia puede ser utilizada también como terapia no específica, es decir, las neurosis provocadas por trastornos psicosexuales en la infancia pueden ser aliviadas con terapia espiritual en la adultez»[7].

No contemplamos la logoterapia como una terapia específica en todos los casos. Por esta razón, en las neurosis psicógenas la logoterapia sirve como complemento, más que como un sustituto, de la psicoterapia en el sentido usual del término. Se plantea la cuestión de si las terapias que se consideran específicas lo son realmente o no. En lo que se refiere al psicoanálisis, Joseph Wolpe presentó recientemente «un informe sobre estudios de seguimiento que comprendían a 249 pacientes, cuyos síntomas neuróticos habían cesado o mejorado notablemente tras psicoterapia de varias clases, todas distintas al psicoanálisis». Wolpe concluía que «esta evidencia [sólo cuatro recaídas (1,6%)] contradice la expectativa psicoanalítica de inferior durabilidad de las recuperaciones obtenidas sin psicoanálisis y suprime la razón principal de ver el análisis como el tratamiento preferencial para el sufrimiento neurótico». «En otras palabras», añade, «lo que la teoría psicoanalítica cree necesario para una recuperación duradera no es en realidad necesario. ¿Implica esto que lo que la teoría propone como base de la neurosis no es en realidad su base?»[8] Por lo menos, diría, esto demuestra que el psicoanálisis no es tan específico como creen los psicoanalistas. Bastantes escritores de estos temas han puesto de relieve durante mucho tiempo que un mismo caso permite muy diversas interpretaciones teóricas. Diferentes técnicas basadas en estas interpretaciones obtienen iguales resultados. Sea cual fuere el agente crucial, si métodos distintos producen aproximadamente idénticos resultados terapéuticos, no será la técnica la responsable principal de estos resultados. Aparentemente, lo que importa es la relación humana entre el doctor y el paciente. Lo importante parece ser el encuentro personal o, en términos de Jaspers, la «comunicación existencial». «El encuentro cálido, subjetivo y humano entre dos personas», dice Carl R. Rogers, «es mucho más efectivo para facilitar el cambio que el más preciso conjunto de técnicas que se

7. Edith Weisskopf-Joelson, «Logotherapy and existential analysis», en *Acta Psychotherapeutica,* 6 (1955) 701-703.

8. Joseph Wolpe, «The prognosis in unpsychoanalyzed recovery from neurosis», en *The American Journal of Psychiatry»,* 118 (1961) 35.

derivan de la teoría del aprendizaje o del condicionamiento operante»[9]. En otro lugar, dice también Rogers: «el cambio de personalidad se inicia por las actitudes que adopta el terapeuta, más que primariamente por su conocimiento, sus teorías, o sus técnicas... Puede ser una nueva manera de experimentar, de una experiencia más inmediata y fluida, con mayor aceptación, que es la característica esencial del cambio terapéutico, más que, por ejemplo, el beneficio de la comprensión o de la lenta penetración de la relación de transferencia, o el cambio en el concepto de sí mismo»[10].

Hasta qué punto puede funcionar el encuentro entre el médico y el paciente sin la más ligera aplicación de técnica alguna puede ilustrarse con la siguiente experiencia. Una muchacha americana, estudiante de música, vino a verme en Viena para hacerse un análisis. Como hablaba un terrible *slang* y no la entendía ni palabra, intenté dirigirla a un médico americano para que consiguiera descubrir qué la había motivado a buscar mi consejo. Pero ella no acudió a su consulta, y un día que nos encontramos por la calle me explicó: «Mire usted, doctor, sólo con hablar con usted de mi problema me sentí tan aliviada que ya no tuve necesidad de más ayuda.» De modo que ni siquiera ahora llego a saber por qué razón había venido a mí aquella muchacha.

Éste fue un ejemplo de un planteamiento extremadamente no tecnológico. La historia debería completarla, no obstante, con otra que es un ejemplo de procedimiento extremadamente tecnológico. En 1941, fui llamado de mañana por la Gestapo, que me ordenó que me presentara al cuartel general. Fui allí suponiendo que inmediatamente me mandarían a un campo de concentración. Un miembro de la Gestapo me esperaba en uno de los despachos; empezó a envolverme en un minucioso interrogatorio. Pero enseguida cambió de tema y comenzó a preguntarme cosas como: ¿Qué es la psicoterapia? ¿Qué es una neurosis? ¿Cómo hay que tratar un caso de fobia? Luego empezó a contar un caso específico, el caso de «su amigo». Mientras, ya me había dado cuenta de que era de su propio caso de lo que quería tratar conmigo.

9. Carl R. Rogers, «Two divergent trends», en *Existential Pyschology*, ed. por Rollo May, Random House, Inc., Nueva York 1961, p. 93.

10. Carl R. Rogers, «The process equation of psychotherapy», en *American Journal of Psychotherapy*, 15 (1961) 27-45.

Inicié una terapia a corto plazo de un modo sumamente impersonal; le advertí que había de decir a «su amigo» esto y aquello otro en caso de que aflorara de nuevo su angustia. Esta sesión terapéutica no se basaba en una relación yo-tú, sino más bien en una relación yo-él. En todo caso, el hombre de la Gestapo me tuvo con él durante horas y yo continué tratándolo de este modo indirecto. No fui capaz de descubrir, naturalmente, qué efecto tuvo esta terapia a corto plazo. Y en cuanto a mi familia y a mí mismo, aquello nos salvó por el momento, porque nos permitió quedarnos en Viena un año más antes de ser enviados a un campo de concentración.

Aparte de situaciones excepcionales de este tipo, ambos extremos, encuentro y técnica son lo único que a mi entender tiene importancia teórica. La práctica viva se mueve *entre* los polos extremos. No deberíamos menospreciar o despreciar ninguno de ellos.

Ante todo, no deberíamos hacer de uno de ellos el campo de batalla del otro, es decir, convertir el encuentro en un campo de batalla de la técnica. La técnica, por propia naturaleza, tiende a reificar todo cuanto toca. En cuanto concierne a los miembros de una relación terapéutica, se ve al hombre como una cosa entre otras, como una *res* [cosa]. A decir verdad, está de moda culpar a Descartes de la dicotomía entre *res extensa* y *res cogitans.* Pero yo creo que debería haber ido más lejos de lo que fue. Debía de haber negado al hombre no sólo el atributo de la *extensión* sino también el de *cosa.*

Venerar la técnica a expensas del encuentro supone hacer del hombre no sólo una simple cosa, sino también un simple medio para un fin. De acuerdo con la segunda versión del imperativo categórico de Kant, nadie debe ser nunca considerado como un simple medio para un fin. Dudo de si hay algún ámbito en el que la diferencia entre permitir o prohibir que se convierta al hombre en un simple medio para un fin tenga mayor importancia que en el caso de la política. Me atrevería a decir que la distinción más importante en política diferencia entre el político que cree que el fin justifica los medios y el que entiende que hay medios que profanarían incluso el más sagrado de los fines.

Ver en el hombre un simple medio para un fin es lo mismo que manipularlo. Referente a la cuestión que nos ocupa, esto es, el encuentro que se convierte en víctima de la técnica, me gustaría escuchar la voz de Rudolf Dreikurs cuando nos advertía de que «el hecho de suponer que la transferencia es el agente terapéutico fundamental sitúa al terapeuta en una posición superior, manipulando al paciente de acuerdo con sus enseñanzas y sus esquemas terapéuticos»[11].

Es verdad que en la «McGill Conference sobre depresión y estados relacionados», en Montreal, «unos cuantos oradores destacaron el grave peligro, inherente al tratamiento de choque y a la terapia con fármacos, de que se mecanizara la dirección médica y que el paciente dejara de ser visto como una persona». Pienso que el peligro no es tan inherente al tratamiento de choque o al tratamiento con fármacos en sí mismos como propio de la actitud extremadamente tecnológica que domina a tantos terapeutas. Pienso que el peligro es todavía mayor en el campo de la psicoterapia que en el del tratamiento de choque o mediante fármacos. Lo que importa no es la técnica aplicada, sino el médico que la aplica o, más específicamente, el espíritu con que se aplica. Y la psicoterapia puede llevarse a cabo con un espíritu tal que al paciente ya no se le mira «como persona» y más bien se contempla su *psiquismo* como un mero conjunto de mecanismos.

Incluso si se mantiene el carácter personal del encuentro, la relación yo-tú no debería ser vista como un sistema cerrado. Karl Bühler, en su teoría del lenguaje, distingue tres aspectos: desde el punto de vista de quien habla, el lenguaje es expresión; desde el punto de vista de la persona a la que se dirige el que habla el lenguaje es apelación; y desde el punto de vista de la materia de la que se habla, el lenguaje es representación. Es este tercer aspecto, diría, el que se deja de lado siempre que olvidamos que la relación terapéutica no se caracteriza exhaustivamente por el concepto de encuentro entre dos sujetos, sino que depende del objeto con el que un sujeto se enfrenta al otro. Este objeto es normalmente un hecho que ha de llegar a ser consciente para el sujeto. En particular, el sujeto debería hacerse consciente del hecho de que hay allí un sentido que espera ser llevado a la práctica. De modo que la relación terapéutica está abierta, por así decir, a un mundo. El mundo, no obstante, ha de ser considerado tarea y desafío.

11. Rudolf Dreikurs, «The current dilemma in psychotherapy», en *Journal of Existential Psychiatry*, 1 (1960) 187.

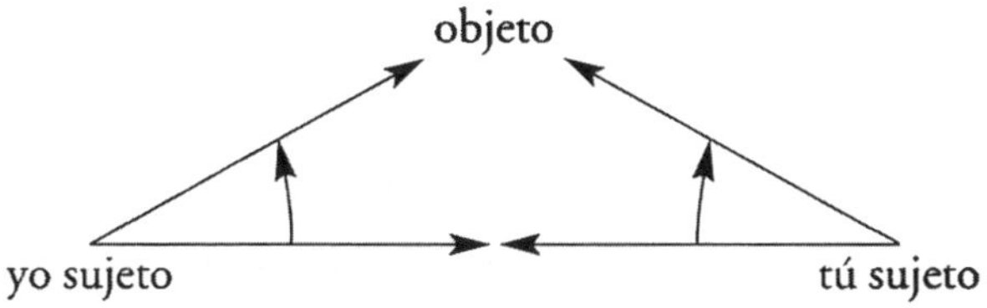

Es un principio de logoterapia que la autotrascendencia es la esencia de la existencia. Este principio significa que la existencia es auténtica sólo en la medida en que apunta a algo que no es ella misma. El ser humano no puede ser su propio sentido. Se ha dicho que el hombre nunca debe ser tomado como un medio para un fin. ¿Implicará esto que el hombre es un fin en sí mismo, que está proyectado y destinado a realizarse y a actualizarse a sí mismo? El hombre, deberíamos decir, realiza y actualiza valores. Se encuentra a sí mismo sólo en la medida en que se pierde a sí mismo en primer lugar, ya sea por amor de algo o de alguien, por razón de una causa o a causa de un semejante, o «por amor de Dios». La lucha del hombre por sí mismo y por su identidad está condenada al fracaso a menos que tenga efecto como dedicación y devoción a algo más allá de sí mismo, a algo que se encuentre por encima de él. Como dice Jaspers, «lo que el hombre es, lo es por la causa que él ha hecho suya».

El ser humano se desvirtúa a menos que se comprometa con algún sentido libremente escogido. El énfasis recae sobre la libre elección. Un destacado psicoanalista americano relataba, tras un viaje a Moscú, que detrás del telón de acero la gente era menos neurótica porque tenía más tareas que cumplir. Cuando fui invitado a leer una conferencia ante los psiquiatras de Cracovia, me referí a este informe, pero hice notar que aun cuando era muy posible que, en Occidente, el hombre tuviera que hacer frente a menos tareas que en el Este, tiene la libertad de escoger entre ellas. Si se le priva de esta libertad, se convierte en una rueda de engranaje con una función por hacer, pero sin oportunidad alguna de escogerla.

Es posible que una psicoterapia que confronta al hombre con el sentido y el propósito sea criticada por exigir demasiado al paciente. Pero, en realidad, la gente siente menos la amenaza y el peligro en las muchas exigencias que en las demasiado pocas. Hay no sólo una patología del estrés, sino también una patología de la *ausencia* de tensión. Y lo que debemos temer en una época de frustración existencial no es demasiada tensión *per se,* sino la falta de tensión que se ha creado por la pérdida de sentido. Juzgo error peligroso para la salud mental la idea de que lo que el hombre necesita ante todo es homeostasis *a tout prix.* Lo que realmente necesita el hombre es una buena dosis de tensión surgida del desafío de un sentido al que él deba dar cumplimiento. Esta tensión es inherente al ser humano y es, por ello, indispensable para el bienestar mental. Lo que llamo noodinámica es la dinámica en un campo de tensión, cuyo polos están representados por el hombre y el sentido que le requiere. La noodinámica ordena y estructura la vida del hombre igual como pasa con las limaduras de hierro en un campo magnético. A diferencia de la psicodinámica, la noodinámica deja al hombre la libertad de escoger entre el cumplimiento o el rechazo del sentido que le inquiere.

Theodore A. Kotchen exploró la relación existente entre el concepto de sentido y la salud mental construyendo un cuestionario y administrándolo a pacientes mentales y a grupos de control no psiquiátricos. Los resultados dieron validez empírica a una concepción de salud mental ofrecida por la «logoterapia o cualquier otra variedad» de análisis existencial: una mente es saludable cuando ha conseguido almacenar una dosis suficiente de «sentido».

En 1899, James Jackson Putnam, dio una conferencia en la Sociedad de Medicina de Massachusetts sobre «No sólo la enfermedad, sino también el hombre». Este título quiere decir, a mi entender, que el médico debería tratar la enfermedad y, además, la actitud que el paciente mantiene ante ella. Con una buena actitud, el sufrimiento inevitable se convierte en un logro heroico y victorioso. Así es como no le falta sentido a la vida hasta el último suspiro, hasta que el hombre muere. Incluso con la muerte no pierde su sentido la vida; pues este sentido no consiste en preservar algo para el futuro, sino más bien en almacenar en el pasado. En él queda a salvo para siempre.

Edith Weisskopf-Joelson sostiene que, dando al sufrimiento que no puede evitarse el *status* de un valor positivo, la logoterapia «puede ayudar a contrarrestar determinados rasgos insalubres de la cultura actual de Estados Unidos, donde al que sufre incurablemente se le da escasísima oportunidad de enorgullecerse de su sufrimiento y de considerarlo ennoblecedor y no degradante». «Por ello», escribe, «el peso del que se siente infeliz aumenta, porque no sólo es infeliz, sino que se avergüenza de serlo».

«Otro aspecto de la filosofía logoterapéutica se refiere a la concepción del tiempo», concluye Edith Weisskopf-Joelson. «El pasado de un individuo es visto, por así decir, como un almacén de todo cuanto ha hecho existir, de posibilidades materializadas de un modo fijo e inmutable, mientras que el futuro consiste en oportunidades todavía no materializadas. Por ello, el pasado de un individuo es la parte de su vida en que ha superado la transitoriedad y alcanzado la eternidad. Esta valoración positiva del pasado puede contrarrestar, hasta cierto punto, el temor al envejecimiento y a la muerte, y puede servir de compensación por la incomodidad de ser mayor o anciano en culturas, como las de Estados Unidos, que acentúa el valor de la juventud. Esas consideraciones filosóficas pueden ser especialmente útiles en el tratamiento de los trastornos climatéricos.»[12].

Sin embargo, el sentido último de la vida humana no es asunto de conocimiento intelectual, sino más bien de compromiso existencial. Éste excede y va más allá de la capacidad intelectual de un ser finito como el hombre. Mediante su religión personal, el hombre adopta una actitud y hace una elección. Cuando un paciente se sitúa en el suelo firme de la creencia religiosa, es legítimo apoyarse en sus convicciones religiosas; no puede haber objeción alguna a recurrir al efecto terapéutico de estos recursos espirituales[13].

Seguí este proceder, por ejemplo, cuando vino a mí un rabino y me contó su historia. Había perdido a su primera mujer y a sus seis hijos

12. «Logotherapy and existential analysis», en *Acta Psychotherapeutica,* 6 (1958) 193.

13. Cuanto más débilmente pisa uno el suelo de su propia creencia tanto más se agarra uno con ambas manos al dogma que le separa de otras creencias; por otro lado, cuanto más firmemente se afirma uno en el suelo de su fe, tanto más libres tiene las manos para extenderlas hacia aquellos semejantes que no comparten su creencia. La primera actitud implica fanatismo; la segunda, tolerancia. La tolerancia no significa que se acepten las creencias del otro; significa más bien que se le respeta como ser humano, con el derecho y la libertad de escoger la manera de creer y de vivir.

en el campo de concentración de Auschwitz, donde fueron gaseados, y ahora pasaba que su segunda esposa era estéril. Le hice observar que la procreación no es el único sentido de la vida, pues, si lo fuera, la vida en sí dejaría de tener sentido y algo que en sí mismo carece de sentido no puede volverse significativo simplemente por el hecho de perpetuarlo. Pero el rabino valoraba su desgracia como un judío ortodoxo. Se desesperaba porque no habría nunca un hijo suyo que recitara la *Kaddish* por él después de su muerte. Pero yo no quería desistir. Hice un último intento de ayudarle preguntándole si no esperaba ver de nuevo a sus hijos en el cielo. Mi pregunta le convirtió en una fuente de lágrimas, y ahora la verdadera razón de su desespero comenzaba a salir a flote: explicó que sus hijos, por haber muerto como mártires inocentes[14], habían sido dignos de alcanzar el lugar más elevado de los cielos, pero que él, hombre pecador como era, no podía esperar conseguir un lugar tan elevado. No desistí, una vez más, y le repliqué: «¿Y no es concebible, rabí, que fue éste precisamente el sentido de que usted sobreviviera a sus hijos; que usted pudiera purificarse con estos años de sufrimiento de modo que, finalmente, también usted, aunque no tan inocente como sus hijos, pudiera *llegar a ser* digno de unirse a ellos en el cielo? ¿No está escrito, en los Salmos, que Dios guarda todas nuestras lágrimas?[15] Quizás sus sufrimientos no han sido en vano.» Por primera vez en muchos años, aquel rabino encontró alivio al ver sus sufrimientos bajo la nueva luz que yo había arrojado sobre ellos al valorarlos en sus propios términos.

Una teoría apropiada y adecuada del hombre debe seguirlo en la dimensión de sus fenómenos específicamente humanos, que es la dimensión noológica del ser. Pero sería fragmentaria si no reconociera la apertura esencial de la existencia humana a la siguiente superior dimensión. Un ser humano, ciertamente, es un ser finito. Pero en la medida en que comprende su finitud, la supera.

14. *L'kiddush hashem,* es decir, a la gloria del nombre de Dios.

15. «De mi peregrinar llevas tu cuenta; recoge mi pesar en tu redoma, ¿no se halla ya en tu libro?» (Salmos 56, 9).

VII
LA LOGOTERAPIA Y EL DESAFÍO DEL SUFRIMIENTO[1]

«Nada en el mundo carece de sentido,
y menos que nada el sufrimiento.»

OSCAR WILDE, *Balada de la cárcel de Reading*

Se ha puesto de moda culpar a la filosofía existencial de poner excesivo acento en los aspectos trágicos de la existencia humana. La logoterapia, considerada una de las escuelas de la psiquiatría existencial, se ha convertido en el blanco de estos reproches. La logoterapia, cierto es, se centra en cuestiones como el morir y el sufrir. Pero esto no debe interpretarse como una prueba de una inclinación y sesgo pesimistas. Más bien debemos procurar adoptar una posición optimista: tener la convicción que incluso la muerte y el sufrimiento son potencialmente significativos. Puesto que la logoterapia, como su nombre indica, se interesa por el sentido, no puede evitar confrontar al paciente con el dolor, la muerte y la culpa o, como yo las llamo, la tríada trágica de la existencia humana.

Estos tres hechos existenciales de la vida deberían ser más bien confrontados por el paciente que desdibujados y velados por el doctor. Es ésta una misión y exigencia particularmente importante de la psicote-

1. Gran parte de este material se presentó en las Peyton Lectures de la Perkins School of Theology, Southern Methodist University, Dallas, Texas, 2-4 de febrero de 1965.

rapia actual, puesto que en el presente ya no son los *aspectos instintivos* de la existencia humana lo que está sometido a represión, sino más bien las *aspiraciones espirituales* del hombre. Y la neurosis ya no es un modo de escapar de los *hechos sexuales* como fue en la época victoriana. La neurosis actualmente es un intento de oscurecer los *hechos existenciales,* y una indoctrinación psicodinámica chapada a la antigua y unilateral puede muy bien desviar los problemas reales suministrando al paciente una imagen determinista de sí mismo que no permite cambio o crecimiento alguno. Podemos así entender cuánta razón tenía Arthur Burton al señalar que, cuando se analiza indiscriminadamente el miedo a la muerte o se reduce a una angustia de castración, el resultado es una forma de negación del hecho existencial.[2]

La muerte y el sufrimiento no son inventos de la logoterapia. Pertenecen a la condición humana. Por consiguiente, no debemos planteárnoslos como si, llegado el caso, tuviéramos que habérnoslas con la mala suerte. El dolor, la muerte y la culpa son inevitables; cuanto más intenta el neurótico negarlos, tanto más se complica con un sufrimiento adicional.

Aunque la tríada trágica sea un hecho innegable inherente a la existencia humana, la racionalizamos por medio del progresismo tecnológico y del cientificismo. Pero incluso en Estados Unidos –donde la sociedad es tan permeable a la creencia de que tarde o temprano la ciencia conseguirá suprimir las desgracias humanas– suele decirse en algunos medios que el hombre es, en definitiva, un ser finito y mortal que inevitablemente ha de encararse a la muerte y, mientras ésta llega, al sufrimiento.

Como el presente trabajo se ocupa específica y explícitamente de la mortalidad del hombre y de la transitoriedad de la vida, comenzaremos por esta faceta de la tríada trágica. Como solemos enseñar en logoterapia, la transitoriedad esencial de la existencia humana añade sentido a la vida. Si el hombre fuera inmortal, tendría razón en demorarse en todo; no habría necesidad alguna de hacer algo justamente ahora. Sólo con la urgencia y la presión de la transitoriedad de la vida

2. «Death as a countertransference», en *Psychoanalysis and the Psychoanalytic Review»,* 49 (1962-1963) 3.

tiene sentido aprovechar el tiempo que pasa. De hecho, los únicos aspectos transitorios de la vida son las potencialidades; tan pronto como hemos conseguido actualizarlas, las hemos convertido en actualidad, salvándolas en el pasado. Una vez son actualidad, lo son para siempre. Todo cuanto está en el pasado se salva de ser transitorio. Allí queda almacenada de forma irrevocable más que perdida de forma irrevocable.

Y esto es así independientemente de si hay o no alguien en torno que pueda recordar, u olvidar, eso que ha sido. Juzgaría que se trata de un punto de vista totalmente subjetivo si alguien supone que todo depende de la presencia de una memoria individual, única capaz de dar sentido a la duración. Clemens E. Benda no evitó, por cierto, esta interpretación subjetivista del verdadero estado ontológico del asunto cuando escribió: «Es obvio que el pasado existe sólo por su impacto en experiencia sensible, en cuanto ésta dura»[3].

Normalmente, a decir verdad, el hombre sólo tiene en cuenta los campos señalizados por la transitoriedad y deja de lado los graneros rebosantes del pasado, en donde él ha salvado de una vez para siempre todos sus hechos, sus alegrías y también sus sufrimientos. Nada puede deshacerse, y nada puede ser destruido; haber sido es siempre una forma de ser, hasta es su forma más segura.

Pienso que la actitud logoterapéutica ante el pasado implica, a la vez, activismo y optimismo. El hombre está llamado a hacer el mejor uso de cada momento y a tomar la decisión correcta en cada instante: se supone que sabe lo que tiene que hacer, o a quién ha de amar o cómo tiene que sufrir.

Hace dos mil años, un sabio judío, Hillel, dijo: «Si yo no hago mi trabajo, ¿quién lo hará? Y si yo no hago mi trabajo ahora, ¿cuándo deberé hacerlo? Pero si lo hago para mí solo, ¿qué soy?» Las dos primeras partes de esta frase sugieren que cada hombre es único y que cada vida humana es singular; por lo mismo, nadie puede ser reemplazado y ninguna vida puede repetirse. Esa unicidad de cada ser humano y esa singularidad de su existencia –y la singularidad de cada momento que contiene un sentido específico y particular por realizar– aumentan la

3. «Existentialism in philosophy and science», en *Journal of Existential Psychiatry»*, 1 (1960) 284.

responsabilidad del hombre en la que la logoterapia ve la esencia de su existencia. La tercera parte del dicho de Hillel capta el hecho de que la autotrascendencia es el rasgo más importante y elevado de la existencia humana en cuanto la vida del hombre siempre apunta hacia algo que no es él; se orienta siempre hacia un sentido que cumplir (más que a actualizarse o a desarrollar las propias potencialidades).

Esto quiere decir activismo. En cuanto al optimismo, quiero recordar las palabras de Lao-tse: «Acabar una tarea significa haberla hecho eterna.» Quisiera decir que esto vale no sólo para el acabamiento de una tarea, sino también para nuestras experiencias y, por último, pero no por eso menos importante, también para nuestro sufrir valeroso.

Lo que el hombre ha hecho no puede ser deshecho. En la medida en que es responsable por lo que ha hecho, no es libre de deshacerlo. Por regla, ser humano implica ser libre y responsable. En el caso excepcional de la culpa, no obstante, el hombre es todavía responsable, pero ya no libre. Mientras que la arbitrariedad es libertad sin responsabilidad, la culpa es responsabilidad sin libertad; sin libertad, esto es, excepción hecha de la libertad de escoger la actitud correcta ante la culpa. Por medio de una actitud correcta, el sufrimiento inevitable se cambia en un logro heroico y victorioso. Del mismo modo, el hombre que ha faltado actuando no puede cambiar lo que ha hecho, pero, con el arrepentimiento, puede cambiarse a sí mismo. Todo depende de la correcta actitud de igual modo y manera que en el caso del sufrimiento. La diferencia está en el hecho de que la actitud correcta es, entonces, una actitud correcta de cara a uno mismo.

El profesor Farnsworth, de la Universidad de Harvard, dijo en una conferencia en la Asociación Americana de Medicina que la «medicina ha de enfrentarse ahora a la tarea de ampliar su función... El médico debe obligadamente dedicarse a la filosofía». De hecho, a los médicos acuden hoy día pacientes que antes se dirigían al pastor, al sacerdote o al rabino; se siente enfrentados a problemas filosóficos, más que a conflictos emocionales. Y lo que es más, los pacientes rechazan a menudo ser dirigidos por un clérigo.

Diría que en aquellos casos en que el médico tiene que vérselas con una enfermedad incurable, debería no sólo ocuparse de la enfermedad, sino cuidar también de la actitud que mantiene el paciente a su respecto. Puede muy bien ser que al paciente se le brinde con ello consuelo. El logoterapeuta aceptará contento y dispuesto este riesgo. Soy plenamente consciente del hecho de que los psicoanalistas intransigentes aborrecen que su tarea se interprete en términos de consolación. En cambio, un logoterapeuta entiende su tarea de otro modo; si es necesario –quiero decir, en un caso de desamparo, en una situación desesperada–, no rehúsa el derecho del paciente a ser confortado. El logoterapeuta no niega al paciente su derecho; no renuncia a su deber considerándolo más una labor pastoral que una responsabilidad médica. Le demanda de consuelo va más allá de la asistencia que procura el cuidado pastoral. «Los predicadores ya no son los pastores de las almas; ahora lo son los médicos», decía Kierkegaard. Además, salir al paso de la desesperación ante una enfermedad incurable constituye también un desafío para el mismo médico; también a él se dirigen las palabras «consolad, consolad a mi pueblo» (Isaías 40, 1).

Cómo se lleva esto a efecto en la práctica actual puede ejemplificarse con el siguiente recorte de la transcripción de una entrevista con una paciente, registrada durante una demostración que hice a mis estudiantes. La paciente tenía ochenta años y padecía un cáncer con una metástasis tan extendida, que la cirugía ya no podía servirle de nada. Ella lo sabía, y estaba cada vez más deprimida.

> Dr. Frankl: ¿En qué piensa usted, cuando mira hacia atrás en su vida? ¿Le ha valido la pena vivirla?
>
> Paciente: Doctor, he de decir que he tenido una buena vida. Verdaderamente, la vida me fue bien. Y doy gracias a Dios por todo lo que me ha ayudado. Fui a teatros, asistí a conciertos, etc. Ya ve, doctor, lo hacía con la familia en cuya casa he servido durante décadas como criada, en Praga, primero y luego en Viena. Y le estoy agradecida a Dios por todas esas maravillosas experiencias.

Nunca tuve la sensación de que ella dudara por lo que se refiere al sentido último de su vida globalmente considerada. Y ésta era la razón por que yo deseaba encaminar y dirigirla a través de sus dudas. Pero primero tenía que provocarlas, luchar con ellas igual como Jacob luchó cuerpo a cuerpo con el ángel, hasta que éste le hirió. Por esto quería luchar con el desespero existencial inconsciente y reprimido de mi paciente hasta el momento en que ella, también, por fin pudiera «bendecir» su vida, decir «sí» a su vida a pesar de todo. De modo que mi tarea consistía en procurar que ella cuestionara el sentido de su vida a un nivel consciente más que en reprimir sus dudas.

DR. FRANKL: Está usted hablando de experiencias maravillosas; pero todo esto ya ha acabado, ¿no?

PACIENTE *(con dudas)*: De hecho, ahora todo acaba...

DR. FRANKL: Bien, ¿usted piensa ahora que todas las cosas maravillosas de su vida quedan aniquiladas e invalidadas al acercarse el fin de sus días? (Y ella sabía que, en efecto, se acercaba).

PACIENTE (*todavía con más dudas*): Todo aquello tan hermoso...

DR. FRANKL: Pero, dígame: ¿cree usted que alguien puede deshacer la felicidad, por ejemplo, que usted ha sentido? ¿Puede alguien hacerla desaparecer?

PACIENTE (*ahora mirándome*): Tiene usted razón, doctor; ¡nadie puede hacerla desaparecer!

DR. FRANKL: ¿O puede alguien borrar la bondad que ha encontrado usted en su vida?

PACIENTE (*cada vez con mayor emotividad*): ¡Nadie puede borrarla!

DR. FRANKL: Lo que usted ha conseguido y ha hecho...

PACIENTE: ¡Nadie puede borrarlo!

DR. FRANKL: O lo que usted ha sufrido valerosa y honestamente. ¿Puede alguien sacarlo del mundo, sacarlo del pasado en donde usted, por así decir, lo ha almacenado?

PACIENTE (*casi con lágrimas*): ¡Nadie puede borrarlo! (*Pausa*). Es verdad, he tenido que sufrir mucho, pero también intenté ser valiente y constante aceptando los golpes de la vida. Ya ve, doctor, acepté el sufrimiento como un castigo. Yo creo en Dios.

De por sí, la logoterapia hace un enfoque secular de los problemas clínicos. Sin embargo, cuando un paciente pisa el terreno firme de la creencia religiosa[4], no hay inconveniente alguno en usar el efecto

4. «¿Qué sentido tiene la vida humana o, en realidad, la vida de una criatura? Hallar una respuesta satisfactoria a esta pregunta significa ser religioso»: Albert Einstein.

terapéutico de sus convicciones religiosas, echando mano con ello a sus recursos espirituales. Para hacerlo, el logoterapeuta debe procurar situarse en el lugar del paciente. Exactamente lo que yo hice.

Dr. Frankl: ¿Pero no puede el sacrificio ser también a veces un desafío? ¿No es concebible que Dios deseara ver cómo Anastasia Kotek iba a soportarlo? Y quizás tuvo que admitir: «Sí, lo hizo con toda bravura» Y ahora dígame: ¿Puede alguien eliminar del mundo este logro y esta realidad, *Frau* Kotek?

Paciente: ¡Nadie puede, ciertamente!

Dr. Frankl: Todo esto queda, ¿no es verdad?

Paciente: ¡Sí!

Dr. Frankl: A propósito, ¿usted no tiene hijos, verdad?

Paciente: En efecto, no.

Dr. Frankl: Bien, ¿piensa usted que la vida tiene más sentido sólo cuando se tienen hijos?

Paciente: Si son buenos hijos, no deja de ser una bendición...

Dr. Frankl: Cierto, pero usted no debe olvidar que, por ejemplo, el mayor filósofo de todos los tiempos, Immanuel Kant, no tuvo hijos. Pero, ¿se atrevería alguien a dudar del sentido extraordinario de su vida? Más bien pienso que si el único sentido de la vida fueran los hijos, la vida perdería todo sentido, porque procrear algo que en sí no tiene sentido sería ciertamente la cosa más sin sentido de todas. Lo que cuenta e importa en la vida es más bien hacer y conseguir algo. Y esto es precisamente lo que usted ha hecho. Usted ha dado lo mejor de sí sufriendo. Usted se ha convertido en un ejemplo para nuestros pacientes por el modo y la manera como usted acepta el sufrimiento. La felicito por este éxito que ha conseguido, y felicito también a sus compañeros de habitación que tienen la oportunidad de ver y ser testigos de tanta ejemplaridad. *(Dirigiéndome ahora a mis estudiantes)*: *Ecce homo! (La audiencia rompe ahora en un aplauso espontáneo).* Este aplauso es para usted, *Frau* Kotek. *(Ahora llora).* Va por su vida que ha sido un éxito tan grande. Puede usted estar orgullosa por ello, *Frau* Kotek. Muy poca gente puede estar orgullosa de su vida... Yo diría que su vida es un monumento. Y nadie podrá quitarlo de este mundo.

Paciente *(controlándose de nuevo):* Lo que acaba de decir, profesor Frankl, es un consuelo. Me reconforta. En realidad, nunca tuve ocasión de oír cosas como éstas... *(Poco a poco abandona tranquilamente la sala).*

Aparentemente, estaba tranquila. Murió una semana más tarde; como Job, podríamos decir «en la plenitud de sus años». Durante la semana última de su vida, ya no padeció depresiones, sino al contrario, ¡estaba llena de fe y orgullo! Con anterioridad a todo esto, había admitido ante la doctora Gerda Becker, que la tenía a su cargo en la sala del hospital, que se sentía agonizar *y* agotada, para decirlo con más precisión, por la angustia de sentirse inútil. La entrevista, sin embargo, que habíamos mantenido juntos le había hecho tomar conciencia de que su vida tenía sentido y de que ni siquiera su sufrimiento había sido en vano. Sus últimas palabras, inmediatamente antes de morir, fueron las siguientes: «Mi vida es un monumento. Esto dijo el profesor Frankl a toda la audiencia, a todos los estudiantes en el aula. Mi vida no ha sido en vano...»

Así consta en el informe de la doctora Becker. Y podemos suponer razonablemente que, también como Job, *Frau* Kotek «bajará al sepulcro bien madura como los haces que se amontonan a su tiempo».

VIII
EXPERIENCIAS DE PSICOTERAPIA DE GRUPO EN UN CAMPO DE CONCENTRACIÓN[1]

La siguiente exposición se apoya en mis propias observaciones y experiencias en los campos de concentración de Auschwitz, Dachau y Theresienstadt. Sin embargo, antes de ocuparme de experiencias específicas de psicoterapia y de psicoterapia de grupo, parece aconsejable decir primero unas cuantas palabras sobre la psicopatología de la vida en un campo de prisioneros. Puede ser esto al mismo tiempo una contribución al conocimiento de aquellos síndromes que se han llamado psicosis de prisión, en especial los de aquella situación que en la Primera Guerra Mundial se describieron como «enfermedad de la alambrada».

Pueden diferenciarse tres fases en la psicología de la vida de campo: (1) el choque del ingreso; (2) los cambios típicos de carácter que ocurren durante la permanencia en el campo; y (3) la fase en que se abandona el campo.

El choque de entrada es esencialmente un asunto de un estado de pánico, singular sólo en cuanto lo acompaña un peligro inminente de suicidio. De hecho, es sumamente comprensible que un individuo en una situación en que se le amenaza con que «va a ir al gas» –morir en la cámara de gas– prefiera, o por lo menos contemple, «tirarse a la alambrada»– suicidarse tocando los alambres de alta tensión que rodean el campo.

Si queremos clasificar psiquiátricamente la fase del choque de ingreso, deberíamos ponerlo entre las reacciones afectivas anormales.

1. Documento leído en el Segundo Congreso Internacional de Psicoterapia, Leiden, Holanda, 8 de septiembre de 1951.

Con todo, no debemos olvidar que, en una situación en sí misma anormal en el grado que se supone en un campo de concentración, una reacción «anormal» de este tipo es algo normal.

Pero muy pronto el estado de pánico deriva en indiferencia, y con ello llegamos a una segunda fase, los cambios de carácter. Junto con aquella indiferencia, se evidencia ahora una notable irritación, de modo que en definitiva el psiquismo del prisionero de campo se caracteriza por dos signos: apatía y agresividad. Ambos se corresponden con, y surgen en última instancia de, un centrar todo esfuerzo y atención en la supervivencia, mientras que todo cuanto se asocia a la conservación de la especie se relega al fondo. Bien conocida es de hecho la falta de interés sexual por parte de los residentes del campo, en donde, a decir verdad, no sólo desempeñan un papel los factores psíquicos, sino también los somáticos. En general, puede decirse del prisionero que se retrae hacia una especie de hibernación cultural. Todo es función de la supervivencia.

Los psicoanalistas residentes en los campos solían hablar, al referirse a esto, de una regresión, de una retirada a formas más primitivas de conducta. El profesor Emil Utitz, que estuvo conmigo en uno de los campos que he mencionado anteriormente, intentó una interpretación distinta. Él creía que los cambios de carácter debían considerarse esquizoides[2]. Aparte de algunas dificultades teóricas, soy de la opinión que estos cambios de carácter pueden explicarse más fácilmente. Sabemos que una persona que coma poco y que apenas pueda dormir (¡bichos!) se inclina por este solo hecho a la irritación y a la apatía. Esto es lo que sucederá a todas luces en un campo, por falta de nicotina y cafeína, esto es, exactamente aquellos denominados venenos de la civilización, cuya respectiva función es ayudar a suprimir la irritación y superar la apatía.

Emil Utiz ha intentado interpretar también el estado interno de los prisioneros de campo como, en lo esencial, asunto de existencia provisional[3]. Pero, oponiéndome a esto, he destacado que la característica

2. Emil Utitz, *Psychologie des Lebens im Konzentrationslager Theresienstad,* A. Sexl, Viena 1948.

3. E. Utitz, «Zur Psyhologie provisorischen Daseins», en David Katz, *Essays in Psychology...*, Amquist y Wiksells, Uppsala 1951.

esencial de esta existencia provisional es que este estado provisional es un estado provisional sin final. Pues, en realidad, en un campo de prisioneros el final no se contempla. Por ello el prisionero nunca puede concentrarse en el futuro, el tiempo en que volvería a conseguir la libertad. A la vista de la estructura temporal esencial que es característica de la existencia humana, resulta sumamente fácil entender que la vida en el campo puede causar una pérdida existencial de estructura.

Hay antecedentes para esta manera de ver las cosas. Sabemos, por la pertinente investigación de Lazarsfeld y Zeisel, hasta qué punto un largo período de desempleo influye sobre el sentido del tiempo en la existencia humana[4]. Algo parecido se sabe acaece en pacientes tuberculosos crónicos en los sanatorios; la descripción que de ellos hace *La montaña mágica,* de Thomas Mann, da respaldo a esta observación.

Ahora bien, el que no puede agarrase a un punto final, a un futuro, a un punto de apoyo corre peligro de dejarse colapsar interiormente. Quizás, en vez de recurrir a largas consideraciones y exposiciones teóricas, sea más adecuado mostrar, mediante un ejemplo concreto, cómo este colapso físico-psíquico, que se produce cuando se ha bloqueado la dirección normal de la existencia humana hacia un futuro, afecta a las funciones vegetativas. A comienzos de marzo de 1945, un camarada del campo me dijo que, el 2 de febrero de 1945, había tenido un sorprendente sueño. Una voz que decía ser profética le dijo que podía preguntarle cualquier cosa, porque podía responderlas todas. Y preguntó a la voz cuándo iba a acabar para él la guerra. La respuesta fue: el 30 de marzo de 1945.

El treinta de marzo caía cerca, pero para nada parecía que la voz pudiera tener razón. El 29 de marzo, mi camarada se puso febril y deliraba. El día 30, quedó inconsciente. El 31 de marzo murió; se lo llevaron fiebres tifoideas. El 30 de marzo, el día en que perdió la conciencia, la guerra había literalmente terminado para él. No nos equivocaremos si suponemos que, debido al desencanto que le había producido el curso real de los acontecimientos, el «biotono» (Ewald), la inmunidad y la capacidad de resistencia del organismo, se vinieron abajo y la infección hasta entonces latente en su interior se desarrolló con suma facilidad.

4. *Die Arbeitslosen von Marienthal,* Hirzel, Leipzig 1933.

Fenómenos similares pudieron observarse a escala masiva. En el período que va de Navidad de 1944 y año nuevo de 1945, ocurrieron en el campo muertes masivas que sólo podían explicarse por el hecho de que los prisioneros habían puesto su esperanza de un modo estereotipado en la frase capciosa: «por Navidades estaremos en casa». Llegaron las Navidades y, pese a ello, no estaban en casa, y más bien tuvieron que abandonar la esperanza de irse a casa en un futuro previsible. Esto bastó para producirles un derrumbamiento en su vitalidad, que para muchos significó la muerte.

Pero, en última instancia, parecía que el colapso físico-psíquico dependía de la actitud espiritual-moral; ¡y esta actitud era libre! Y aunque al ingresar en el campo se le quitaba todo al prisionero, incluso las gafas y el cinturón, le quedaba la libertad; y permanecía con él literalmente hasta el último momento, hasta el último suspiro. Había la libertad de comportarse «de este modo o de aquel otro», y *había* un «esto y un aquello». Y aquí y allá había algunos que eran capaces de suprimir su irritación y superar su apatía. Eran aquellos hombres que pasaban por entre los barracones del campo y los lugares de reunión con una buena palabra por aquí y un último pedazo de pan de sobras por allá. Eran los testigos vivientes de este hecho: que no estaba en modo algún predeterminado que el campo hiciera que uno se convirtiera en un típico «KZler» (prisionero de un campo de concentración) o que uno, incluso en este estado de coacción, incluso en esta situación fronteriza extrema del hombre, continuara siendo un ser humano. En cada caso el resultado dependía de la decisión.

No puede, por tanto cuestionarse que un prisionero no tenía por qué sucumbir, de modo necesario y automático, a la atmósfera del campo. En virtud de eso que, en otro contexto, ha llamado el «poder retador del espíritu humano», había la posibilidad de mantenerse por encima de la influencia del entorno. Si de algún modo tuve la necesidad de probar que este poder retador del espíritu es una realidad, el campo de concentración resultaba ser un experimento crucial. Afirma Freud: «Hagamos un intento de exponer a un número indeterminado de personas distintas de un modo uniforme al hambre. Con el aumento de la urgencia imperativa del hambre, se borrarán todas las diferencias y, en su lugar, aparecerá la uniforme expresión de la urgencia no aplacada.» Pero esto simplemente no era así.

Evidentemente, las personas que se habían comprometido con la posibilidad fundamental de preservar su humanidad eran pocas: *Sed omnia praeclara tam difficilia quam rara sunt* (pero todo lo excelso es tan difícil como raro) dice la última frase de la *Ética* de Spinoza. Aunque eran pocos los capaces de hacerlo, daban ejemplo a otros, y este ejemplo producía esa reacción en cadena que hacía justicia al modelo. Como complemento a una famosa frase de un poeta, es verdad que el buen ejemplo hace nacer productivamente el bien.

En todo caso, no podemos pretender que estos hombres sufrieran una regresión; al contrario, experimentaron una progresión moral y religiosa. Pues en más de un prisionero en confinamiento, y por razón del confinamiento, estalló lo que he llamado una relación inconsciente o reprimida con Dios.

Que nadie juzgue con desprecio esta religiosidad, o la califique como «religión de trinchera», según la expresión con que los países anglosajones califican aquella religiosidad que no aparece hasta que uno está en peligro. Me gustaría decir que la religión que uno no tiene hasta que las cosas van mal es, a mi entender, preferible a la que se tiene sólo cuando las cosas van bien; yo llamo a ésta «religión del negociante».

En todo caso, muchos prisioneros salieron de prisión con el sentimiento de haber aprendido a no temer nada, excepto a Dios. Para ellos la experiencia de la prisión fue una ganancia. Tal como fueron las cosas, muchas personas neuróticas experimentaron, precisamente durante la vida en el campo, un tipo de consolidación que sólo puede entenderse por analogía a un hecho muy conocido por los constructores: una bóveda decrépita puede simplemente reforzarse con sólo ponerle encima más peso.

Con esto, estamos ya en disposición de tratar de la tercera fase: la salida del campo. Las limitaciones de tiempo no me permiten entrar en detalles pertinentes, tales como la experiencia singular de despersonalización en el momento de ser liberados. Baste decir que la salida supone una liberación abrupta de la presión. Igual que un pez de aguas profundas que es llevado inesperadamente a la superficie del agua, así también con suma facilidad se «deforma» –se deforma moralmente– el carácter del prisionero liberado. Quien lo prefiera, puede hablar en relación con esto, tal como yo he hecho, de una contrapartida psíquica de la «enfermedad del buzo».

Vayamos ahora a nuestro tema central, a la psicoterapia o a la psicoterapia de grupo en un campo de concentración. No voy a entrar en cuestiones como la del grupo abierto o cerrado (el grupo con que traté no era, en cualquier caso, ni abierto ni cerrado, sino más bien encerrado). Ni hablaré de esa «pequeña» o mínima psicoterapia que se desarrolló de forma improvisada en las revistas, las marchas, en las zanjas y en los barracones. Pero cuanto diga, sin embargo, será dicho en memoria del doctor Karl Fleischmann, que murió con una muerte de mártir en la cámara de gas en Auschwitz. Cuando conocí por primera vez a este hombre, no pensaba él en otra cosa que no fuera su acariciada idea, la de administrar ayuda mental a los prisioneros recién llegados. La organización de esa tarea me la había asignado a mí en calidad de psiquiatra. Con la enorme cantidad de tiempo de que disponía, amplié la organización en un sistema de higiene mental, que, evidentemente, había de permanecer oculto a las SS y debía ser realizado en la clandestinidad. Cortar la cuerda a un camarada que se había ahorcado estaba, por ejemplo, estrictamente prohibido.

La tarea más urgente era prevenir contra el choque de ingreso. Tuve éxito en esto hasta cierto punto con la ayuda de un equipo de psiquiatras y de trabajadores sociales, formado por personal entrenado de todas partes de Europa Central, puestos a mi disposición. Se me asignó también a una joven rabí, Miss Jonas –en cuanto sé, la única o por lo menos la primera mujer rabino del mundo (discípula del Dr. Leo Baeck). Encontró también su fin en Auschwitz. Hablaba magníficamente y tan pronto nos llegaba la noticia de un nuevo transporte recién llegado, nos acercábamos –nos llamábamos la tropa de choque– a las frías galerías o a los oscuros compartimentos de los barracones de Theresienstadt, donde ancianas y débiles figuras de infortunados cubrían el suelo, y allí improvisábamos charlas que pretendían recobrar a aquellas gentes. Todavía recuerdo cómo se agachaban y escuchaban devotamente a la rabí; y, entre aquellas gentes, recuerdo a una mujer anciana, con una trompetilla para oír en su mano y el semblante iluminado.

Teníamos que concentrarnos en particular en los casos especialmente peligrosos, los epilépticos, psicópatas, los «asociales» y, sobre todo, en la gente mayor y en los enfermos. En esos casos era necesario tomar medidas especiales y hacer arreglos especiales. Había que repeler el vacío mental de aquellas gentes. Un vacío que se ejemplifica en las palabras de una mujer mayor que, al preguntársele qué había hecho durante todo el tiempo, contestó: «Por la noche duermo y durante el día me aflijo.» Para dar sólo un ejemplo: una de mis ayudantes era filóloga, anglista, y a ella tocaba distraer a la gente mayor intelectual de aquella situación interna y externa tan miserable, manteniendo conversaciones en una lengua extranjera.

Se organizó también una sala de pacientes psicoterapéuticos externos. Particularmente extraordinarios fueron los esfuerzos de un psiquiatra de Berlín, llamado doctor Wolf, que utilizaba la «instrucción autógena» de J. H. Schultz en el tratamiento de sus pacientes. Murió también en el campo, de tuberculosis pulmonar. Registraba sus propias observaciones con un sistema estenográfico, que se había construido en los estadios terminales de su sufrimiento. Por desgracia el que guardaba estos registros también murió. Yo mismo intenté varias veces un medio similar para distanciarme convenientemente de tanto sufrimiento como nos rodeaba, específicamente por el recurso de procurar objetivarlo. Recuerdo que una mañana salí del campo, incapaz ya de soportar por más tiempo el hambre, el frío y el dolor en los pies, hinchados por edema, congelados y supurantes y metidos en unos zapatos destrozados. Mi situación me parecía estaba más allá del mínimo confort y de la mínima esperanza. Entonces me imaginé a mí mismo de pie frente a un atril en una grande, hermosa, cálida y luminosa sala de conferencias y ante una atenta audiencia. Iba a comenzar una conferencia titulada «Experiencias de psicoterapia de grupo en un campo de concentración», y hablaba precisamente de todas aquellas cosas por las que justamente estaba entonces pasando.

Créanme, en ese momento no podía esperar en modo alguno que llegara un día que realmente pudiera dar esa conferencia.

Por último y no, por ello, es de menor importancia, teníamos que ocuparnos de la prevención de los suicidios. Organicé un servicio de información y se me comunicaba al instante cualquier expresión de ideas o de intenciones reales de suicidio. ¿Qué debía hacerse? Tuvimos que apelar a la voluntad de vivir, de continuar con vida, de sobrevivir a la prisión. Pero ocurría que el coraje de vivir o el hastío de vivir dependía en cada caso sólo de si la persona poseía fe en un *sentido* de la vida, de su vida. Un dicho de Nietzsche podía haber sido el lema de toda la labor psicoterapéutica del campo de concentración: «Quien conozca un "porqué" para vivir superará casi cualquier "cómo".»

Con el nombre de logoterapia, he intentado introducir en la psicoterapia un punto de vista que contempla en la existencia humana no sólo una voluntad de placer (en el sentido del «principio de placer», de Freud), y una voluntad de poder (en el sentido del «complejo de superioridad» de Adler), sino también lo que yo he llamado la voluntad de sentido. En el campo, la psicoterapia dependía de una llamada justamente a esta voluntad de sentido. Pero en el estado extremadamente marginal en que se hallaba el ser humano en el campo, este sentido tenía que ser un sentido incondicionado, tenía que incluir no simplemente el vivir, sino también el sufrir y el morir. Y quizás la experiencia más profunda que viví en el campo de concentración (discúlpenme por estas referencias personales) fue que, mientras que la preocupación de la mayoría de la gente podía resumirse en la pregunta «¿sobreviviré a este campo?», –pues, en caso contrario, el sufrimiento no tenía sentido–, la pregunta que a mí, en cambio, me preocupaba era «¿tiene sentido tanto sufrimiento, tanta muerte?» –pues, en caso contrario, la supervivencia en definitiva no tenía sentido. Pues una vida cuyo sentido se sostiene o cae según si uno sobrevive o no, esto es, una vida cuyo sentido depende de esta ocasionalidad, esa no merece realmente la pena de ser vivida.

De modo que la cuestión era el sentido incondicionado de la vida. A decir verdad, tenemos que distinguir entre lo incondicionado por un lado y lo generalmente válido por otro, de modo análogo a lo que Jaspers decía de la verdad. El sentido incondicionado que teníamos que mostrar a la gente, que dudaba de él o que desesperaba al respecto, quedaba en cada caso muy lejos de un sentido vago y general; era exactamente lo contrario, el auténtico sentido concreto de su existencia personal.

Quisiera clarificar esto con un ejemplo. Un día en el campo se sentaron junto a mí dos personas decididas a suicidarse. Ambas usaron una frase que, en el campo, era un estereotipo: «Ya no me queda nada que esperar de la vida.» Pues bien, la exigencia vital era conseguir que ambas dieran un giro copernicano, de forma que ya no se preguntaran *qué podían esperar de la vida,* sino que tomaran conciencia del hecho de que *la vida esperaba algo de ellas,* que para cada cual, y de hecho para todos, algo o alguien estaba esperando, no importa que fuera un trabajo por hacer u otro ser humano.

Pero, ¿y si se demostraba que esta esperanza no tenía posibilidad alguna de ser realizada? Pues hay situaciones en las que es cierto que uno ya no va a volver jamás al trabajo o no va a ver nunca a una determinada persona, de modo que es realmente cierto que ya nada o nadie está esperando a uno. Pero sucedía que, incluso entonces, alguien había en la conciencia de cada ser, de un modo invisible, quizás ya sin vida, pero presente a pesar de todo y cercano, de alguna manera presente «ahí» como el Tú del diálogo más íntimo. Para muchos era el primer Tú, último y definitivo: Dios. Pero quienquiera fuese el que ocupaba esta posición, lo importante era preguntar: «*¿Qué espera él de mi?*» Es decir, ¿qué tipo de actitud se me está exigiendo a mí. De manera que la cuestión definitiva era de qué manera podía una persona entender cómo había de sufrir, o llegaba a saber cómo había de morir. *Savoir mourir – comprendre mourir.* Esto, como se nos ha dicho, es la quintaesencia de todo filosofar.

Dirán ustedes que deliberaciones de este tipo son fútiles. Pero en el campo, tal como lo vivimos, el precepto *primum vivere, deinde philosophari* –primero sobrevivir y luego filosofar sobre ello– estaba invalidado. Lo válido en el campo era más bien el precepto exactamente contrario a éste: *primum philosophari, deinde mori* –primero filosofar, luego morir. Ésta era la única cosa válida: responderse uno mismo la pregunta del sentido último y luego ser capaz de caminar con la cabeza alta y morir la llamada muerte del mártir.

Si se quiere, el campo de concentración no fue sino un espejo microcósmico del mundo humano en su conjunto. Y así podemos aplicar razonablemente lo que ha de aprenderse de las experiencias del campo de concentración a las condiciones del mundo actual. En otras palabras, podemos preguntarnos qué doctrinas psicoterapéuricas podemos deducir de aquellas experiencias en relación con lo que podríamos denominar «la patología del *Zeitgeist*». Esta patología, si puede ser descrita, se caracteriza por una actitud ante la vida provisional, fatalista, conformista y fanática, que puede adquirir proporciones de epidemia psíquica. Las epidemias somáticas son productos típicos de la guerra; las epidemias psíquicas son causas posibles de guerra y, por ello, de nuevos campos de concentración. Por ello, quisiera concluir ahora esta consideración de la aplicación de la psicoterapia a una situación de campo de concentración expresando la esperanza de que la psicoterapia puede también desempeñar la función de prevenir la repetición de todo lo que parezca un campo de concentración en el futuro.

IX
IN MEMORIAM[1]

In memoriam ... en memoria de... «Qué es el hombre para que te acuerdes de él?», es la pregunta que le hacía el salmista a Dios. Hagámonos aquí y ahora una pregunta parecida y preguntémonos: ¿Quiénes fueron estos hombres, nuestros colegas fallecidos, y por qué honramos su memoria en el día de hoy?» Cómo vivieron en medio de nosotros de 1938 a 1945 y de qué manera vivieron y murieron en prisión o en el exilio, lo sabemos ya todos. Es historia, y una historia que ya nos es familiar. Mi deber es dar testimonio ante ustedes de cómo médicos vieneses trabajaron y murieron en campos de concentración; dar testimonio de auténticos médicos –que vivieron y murieron como tales; de auténticos médicos que no podían ver que otros sufrieran, que no dejaron que otros sufrieran, y que supieron cómo sufrir también ellos, que supieron cómo alcanzar la buena manera de sufrir– ¡de sufrir con coraje!

Era el verano de 1942. Por todas partes se deportaba a gente y entre la gente a médicos. Una tarde, en el Prater Star, me encontré con una joven dermatóloga. Hablamos sobre ser médico en aquellos tiempos y sobre la misión del médico en aquellas circunstancias. Hablamos de Albert Schweitzer, el médico tropical de Lambaréné, y de nuestra admiración por él. Y estuvimos de acuerdo en que seguramente no podíamos lamentarnos de una falta de oportunidad de no poder emular su gran dedicación personal y profesional. Disponíamos de muchas oportunidades, parecidas a las suyas, de prestar ayuda médica en

1. Discurso conmemorativo a petición de la Sociedad de Médicos de Viena, 25 de marzo de 1949, en recuerdo de los miembros fallecidos en los años 1938-1945

las peores condiciones posibles. No teníamos necesidad de viajar a la jungla africana. Hablando de aquellas cosas nos prometimos uno al otro aquella tarde que, en caso de tener que afrontar la deportación, veríamos en ella una llamada y un reto. Poco tiempo después, llegó este día para mi joven colega. Sin embargo, poco tiempo le quedó a aquella joven colega para aprovechar la oportunidad que, en virtud de su heroico concepto de la ética médica, veía ella en la deportación. Poco tiempo después de su llegada al campo, contrajo una infección de tifus. Unas semanas después moría. Se llamaba Dra. Gisa Gerbel. Reverenciamos su memoria...

Fue después el médico de indigentes del Distrito dieciséis, el «ángel de Ottakring», un personaje auténticamente vienés; un hombre que, mientras estuvo en el campo, hablaba con ansia y ardor de celebrar su reunión con la familia al estilo vienés y que, con ánimo feliz pero con lágrimas en los ojos quería cantar el «Canto del vino», «pero cuando se acabe...» Ese fue el «ángel de Ottakring». Pero, ¿quién lo protegió y le ofreció su amistad como «ángel guardián» que él mismo era, cuando en Auschwitz, ante mis ojos, se lo mandó en la estación del ferrocarril hacia el lado izquierdo, lo cual quería decir ir directamente a la cámara de gas? Ese fue el «Angel de Ottakring», su nombre es Dr. Plautus. Lo recordaremos...

Hubo luego el Dr. Lamberg, hijo del primer médico director de la mundialmente famosa Sociedad Vienesa para el Voluntariado de Primeros Auxilios, muy conocido por su manual para los estudiantes de primeros auxilios. El Dr. Lamberg era un caballero de los de antes, por su apariencia y por su conducta, como quienquiera lo haya visto en su esplendor puede fácilmente testificar. Pero yo lo vi también cuando yacía agonizante en una chabola a medio caer en medio de una docena de cuerpos famélicos amontonados; su última petición que me hizo fue que empujara el cuerpo muerto que estaba junto a él, yaciendo casi encima, que lo empujara un poco para allá. Éste era el gran señor Dr. Lamberg, uno de los pocos camaradas de campo con quien uno podía –incluso durante los duros trabajos en la vía de tren en medio de una tormenta de nieve– tratar de filosofía y religión. Lo recordaremos...

Luego había la Dra. Martha Rappaport, mi antigua ayudante en el Hospital Rothschild de Viena, y también antigua ayudante de Wagner

Jauregg. Con su ternura femenina, no podía ver a nadie llorar sin que le cayeran también las lágrimas. ¿Quién lloró por ella cuando fue deportada? Esa fue la Dra. Rappaport. La recordaremos...

Había también, del mismo hospital, un joven cirujano, el Dr. Paul Furst, y un médico generalista, el Dr. Ernst Rosenberg. Tuve la ocasión de hablar con ambos en el campo, antes de su muerte. En sus últimas palabras, ni una sola fue para el odio, sólo salieron de sus labios palabras de ánimo y perdón, porque lo que odiaban no eran los seres humanos –tenemos que ser capaces de perdonar a los humanos–, sino que lo que odiaban y odiamos todos era el sistema, el sistema que llevó por fuerza a unos a la culpa y a otros a la muerte.

Menciono sólo unos cuantos nombres, y no de acuerdo con el rango científico. Hablo de individuos, pero incluyo a todos los que murieron allí. Unos pocos están por todos, porque de muchos no podemos escribir una crónica personal. Sin embargo, no necesitan crónica alguna; no necesitan monumento alguno. Cada obra suya es su propio monumento, y más imperecedera que un monumento que sea simplemente labor de manos humanas. Porque las obras de un hombre no pueden desaparecer, lo que uno ha hecho no puede ser quitado del mundo; aunque pasado, no se ha perdido irrecuperablemente en el pasado, sino que se ha preservado en él de forma irrevocable.

Es verdad que en esos mismos años algunos médicos profanaron la ética médica. Pero es igualmente verdad que, también en esos años, otros vivieron de acuerdo con las más altas normas profesionales. Hubo médicos en el campo que experimentaron con aquellos que iban a morir; pero hubo otros médicos que experimentaron sobre sí mismos. Recuerdo, por ejemplo, a un psiquiatra de Berlín con quien mantuve unas cuantas discusiones nocturnas sobre problemas tópicos de la psicoterapia moderna. Mientras moría puso cuidadosamente por escrito, para la posterioridad, las experiencias de sus últimas horas en forma de una autodescripción.

En cierto sentido, vivir en un campo de concentración fue un experimento enorme –un experimento crucial. Nuestros colegas muertos pasaron la prueba con honores. Nos probaron que incluso en las condiciones más desgraciadas y humillantes puede el hombre seguir siendo hombre –verdadero hombre y verdadero médico. Lo que fue honor para ellos, que nos dieron esta prueba, debe ser para nosotros lección; la lección que debería enseñarnos qué es el hombre y en qué puede convertirse el hombre.

¿Qué es el hombre? Hemos aprendido a saberlo posiblemente como ninguna otra generación lo hiciera antes. Hemos aprendido a conocer al hombre en los campos de concentración, donde se le arrancó todo lo inesencial, donde todo cuanto poseía una persona –dinero, poder, fama, suerte– desapareció: mientras que sólo quedaba, no lo que el hombre «tiene», sino lo que «es». Lo que quedaba era el hombre mismo, que en el calor abrasador del sufrimiento y del dolor se fundía en lo esencial, en lo humano en sí.

¿Qué es, pues, el hombre? Preguntamos de nuevo. Es un ser que continuamente decide lo que es: un ser que abriga igualmente el potencial de descender al nivel de un animal o de ascender a la vida del santo. El hombre es este ser que, en última instancia, inventó la cámara de gas; pero a la vez es ése que entró en la misma cámara de gas con la cabeza bien alta y el «Padre nuestro» o la oración judía del agonizante en los labios.

Este es, pues, el hombre. Tenemos ahora una respuesta a la pregunta que no hicimos al comienzo: ¿Qué es el hombre para que te acuerdes de él? «Es una caña», dijo Pascal, «¡pero una caña que piensa»! Y este pensamiento, esta conciencia, esta responsabilidad constituye la dignidad humana, la dignidad de cada ser humano individual. Y a la persona humana individual toca preservar esta dignidad o empañarla. Si la primera conducta es mérito personal, la segunda constituye culpa personal. Y sólo hay culpa personal; la culpa colectiva es un concepto carente de sentido. Ciertamente está también la culpa personal de aquel que «no ha hecho nada malo», pero que tampoco ha conseguido hacer «algo bueno»; no ha conseguido hacerlo por recelo para consigo mismo o por angustia por su familia. Pero aquel que quiera condenar a ese hombre como cobarde demuestre primero que, en igual situación, él habría sido un héroe.

Es mejor y más prudente no sentarse a juzgar a los demás. Paul Valéry dijo: *«Si nous jugeons et accusons, le fons n'est pas atteint»*– mientras juzgamos y acusamos, no llegamos al fondo de la verdad. Y por esto no sólo queremos recordar a los muertos, sino también perdonar a los vivos. Extendamos nuestra mano a los muertos, por encima de las tumbas, pero extendamos también nuestra mano a los vivos, por encima de cualquier odio. Y si decimos «honor a los muertos», queramos añadir con ganas «y paz a los hombres de buena voluntad».

X
NEUROSIS COLECTIVAS DE LA ACTUALIDAD[1]

El tema de esta conferencia va a ser «la enfermedad de nuestro tiempo». Ahora bien, ustedes han confiado esta tarea a un psiquiatra y yo me pregunto si se espera, por tanto, de mí que dé, por así decir, mi opinión como psiquiatra sobre el hombre contemporáneo: que mi tema sea «la neurosis de la humanidad».

Uno puede sentir muy fácilmente esta tentación al tomar un libro titulado *The nervous condition –The disease of our time* [La condición enferma –la enfermedad de nuestro tiempo]. El nombre del autor es Weinke y el libro se publicó en el 53; pero no en 1953, sino en 1853...

La condición nerviosa, la neurosis, no es por ello precisamente una enfermedad contemporánea. Hirschmann, de la Clínica Kretschmer, en la universidad de Tubinga, demostró estadísticamente que las neurosis no han aumentado en modo alguno durante las últimas décadas; lo que ha cambiado es su aspecto, han cambiado sus síntomas. Pero es sorprendente encontrar que en este contexto la angustia ha disminuido comparativamente en importancia. Por ello no es en completamente correcto decir que la angustia constituye la enfermedad de nuestro tiempo.

Con todo, no sólo no ha ido en aumento la angustia en las últimas décadas, sino que –en cuanto nos es posible comprobarlo– tampoco lo ha hecho en los últimos siglos. El psiquiatra americano Freyhan afirma que en siglos pasados había más angustia y más razones para la angustia que en nuestra época y recuerda los juicios de brujas, las guerras de

1. Conferencia en la universidad de Princeton, 17 de septiembre de 1957.

religión, la migración de naciones, el comercio de esclavos y las grandes plagas.

Una de las más comúnmente citadas frases de Freud es que el narcisismo de la humanidad ha sufrido un choque grave en tres ocasiones: primera, por las teorías de Copérnico; segunda, por las teorías de Darwin y, tercera, por las ideas del mismo Freud. Podemos aceptar fácilmente el hecho del tercer choque. Pero de los otros dos no entendemos por qué una explicación del «dónde» (Copérnico) o del «de dónde» (Darwin) de la humanidad tenga que haber sido un *shock.* La dignidad del hombre no padece lo más mínimo por el hecho que habite la Tierra, un planeta del Sol, y que no sea el centro del universo. Perturbarse por este hecho es como sentirse frustrado porque Goethe no nació en el centro de la Tierra o porque Kant no vivió en uno de los polos magnéticos. ¿Por qué el hecho de que el hombre no sea el centro del universo debería afectar a la dignidad humana? ¿Son los logros de Freud imperfectos porque gran parte de su vida no transcurrió en el centro de Viena, sino en el Distrito noveno de la ciudad? Es obvio que algo como la dignidad humana depende de razones muy distintas a las de su localización en el mundo material. En resumen, nos enfrentamos aquí a una confusión de las diferentes dimensiones del ser, con un olvido total de las diferencias ontológicas. Sólo para el materialismo son los años luz medida de grandeza.

Por ello, si –en el sentido de una *quaestio iuris*– el derecho a que el valor y la dignidad dependan de categorías espaciales puede cuestionarse, entonces –en el sentido de una *quaestio facti*– cabe dudar de si el darwinismo degradó la autoestima del hombre. Más bien parecería haberla aumentado. Pues a mí me parece que la generación de mente abierta y amante del progreso de la época de Darwin no se sintió para nada humillada, sino que más bien bastante orgullosa parecía por saber que sus ancestros simios habían progresado tan magníficamente, tanto que nada bloqueaba el camino para un desarrollo todavía mayor, hacia un «superhombre». En realidad, la capacidad del hombre de marchar en posición erecta «se les subió a la cabeza».

¿Qué fue, pues, lo que dio origen a la impresión de que había aumentado la incidencia de las neurosis? En mi opinión, se debe al crecimiento de algo que podría ser denominado la necesidad psicoterapéutica. En realidad, algunas de las personas que hoy en día visitan al psiquiatra en tiempos pasados habrían visitado a un pastor, a un sacerdote o a un rabino. Pero ahora rechazan ir a un sacerdote, de manera que el médico se ve forzado a lo que yo llamaría el ministerio médico. Es un ministerio ocupado no sólo por neurólogos o psiquiatras, sino también por todos aquellos que ejercen la medicina. El cirujano, por ejemplo, debe llevar a cabo sus funciones cuando se enfrenta a casos inoperables o a aquellos en los que ha de mutilar por amputación; de igual modo, el ortopedista se enfrenta al problema del ministerio médico cuando trata con lisiados; finalmente, también el dermatólogo que trata a pacientes desfigurados, el médico que se ocupa de incurables y el ginecólogo que visita a estériles participan de este mismo ministerio.

No sólo no han aumentado las neurosis, sino que tampoco lo han hecho las psicosis en el transcurso del tiempo, permaneciendo igualmente sorprendentemente constantes. Aquí también ha habido cambios de aspecto, síntomas distintos. Quisiera ilustrar lo dicho con el estado conocido como depresión enmascarada: hace sólo una generación, la máscara consistía en escrúpulos obsesivos, esto es, sentimientos de culpa y de autorreproche. En la actualidad, en cambio, en su sintomatología dominan las quejas hipocondríacas. Bien, una condición depresiva se corresponde a veces con ideas de delirio. Es interesante observar que los contenidos de estos delirios han cambiado en el transcurso de las últimas décadas. Nos queda la impresión de que las ideas delirantes de nuestros pacientes se configuran de acuerdo con el espíritu de la época y cambian a su paso; como si el espíritu de la época se dejara sentir directamente en las profundidades de la vida mental del psicótico. Por esto Krantz, en Maguncia, y Von Orelli, en Suiza, fueron capaces de mostrar que las ideas delirantes actuales están menos dominadas por un sentimiento de culpa –la culpa del hombre ante Dios– y más por preocupaciones sobre el cuerpo, la salud física y la capacidad de trabajo que antes. Observamos una y otra vez que el delirio del pecado se reemplaza por el temor de la enfermedad o de la pobreza. Al paciente de nuestros días le preocupa menos el estado de su moral que el de sus finanzas.

Después de echar una mirada a las estadísticas de las neurosis y de las psicosis, vayamos a las del suicidio. Vemos aquí que las cifras cambian verdaderamente con el transcurso del tiempo, pero no tanto como piensa el profano. Pues es un hecho empírico bien conocido que en tiempos de guerra y crisis el número de suicidios disminuye. Si se me pide una explicación citaré lo que, en una ocasión, me dijo un arquitecto: la mejor manera de apoyar y reforzar una estructura deteriorada es aumentando el peso que soporta. De hecho, las tensiones y los pesos mentales y somáticos –lo que en la medicina moderna se conoce con el nombre de «estrés»– no son en modo alguno siempre y necesariamente patógenas o productoras de enfermedades. Sabemos por nuestra experiencia con neuróticos que el alivio del estrés es por lo menos potencialmente tan patógeno como la imposición del estrés. Ex prisioneros de guerra, antiguos residentes de campos de concentración y refugiados, todos tuvieron que luchar con un enorme sufrimiento, con todo, presionados por la fuerza de las circunstancias se vieron obligados –pero fueron también capaces de ello– a hacer lo mejor posible, a dar lo mejor de sí mismos; esta gente se encontraron en grave peligro, desde el punto de vista de la higiene mental, tan pronto como se les eliminó su estrés, por el súbito alivio. En relación con esto, me acuerdo siempre de la enfermedad llamada «la enfermedad del buzo», que aflige a los buceadores que ascienden con demasiada rapidez a la superficie desde zonas de mayor presión.

Volvamos al hecho de que la incidencia de neurosis –por lo menos en el sentido clínico actual del término– no ha aumentado. Esto quiere decir que las neurosis clínicas no se han convertido para nada en colectivas y no amenazan engullirse a la humanidad en su conjunto. Pero podemos también decirlo de un modo más cauto: significa sólo que lo que podemos llamar justificadamente neurosis colectivas no es necesariamente el equivalente de un estado neurótico en el sentido clínico más restringido del término.

Hechas estas limitaciones, pasemos a aquellos rasgos del carácter del hombre contemporáneo, que pueden compararse a neurosis, «semejantes a neurosis». Pues bien, la neurosis «colectiva» de nuestro tiempo muestra, de acuerdo con mi experiencia, cuatro síntomas principales:

1. Una actitud efímera ante la vida. En la última guerra, el hombre aprendió –por necesidad– a vivir de un día para otro, nunca sabía si

habría de ver el nuevo día. Después de la guerra esta actitud ha quedado entre nosotros y parece estar justificada por el temor a la bomba atómica. La gente parece agarrarse a una forma de sentir, cuyo eslogan es *Après moi la bombe atomique.* Y así han abandonado la idea de planificar para el futuro o de organizar sus vidas en torno a un propósito definido. El hombre vive hoy en día de un modo provisional, vive al día y no es consciente de lo que con ello se pierde. Y no es consciente de cuánta razón tenía Bismarck al decir: «En la vida nos pasa lo mismo que cuando vamos al dentista; siempre creemos que lo real todavía tiene que venir, cuando en verdad ya ha venido.» Tornemos como modelos algunas de las personas del campo de concentración. Para rabí Jonas, para el Dr. Fleischmann y para el Dr. Wolf, ni siquiera la vida en el campo era provisional. Nunca lo vieron como un simple episodio. Para ellos, era más bien la prueba confirmadora que se convirtió en el punto álgido de su existencia.

2. Otro síntoma es la actitud fatalista ante la vida. El efímero dice: no hay necesidad alguna de planificar mi vida, porque de todas maneras cualquier día va a explotar la bomba atómica. El fatalista dice: es que ni tan sólo es posible planificar. Tiende a considerarse un juguete de las circunstancias externas o de los condicionantes internos y, por consiguiente, va cambiando de acuerdo con ello. Pero él mismo también cambia: va poniendo la culpa sobre esto o sobre aquello, de acuerdo con las teorías del nihilismo contemporáneo. El nihilismo ha levantado un espejo distorsionador con una imagen distorsionada ante sus ojos, de acuerdo con la cual el hombre entiende que es un mecanismo psíquico o simplemente un producto del entorno económico.

Llamo a esta especie de nihilismo «homunculismo», pues el hombre se interpreta mal a sí mismo como si fuera un producto del entorno o sólo teniendo en cuenta su constitución psicofísica. Este último punto de vista recibe bastante apoyo en la interpretación popular del psicoanálisis, el cual parece suministrar una buena cantidad de argumentos a favor del fatalismo. Una psicología profunda, que se imponga como tarea principal precisamente «desenmascarar» va muy bien para la tendencia del neurótico a la «devaluación». Al mismo tiempo, no podemos dejar en el olvido el hecho señalado por el conocido analista Karl Stern cuando decía: «Por desgracia, la filosofía reductiva es la parte más aclamada del pensamiento psicoanalítico. Armoniza excelentemente con aquella típica mediocridad "pequeño – burguesa", que se asocia al desprecio por todo lo espiritual[2].» Bien, al desprecio por todo cuanto pertenece al espíritu y a la religión en particular, llega con suma facilidad el neurótico promedio con ayuda de un psicoanálisis mal entendido. Con todos los respetos debidos al genio de Sigmund Freud y a sus logros pioneros, no debemos cerrar los ojos ante el hecho de que Freud mismo fue una criatura de su tiempo, para nada independiente del espíritu de su época. Las ideas de Freud sobre la religión en cuanto ilusión o neurosis obsesiva y sobre Dios en cuanto imagen paterna no eran sino una expresión de este espíritu. Pero incluso hoy día, transcurridas ya varias décadas, no debe desestimarse el peligro del que nos advierte Karl Stern. Con todo, tampoco era Freud el tipo de hombre que menospreciara todo lo que fuera espiritual y moral. ¿No decía acaso que el hombre era, no sólo más inmoral de lo que él mismo creía a menudo, sino también mucho más moral de lo que él creía? Me gustaría completar esta fórmula añadiendo que el hombre es a menudo mucho más religioso de lo que él sospecha. No quisiera excluir de esta regla ni siquiera al mismo Freud. En última instancia, fue él quien en cierta ocasión se refirió a «nuestro Dios Logos».

Hasta los mismos psicoanalistas sienten ahora algo que podríamos llamar –en alusión al título del libro de Freud, *El malestar en la cultura*– el malestar en la popularidad. El vocablo «complejo» se ha convertido en el santo y seña de nuestros días. Los psicoanalistas norteamericanos se lamentan ya de que las denominadas asociaciones libres –en última instancia, parte de la técnica fundamental del psicoanálisis– no han sido durante mucho tiempo verdaderamente libres: los pacientes llegan a saber demasiado acerca del psicoanálisis incluso antes de iniciar el tratamiento. Y ni siquiera es de fiar ya la interpretación de los sueños de los pacientes. También se ha dado un sesgo a los sueños de modo que sean bien recibidos por el psiquiatra y encajen bien con su tipo de interpretación. Al menos eso dicen eminentes psicoanalistas. De modo que hemos llegado a una situación –tal como señala el cono-

2. K. Stern, *Die dritte Revolution,* Müller, Salzburg 1956, p. 101

cido psicoanalista Emil Gutheil, editor del *American Journal of Psychotherapy*– en la que los pacientes freudianos sueñan siempre complejos de Edipo y los pacientes adlerianos conflictos de poder, mientras que los pacientes jungianos llenan sus sueños de arquetipos.

3. Tras esta breve reflexión sobre la psicoterapia en general y el psicoanálisis en particular, volvemos de nuevo a los rasgos del carácter neurótico colectivo del hombre contemporáneo y llegamos al tercero de los cuatro síntomas: el pensamiento conformista o colectivista. Se muestra este rasgo cuando el hombre medio desea pasar por su vida tan desapercibido como le sea posible, prefiriendo permanecer sumergido en la masa. Evidentemente, no debemos pasar por alto la diferencia esencial entre masa y comunidad. Es ésta: una comunidad necesita personalidades para ser una comunidad real y una personalidad necesita a su vez de la comunidad como esfera propia de su actividad. La masa es distinta; la personalidad individual perturba a la masa de modo que ésta suprime la libertad del individuo y rebaja el nivel de la personalidad.

4. El hombre conformista o colectivista niega su propia personalidad. El neurótico que sufre del cuarto síntoma, el fanatismo, niega la personalidad de los demás. Ninguna opinión, excepto la suya, puede esperar ser atendida. Con todo, en realidad de verdad, el fanático carece de verdadera opinión propia y simplemente expresa una opinión pública –que, por así decir, le posee. El fanatismo politiza cada vez más a los hombres; mientras que, en realidad, debiera más bien humanizarse la política. No debemos ocultar el hecho de que los dos primeros síntomas, es decir, la actitud efímera y el fatalismo, parecen, a mi entender, estar más extendidos por el mundo occidental, mientras que los dos últimos, a saber, el pensamiento conformista y colectivista y el fanatismo prevalecen en el mundo oriental.

¿Hasta qué punto están extendidos estos rasgos neuróticos colectivos entre nuestros contemporáneos? Pedí a algunos de mis colaboradores que hicieran una prueba a pacientes que parecían estar mentalmente sanos, por lo menos en el sentido clínico, y que se hubieran tratado en mi clínica sólo por dolencias de tipo orgánico-neurológico.

Se les entregó cuatro preguntas para averiguar hasta qué punto mostraban aquellos pacientes alguno de los cuatro síntomas mencionados. La primera pregunta, dirigida a la actitud efímera, era: ¿Considera usted que vale la pena hacer cosas, habida cuenta de que, en definitiva, es posible que acabemos todos un día eliminados por la bomba atómica? La segunda pregunta, dirigida al fatalismo, se formuló de la siguiente manera: ¿Cree usted que el hombre es producto y juguete de fuerzas y poderes internos y externos? La tercera pregunta, que quería desenmascarar la tendencia a un pensamiento conformista o colectivista, era: ¿Cree que es mejor pasar desapercibido? Y, finalmente, la cuarta era una pregunta a la verdad tramposa: ¿Cree usted que alguien que tenga las mejores intenciones para con su prójimo puede estar justificado en usar cualquier medio que considere apropiado para conseguir su propósito? De hecho, la diferencia entre política fanática y humanizada es ésta: que el fanático cree que el fin justifica los medios, mientras que sabemos que hay medios que profanan hasta el más sagrado de los fines.

Pues bien, de todas las personas vistas sólo una parecía estar libre de todos los síntomas de neurosis colectiva; el 50% de ellas desplegaba tres de los cuatro síntomas, si no todos ellos.

He hablado de estos temas y de otros parecidos en América del Norte y en Sudamérica, y en todas partes se me ha preguntado si creía que este estado de cosas era algo restringido a sólo Europa. Solía improvisar la siguiente respuesta: Es posible que los europeos estén más expuestos al peligro de estos rasgos de neurosis colectivas, pero el peligro en sí mismo –y se trata del peligro del nihilismo– es de tipo global. Y, de hecho, puede mostrarse que los cuatro síntomas provienen del miedo y de la huida de la libertad y de la responsabilidad; pero libertad y responsabilidad juntas hacen del hombre un ser espiritual. El nihilismo, en mi opinión, debería definirse como el hecho de estar aburrido y cansado de espíritu. Como esta ola mundial de nihilismo avanza cada vez con mayor fuerza, Europa constituye, por así decir, una estación sismográfica que registra, a un estado inicial, el terremoto espiritual que se va echando encima. Quizás el europeo sea más sensible a los vapores emponzoñados que emanan del nihilismo en su misma dirección; esperemos que también esté por ello capacitado a producir el antídoto mientras haya todavía tiempo.

Acabo de referirme al nihilismo. En este sentido desearía señalar que el nihilismo no es aquella filosofía que dice que sólo la nada existe, *nihil*, y que, por tanto, no hay Ser; el nihilismo es esa actitud hacia la vida que dice que el Ser, y sobre todo la propia existencia, carecen de sentido. Pero, aparte de este nihilismo teórico y académico, hay también un nihilismo práctico, por así decir, el nihilismo «vivido»: hay gente –y esto es hoy en día mucho más manifiesto que nunca– que es incapaz de ver sentido en su existencia y, por tanto, piensa que no tiene valor alguno.

En lo más profundo, en mi opinión, al hombre no lo dominan ni la voluntad de placer ni la voluntad de poder, sino lo que yo llamo la voluntad de sentido: su esfuerzo y su lucha profundamente arraigados por un sentido último y elevado de su existencia. Esta voluntad de sentido puede frustrarse. Llamo a esta situación frustración existencial y la contrapongo a la frustración sexual, tan a menudo incriminada como etiología de las neurosis.

Cada época tiene sus neurosis y cada época necesita su propia psicoterapia. La frustración existencial desempeña hoy día, a mi entender, un gran papel en la formación de neurosis, tal como anteriormente hizo la sexual. Una neurosis noógena, esto es, aquella cuyas raíces no son complejos y traumas psicológicos, sino problemas espirituales, conflictos morales y crisis existenciales, requiere en calidad de neurosis espiritualmente enraizada, una psicoterapia centrada en el espíritu; es la psicoterapia que yo denomino logoterapia, en contraposición a la psicoterapia en un sentido más restringido del término. Sin embargo, la logoterapia resulta también indicada en numerosos casos neuróticos cuyo origen no es noógeno, sino psicógeno.

Adler nos ha hecho versados en la parte importante que desempeña lo que él llamó sentimiento de inferioridad en la formación de las neurosis. A mí me parece que en la actualidad hay otra cosa que desempeña por lo menos una función igualmente importante: el sentimiento de que la vida ya no tiene ningún sentido.

Lo que amenaza al hombre contemporáneo es la supuesta falta de sentido en su vida o, tal como yo la llamo, el vacío existencial interior. ¿Y cuándo se abre este vacío existencial, cuándo el vacío con tanta frecuencia latente pasa a ser manifiesto? Cuando se está aburrido.

Y así entendemos ahora el verdadero sentido de las palabras de Schopenhauer cuando decía que la humanidad estaba al parecer obligada a fluctuar eternamente entre los dos extremos del deseo y del aburrimiento. De hecho, el aburrimiento nos está dando en la actualidad –y ciertamente nos los da a nosotros, los psiquiatras– más problemas por solucionar que el deseo, incluido el deseo llamado sexual.

Este problema de aburrimiento va convirtiéndose cada vez más en un tópico. Pues la segunda revolución industrial, tal como se llama a la automación, provocará probablemente un enorme aumento de horas de ocio para cada trabajador medio. Y no sabremos qué hacer con tanto tiempo libre.

Por mi parte, puedo ver otros peligros nacidos de la automación: puede llegar el día en que la misma comprensión que el hombre tiene de sí mismo quede influida y corra peligro. Puede pasar que el hombre se interprete mal a sí mismo, comparándose a una máquina pensante y calculadora. Primero se entendió como criatura, hecha a imagen de su creador, Dios. Luego llegó la edad de la máquina y comenzó a verse como un creador, a imagen de su creación, la máquina: *l'homme machine,* como decía La Mettrie. Y ahora nos vemos directamente inmersos en la edad de la máquina que piensa y calcula. En 1954, un psiquiatra suizo escribía en el *Viennese Journal of Neurology*: «La computadora electrónica difiere de la mente humana sólo en cuanto funciona comparativamente la mar de bien, cosa que, por desgracia, no podemos decir de la mente humana.» Aquí está latente el peligro de un nuevo homunculismo. El peligro de que el hombre, una vez más, se entienda e interprete mal simplemente como un «nada más que». De acuerdo con los tres grandes homunculismos –biologismo, psicologismo y sociologismo– el hombre no es «nada más que» un autómata con reflejos, una haz de pulsiones, un mecanismo psíquico, o simplemente un producto del entorno económico. Sólo eso se le deja al hombre, a quien el salmista llamó *paulo minor angelis,* situándolo de este modo un poco por debajo de los ángeles. Se ha vaciado la esencia humana. No deberíamos olvidar que el homunculismo puede hacer historia; en realidad, ya la ha hecho. Debemos recordar simplemente de qué manera, en la historia reciente de la concepción del hombre en cuanto «nada más que», el producto de la herencia y el ambiente o, como se dijo entonces, «sangre y tierra» *(blood and soil),* nos llevó a todos a desastres históricos. En todo caso, yo lo considero un camino directo que lleva, desde la imagen homunculista de hombre, a las cámaras de gas de Auschwitz, Treblinka y Maidenek. La corrupción de la imagen del hombre por la automación es todavía un peligro lejano; pero, en última instancia, es tarea nuestra como médicos, no sólo reconocer enfermedades, siempre que sea posible, y tratarlas, siempre que sea necesario, incluidas las enfermedades de la mente y hasta las enfermedades del espíritu de nuestro tiempo, sino también prevenirlas, siempre que sea posible; y, por consiguiente, debemos procurar que nuestras voces se alcen advirtiendo de ello.

Decía antes que la frustración existencial, la falta de reconocer un sentido a la existencia, que es lo único que hace que la vida sea digna de ser vivida, puede dar origen a neurosis. Pues bien, he descrito lo que llamo yo neurosis del desempleo. En años recientes se ha manifestado de forma cada vez más urgente otro tipo de frustración existencial: la crisis psicológica de la jubilación. De ella tendrá que tratar la psicogerontología o la gerontopsiquiatría.

Es de vital importancia orientar la propia vida hacia una meta. Cuando ya no está presente la tarea profesional, han de buscarse otras tareas vitales y, por tanto, deben desearse. En mi opinión, la primera y más importante pretensión de la psicohigiene es estimular la voluntad de sentido en el hombre ofreciéndole posibilidades de sentido. Nada ayuda tanto al hombre a sobrevivir[3] y a mantenerse sano como el reconocimiento de una tarea vital. Así entendemos la sabiduría que encierran las palabras de Harvey Cushing, tal como las cita Percival Bailey: «La única manera de alargar la vida es tener siempre una tarea que hacer.» Por mi parte, nunca he visto una montaña tan grande de libros que esperaban ser leídos como la que había sobre la mesa de un profesor vienes de psiquiatría, de noventa años, Josef Berze, cuya teoría de

3. El psiquiatra americano J. E. Nardini («Survival Factors in American Prisoners of War of the Japanese», en *The American Journal of Psychiatry,* 244 [1952] 109) señalaba que los soldados americanos hechos prisioneros por los japoneses sobrevivían más fácilmente a su miserable situación vital si adoptaban una visión positiva de la vida dirigida a una meta digna de ser conseguida.

la esquizofrenia hace unas décadas contribuyó tanto a la investigación en este campo.

La crisis espiritual de la jubilación constituye, por así decir, una neurosis de desempleo permanente. Pero hay también otra neurosis periódica de este tipo, la dominical: una depresión que aflige a las personas que toman conciencia de la falta de contenido de sus vidas –el vacío existencial–, cuando el fragor de la semana de trabajo se detiene en domingo y el vacío interior se pone entonces de manifiesto.

Por lo común, claro está, la frustración existencial no es manifiesta, sino latente y enmascarada, y ya sabemos las diversas máscaras y disfraces con que se arropa.

En la «enfermedad del ejecutivo», la voluntad de sentido frustrada queda vicariamente compensada por la voluntad de poder. El trabajo profesional al que se arroja el ejecutivo con tan maníaco entusiasmo parece sólo ser un fin en sí mismo: en realidad, es un medio para un fin, el de quedar aturdido. Lo que los antiguos escolásticos solían llamar *horror vacui* existe no sólo en el campo de la física, sino también en el de la psicología; el hombre teme su propio vacío interior, el vacío existencial, y se precipita hacia el trabajo o hacia el placer. El lugar de su frustrada voluntad de sentido lo ocupa la voluntad de poder, aunque sólo sea el poder económico, es decir, la más primitiva forma de voluntad de poder, la voluntad de dinero.

Las cosas transcurren de distinta forma en lo que se denomina la enfermedad de la mujer del ejecutivo. Mientras que el ejecutivo tiene mucho trabajo que hacer y, por consiguiente, poco tiempo para tomarse un respiro o encontrarse consigo mismo, las esposas de muchos ejecutivos tienen poco que hacer y, por consiguiente, disponen de más tiempo del que precisan para hacer algo. Y sobre todo de más tiempo que el que entienden que han de dedicarse a sí mismas. También ellas buscan aturdirse cuando se enfrentan a la frustración existencial; sólo que lo hacen drogándose, incluso literalmente, con la ayuda del alcohol. Sustituyen la manía del trabajo de sus maridos con la dipsomanía: huyen de su vacío interior hacia la fiesta social, los cotilleos o la partida de bridge.

Su voluntad de sentido frustrada se compensa así, no con la voluntad de poder –como en el caso de sus maridos–, sino con la voluntad de placer. Este placer puede ser, evidentemente, también sexual. A menudo observamos que la frustración existencial puede llevar a la compensación sexual; esa aparente frustración sexual oculta un fondo real de frustración existencial. La libido sexual se desenfrena con el vacío existencial.

Además de la manía del trabajo, la dipsomanía, la manía del cotilleo y la manía del juego, hay otra posibilidad de escapar del vacío interno y de la frustración existencial: la chifladura de la velocidad. Y aquí quiero aclarar un malentendido muy extendido: el ritmo que ha tomado nuestra época, hecho posible, pero no producido necesariamente, por el progreso técnico, es causa únicamente de enfermedades en el plano físico. Es sabido que, en las últimas décadas, ha fallecido debido a enfermedades infecciosas mucha menos gente que en períodos anteriores. Pero este «déficit de mortalidad» se compensa generosamente con los accidentes fatales de carretera. En cambio, en el plano psicológico, la posición es diferente: la velocidad de nuestros tiempos no produce en modo alguno tantas enfermedades como a menudo se supone. Al contrario, pienso que el ritmo, la prisa de nuestra época, es más bien un intento –más bien vano– de remediarnos la frustración existencial. Cuanto más incapaz es un hombre de descubrir una meta para su vida tanto más acelera el ritmo de su vida.

Contemplo el intento de ahogar el vacío existencial con el ruido de las máquinas como la *vis a tergo* de la motorización que aumenta con tanta rapidez. No sólo el sentimiento de falta de sentido, sino también el sentimiento de inferioridad en la más banal acepción del término puede compensarse con la motorización. ¿Acaso no nos recuerda la conducta de tantos aficionados al motor lo que los psicólogos denominan conducta animal dirigida a impresionar?.

Compramos a menudo un vehículo para compensar un sentimiento de inferioridad: los sociólogos llaman a esto consumo por prestigio. Sé de un paciente, un gran industrial, que presentaba el clásico cuadro de la enfermedad del ejecutivo. Estaba tan dominada toda su vida por un único deseo, que trabajaba en exceso y se arruinó la salud; poseía un aeroplano deportivo, pero no le satisfacía: quería tener un «jet». A todas luces su vacío existencial era tan grande que sólo podía llenarlo la velocidad supersónica.

Hemos hablado del peligro que para la higiene psíquica del hombre representan en la actualidad un nihilismo «vivido» y una imagen homunculista del hombre. Pues bien, la psicoterapia será capaz de evitar este peligro sólo si puede ella misma mantenerse libre de una imagen homunculista del hombre. Pero será homunculista y nada más que una caricatura del hombre en la medida en que crea que el hombre no es «nada más que» un ser llevado por las «pulsiones» o que sólo satisface los reclamos conflictivos del ello y del super yo por compromiso.

Al hombre no lo llevan las pulsiones; el hombre decide. El hombre es libre. Pero preferimos hablar de responsabilidad, en vez de libertad. La responsabilidad implica algo acerca de lo cual respondemos –a saber, la realización de tares y exigencias concretas y personales, la realización de este sentido único e individual que cada uno de nosotros tienen que llevar a cabo. Por consiguiente, considero un error hablar de autocumplimiento y autorrealización. Sólo en la medida en que el hombre cumple determinadas tareas en el mundo que le rodea puede realizarse a sí mismo. No *per intentionem,* sino *per effectum.*

Condiciones similares prevalecen con relación a la voluntad de placer. Ha de fracasar, porque se contradice y hasta se opone a sí misma. Podemos ver esto mil veces en las neurosis sexuales: cuanto más se esfuerza el hombre por conseguir placer menos placer consigue. Y viceversa: cuanto más procura el hombre evitar el dolor o el sufrimiento tanto más se sumerge en un sufrimiento añadido.

Hemos visto que existe no sólo una voluntad de placer y una voluntad de poder, sino también una voluntad de sentido. Veamos ahora más: tenemos la posibilidad no sólo de dar sentido a nuestra vida por medio de actos creativos y, más allá de esto, mediante la experiencia de la verdad, la belleza y la bondad, de la naturaleza y de la cultura, de los seres humanos en su singularidad e individualidad y del amor; tenemos no sólo la posibilidad de llevar una vida llena de sentido mediante la creación y el amor, sino también mediante el sufrimiento –si ya no podemos cambiar nuestro destino mediante la acción, lo que importa es la actitud correcta ante el mismo. Cuando ya no podemos controlar nuestro destino para reformarlo, debemos ser capaces de aceptarlo. Para la configuración creadora de nuestro destino debemos tener coraje; para sufrir como toca, cuando nos enfrentamos a un destino inevitable e inmutable, necesitamos humildad. Incluso aquel que se encuentra en la más profunda angustia –angustia en la que ni la actividad ni la creatividad pueden dar valor alguno a la vida ni la experiencia darle sentido–, puede todavía dar sentido a su vida según el modo y manera como se enfrenta a su destino, como acepta el sufrimiento. Precisamente así se le da una última oportunidad de realizar valores.

Por ello, la vida tiene sentido hasta el último suspiro. La posibilidad de realizar lo que he denominado valores de actitud –por la actitud con que nos enfrentamos al sufrimiento– está presente hasta el último momento. Entendemos así la sabiduría de las palabras de Goethe cuando dijo: «No hay situación alguna que no pueda ser ennoblecida mediante la acción o el sufrimiento.» Pero deberíamos añadir que la manera adecuada de sufrir es en sí misma una proeza, me atrevería a decir: el logro más grande concedido al hombre.

Con todo, el sentido de la existencia humana está amenazado no sólo por el sufrimiento, sino también por la culpa –y por la muerte. Aquello que causa la culpa, aquello de que nos sentimos responsables, eso ya no puede cambiarse; pero la culpa en sí puede redimirse y aquí de nuevo todo depende de la buena actitud ante nosotros mismos –de un verdadero arrepentimiento. (No me refiero a los casos en que el daño causado puede ser reparado por la expiación).

¿Y qué decir de la muerte? ¿no destruye por completo el sentido de la vida? En modo alguno. Así como el fin pertenece a la historia, la muerte pertenece a la vida. Si la vida tiene sentido, lo tiene tanto si es larga como si es corta, tanto si el hombre puede pervivir en sus hijos como si no tiene hijos. Si el sentido de la vida consistiera en la reproducción, entonces toda generación encontraría únicamente su sentido en la generación siguiente. De modo que el problema del sentido se pospondría de una generación a la otra, pero nunca podría resolverse. Si la vida de una generación carece de sentido, ¿qué sentido tiene perpetuar algo que no tiene sentido?

Hemos visto que la vida, toda vida, en cualquier situación y hasta el último respiro, tiene sentido, retiene su sentido. Lo mismo puede decirse de la vida de un enfermo, también de una persona mentalmente enferma. La supuesta vida que no es digna de ser vivida no existe. Ni siquiera las manifestaciones de psicosis destruyen a la persona, verdadero espíritu; la enfermedad sólo inhibe la posibilidad de comunicarse con el mundo exterior, pero el núcleo de la persona permanece indestructible. Y si las cosas no fueran así, no valdría la pena ser psiquiatra.

Cuando estaba en París, hace siete años, para el primer Congreso Mundial de Psiquiatría, el Padre Beirnaert me preguntó si yo, en cuanto psiquiatra, creía que los idiotas podían llegar a ser santos. Le respondía afirmativamente. Pero, además, le dije que el mismo hecho, horrible como es, de haber nacido idiota podía ser una ocasión y una oportunidad de comprobar bien uno mismo –por una actitud interna– que se puede ser algo así como un santo. Evidentemente, otras personas, incluso nosotros, los psiquiatras, apenas podríamos notar nada, porque la posibilidad de manifestar el sí mismo hacia el exterior habría quedado bloqueado por la enfermedad mental. Sólo Dios sabe cuántos santos se han ocultado detrás de semblantes idiotas. Pero entonces le pregunté al Padre Beirnaert si no era una presunción intelectualista dudar siquiera de esta posibilidad. ¿No significaba dudar el hecho de suponer que la santidad o cualquier otra cualificación moral del hombre dependiera de su CI, de modo que pudiéramos, por ejemplo decir, por debajo de un CI de 90 no hay ninguna oportunidad? Y otra cosa: ¿Quién puede dudar de que un niño sea, realmente, persona? ¿Y qué otra cosa es un idiota, sino alguien que es como un niño y que permanece siempre siendo niño?

No hay, pues, y espero haberlo demostrado, razón alguna de dudar del sentido incluso de la más miserable de las vidas. La vida tiene un sentido incondicionado y nosotros necesitamos una *creencia* acondicionada en la vida. Esto es hoy más necesario que nunca en una época como la nuestra en la que el hombre siente la amenaza de la frustración existencial, la frustración de la voluntad de sentido, el vacío existencial.

Pero la psicoterapia puede mantener una creencia incondicionada en el sentido de la vida, de toda vida, sólo si parte de una filosofía adecuada, si se decide por la filosofía correcta. Por esto entendemos por qué Waldo Frank pudo escribir en una revista norteamericana que la logoterapia daba testimonio de los esfuerzos hechos por todas partes para suplantar las hipótesis filosóficas inválidas freudianas y adlerianas del inconsciente por una filosofía de la conciencia. Los psicoanalistas modernos, sobre todo en Estados Unidos, han entendido ya –y están de acuerdo al respecto– que no es posible una psicoterapia sin una concepción del mundo, sin una jerarquía de valores, por inconscientes que sean. Y más importante es aún que también el psicoanalista sea consciente de su con frecuencia inconsciente imagen del hombre. El psicoanalista, que lo es para todo tipo de personas, debería darse cuenta de los peligros de dejar esa imagen en el inconsciente. En todo caso, la única manera de que dispone para reforzar esa imagen del hombre, por desgracia distorsionada por las influencias del siglo pasado, es comprobar que lo que ha tomado a menudo como punto de partida no es sino una caricatura de lo que el hombre es y no una imagen verdadera, y que es necesario que corrija su imagen.

Esto es precisamente lo que he intentado hacer con el análisis existencial y la logoterapia: completar, no suplantar, la psicoterapia ya existente y, con ello, convertir la imagen subyacente en ella del hombre en una imagen global y total del verdadero hombre, una imagen en todas sus dimensiones, haciendo así justicia a esa realidad que pertenece sólo al hombre y que se llama existencia.

Soy del todo consciente del hecho de que se me puede reprochar haber recorrido a una caricatura de esa imagen del hombre que he pretendido corregir. Quizás hay algo de ello. Quizás he sido realmente parcial; quizás he exagerado cuando he sentido la presencia amenazadora del nihilismo, del homunculismo, tal como lo llamo, detrás de tantas teorías y sistemas filosóficos del inconsciente de la psicoterapia moderna; quizás soy realmente demasiado sensible a la más ligera sospecha de nihilismo. Pero, si así es, entiéndase por favor que soy sumamente sensible sólo porque he debido superar el nihilismo en mi propio interior. Y ésta es, quizás, la razón por que soy capaz hasta de olerlo, dondequiera pueda esconderse.

Y si se me permite contar historias sacadas de la escuela de mi propio análisis existencial, quizás pueda yo ver la mota en los ojos de los demás porque antes he tenido que arrancarme la viga de los míos.

XI
ANÁLISIS EXISTENCIAL Y ONTOLOGIA DIMENSIONAL[1]

Análisis existencial (*Existenzanalyse*) *y* logoterapia son realmente lo mismo, en cuanto ambos representan un determinado aspecto de una misma e idéntica teoría[2]. Sin embargo, *Existenzanalyse* no debería confundirse con *Daseinsanalyse,* aun cuando ambos términos alemanes se hayan traducido a otras lenguas como «análisis existencial»[3].

El análisis existencial y el *daseinsanalysis* se esfuerzan ambos por algo así como el esclarecimiento de la existencia (*Existenzerhellung,* Karl Jaspers). El acento lo pone, no obstante, el *daseinsanalysis* en el esclarecimiento de la existencia entendida en el sentido de ser. El análisis existencial, en cambio, por encima y más allá del esclarecimiento del *ser,* se propone avanzar hasta el esclarecimiento del *sentido*[4]. El acento

1. Resumen y revisión de una ponencia leída en el Cuarto Congreso Internacional de Psiquiatría, Barcelona (España), 5 de septiembre de 1958.

2. Edith Weisskopf-Joelson, «Logotherapy and existential analysis», en *Acta Psychotherapeutica,* 6 (1958) 193.

3. Paul Polak, «Frankl's existential analysis», en *American Journal of Psychotherapy,* 3 (1949) 517.

El término «análisis existencial», en cuanto se usa en este artículo, se aplica sólo a la teoría desarrollada por el doctor Frankl, mientras que el término *daseinsanalysis se* aplica a la teoría de Ludwig Binswanger. Con total independencia de las empresas de Binswanger, más tarde denominadas *Daseinsanalyse,* el doctor Frankl comenzó a hablar de *Existenzanalyse* ya desde 1932 y utilizó el término en sus publicaciones a partir de 1939. [Nota del editor].

4. Paul Polak, «Existenz und Liebe: Ein kritischer Beitrag zur ontologischen Grundlegung der medizinischen Anthropologie durch die "Daseinsanalyse" Binswangers und die "Existenzanalyse" Frankls», en *Jahrbuch für Psychologie und Psychotherapie,* 1 (1953) 355.

pasa así de un esclarecimiento de realidades óntico-ontológicas a un esclarecimiento de posibilidades de sentido. Por esto quizás el análisis existencial va más allá del simple análisis y es una terapia, a saber, logoterapia, mientras que el *daseinsanalysis,* por lo menos de acuerdo con las definiciones dadas por los mismos «analistas del *dasein*» líderes, no representa de por sí una (psico-) terapia en el verdadero sentido de la palabra. Como dice Medard Boss: «El *daseinsanalysis* no tiene nada que ver con la práctica psicoterapéutica»[5]. *Logos,* ante todo, significa sentido. Por ello la logoterapia es una psicoterapia orientada al sentido y reorienta al paciente hacia el sentido.

El *Daseinsanalyse* de Ludwig Binswanger equivale a una ontologización del principio de Alfred Adler de la apercepción tendencial. El «análisis del *dasein*» (que a veces, quizás con mayor corrección, se llama ontoanálisis) se propone dejar al descubierto lo que llama la estructura *a priori* de las *Daseinsgestalten*. El término remite al modo específico de ser-en-el-mundo que corresponde al modo subjetivo específico de experimentar el mundo. Lo que Adler llama el estilo de vida de la persona, un aspecto de la cual, la apercepción tendencial, el modo subjetivo de experimentar el mundo, representa la misma idea general.

Soy consciente de que los «analistas del *dasein*» aborrecerían hablar de un «modo subjetivo de experimentar», porque esto presupondría un mundo objetivamente dado. La logoterapia, sin embargo, sostiene que, –por muy subjetivo que pueda ser (o hasta patológicamente distorsionado) el segmento que estamos «separando» del mundo, lo separamos en definitiva de un mundo objetivo. La terminología típica del «análisis del *dasein*» que pretende haber cerrado el vacío existente entre la subjetividad y la objetividad me parece a mí ilusoria. El hombre no es capaz de llenar este vacío, pero tampoco podría ser ésta una tarea que pudiera encomendársele[6]. El conocimiento se funda, indispensablemente, en un campo de tensión polar entre lo objetivo y lo subje-

5. Die Bedeutung der Daseinsanalyse für die Psychologie und die Psychiatrie», en *Pysche,* 6 (1952) 178.

6. Ni siquiera la más íntima cercanía de dos seres, esto es, el amor, elimina la otredad en ambos. Si fuera así, el sujeto perdería inmediatamente el objeto hacia el cual trasciende desde sí mismo. El amor –el verdadero paradigma de la autotrascendencia y de la coexistencia– une existencias, pero no las funde.

tivo, pues sólo partiendo de esta base puede establecerse la dinámica esencial del acto cognoscitivo. Llamo a esta base «noodinámica», en contraposición con cualquier psicodinámica.

El «análisis del *dasein*» ha contribuido a nuestra comprensión de la psicosis. El análisis existencial, por otro lado, intenta ser útil al tratamiento de la neurosis. En este sentido, el «análisis del *dasein*» y el análisis existencial no se oponen uno al otro, sino que más bien se complementan. Para adentrarse en la comprensión de la psicosis, el «análisis del *dasein*» se centra en la unidad del ser-en-el-mundo (*In-der-Welt-sein,* Martin Heidegger), mientras que el análisis existencial pone de relieve el carácter múltiple del cuerpo-mente-espíritu en el interior de la unidad de la existencia humana. Lo hace para ser capaz de apelar a lo que se llama en logoterapia el poder desafiador del espíritu del hombre (*Trotzmacht des Geistes*). Si la persona espiritual pudiera disolverse en una existencia noética-psíquica-somática neutral, como ocurre en el «análisis del *dasein*», ¿hacia dónde se dirigiría aquella llamada? ¿A qué poder retador podría apelarse? ¿Cómo podría hacerse una llamada así, si se ha negado la distinción entre la persona espiritual[7] y el proceso patológico a favor de una visión monista del hombre? El individuo psicótico, cuyo único modo de ser-en-el-mundo el «análisis del *dasein*» se decide a esclarecer con tanto éxito, se encuentra tan dominado y hecho prisionero por este modo existencial, que es necesario hablar de una infiltración de psicosis en la existencia individual. De acuerdo con el «análisis del *dasein*», no hay manera de que el individuo psicótico pueda librarse de su piel psicótica, de su peculiar modo de ser-en-el-mundo.

El análisis existencial intenta ser no sólo un análisis de la persona concreta, esto es, un análisis en el sentido óntico, sino también un análisis en el sentido ontológico; en otras palabras, intenta ser un análisis y una explicación, el despliegue de la esencia de la existencia personal, además de un autodespliegue de la existencia personal tal como se desarrolla en la vida y es hecha visible por las biografías.

¿Qué significa la existencia? Significa una cierta manera de ser –la manera específica que compete al hombre y sólo al hombre. Una de

7. El empleo de este término no implica en modo alguno una connotación religiosa.

las características de la existencia humana es su trascendencia. Quiere decir esto que el hombre trasciende su medio para alcanzar el mundo; y más que esto, también trasciende su ser hacia un *deber ser*. Cuando el hombre hace esto, se eleva por encima del nivel de lo somático y de lo psíquico y entra en la esfera de lo genuinamente humano. Esta esfera la constituye una nueva dimensión, lo noético, la dimensión del espíritu. Ni lo somático ni lo psíquico representan solos lo genuinamente humano; representan únicamente dos aspectos del ser humano. Por ello, no puede hablarse en modo alguno de un paralelismo en el sentido dualista, ni de una identidad en el sentido monista. Sin embargo, pese a todas las variaciones de lo somático, lo psíquico y lo noético, la unidad antropológica y la totalidad de un ser humano quedan preservadas y salvadas tan pronto como pasamos de un análisis de la existencia a lo que denomino la ontología dimensional[8].

Elevar la espiritualidad por encima de la propia condición psicofísica podría ser también llamado el acto existencial. Mediante este mismo acto el hombre se abre a la dimensión noológica del ser, adentrándose en ella; más aún, incluso crea esta dimensión a modo de una dimensión suya. Pero esto no desmerece en lo más mínimo el hecho de que hombres y animales tengan en común la dimensión biológica[9] y la psicológica. Cierto es que las propiedades animales en el hombre llevan la marca de su humanidad, pero esto no significa que deje de ser un animal de la misma manera que un aeroplano no deja de ser un aeroplano cuando se mueve en tierra igual como lo hace un automóvil. Por otro lado, el ae-

8. V. E. Frankl, «On logotherapy and existential analysis», en *American Journal of Psychoanalysis,* 18 (1958) 28.

9. Pagar el tributo debido al fundamento biológico de la existencia humana es tan legítimo en teoría como lo es en la práctica el reconocimiento de los recursos terapéuticos que pueden obtenerse mediante el tratamiento de fármacos y el de choque. Este último está ciertamente indicado en casos graves de depresión endógena. No creo que sea razonable negar a un paciente que padece depresión endógena aquellas oportunidades de alivio que puede ofrecer el electrochoque. El problema es diferente en el caso de una depresión psicógena o neurótica. Entonces, el electrochoque o los fármacos pueden muy bien estar contraindicados. Sería una especie de pseudoterapia que borraría la etiología igual como haría la morfina en un caso de apendicitis. Pero no olvidemos que todo esto vale igualmente para la psicoterapia, es decir, en aquellos casos para los que yo he acuñado el término «noógeno».

roplano no demostrará realmente serlo hasta que sea capaz de levantarse hacia lo alto, hacia la dimensión del espacio aéreo. Lo mismo puede decirse del hombre. En cierto sentido, sigue siendo un animal, pero con todo sobrepasa infinitamente sus propiedades animales. Así como el aeroplano se convierte en lo que es sólo si se eleva hacia la tercera dimensión, así también el hombre muestra su humanidad sólo emergiendo hacia la dimensión noológica, o trascendiéndose a sí mismo.

Como puede verse, estoy hablando de dimensiones y no, como suele hacerse formalmente y por lo general, de estratos de ser. Pues, en mi opinión, la única manera de hacer frente al problema psicofísico de épocas pasadas en el hombre sin disgregar su totalidad y su unidad parece ser este enfoque que yo he denominado ontología dimensional. Esto quiere decir que ya no hablamos más de estratos físicos, psíquicos y espirituales, porque, en el momento en que lo hagamos, se entiende que estos estratos pueden separarse unos de otros. Por otro lado, si intentamos entender cuerpo, psique y mente como otras tantas dimensiones de un único y mismo ser, no se destruye en lo más mínimo su totalidad. Esta interpretación dimensional evita que se vea el fenómeno integral como si se estuviera compuesto por diversos elementos.

Intentemos demostrarlo con un ejemplo. Un vaso encima de una mesa, proyectado fuera de un espacio tridimensional en un plano bidimensional parecería un círculo. El mismo vaso proyectado de perfil y visto de lado parecería un rectángulo. Pero nadie podría afirmar que el vaso se compone de un círculo y de un rectángulo. Tampoco podemos sostener que el hombre se componga de partes, como de un alma y de un cuerpo. Es una violación del hombre proyectarlo fuera de la esfera de lo genuinamente humano sólo en el plano de su soma o de su psique.

Esta imagen de dimensiones y proyecciones nos permite comprender la simultaneidad de la totalidad humana y su unidad, por un lado y, por otro, las diferencias entre los procesos corporales, psíquicos y mentales. El arte ha sido definido como unidad dentro de la diversidad. Algo análogo, diría yo, vale para el hombre en cuanto podría definirse como diversidad dentro de la unidad. Pues, de hecho, son múltiples las dimensiones implicadas en ser humano, y la psicoterapia debe seguir al hombre en todas esas dimensiones. No podemos dejar de lado ni una sola de estas dimensiones, sean somáticas, psíquicas o noéticas. La psicoterapia no debe ignorar sus propios problemas metaclínicos, ni debe abandonar tampoco el piso firme de los hechos empíricos y de los datos clínicos. Si divaga por alturas esotéricas, debemos llamarla y volverla a la tierra.

Un enfoque dimensional ofrece, en cuanto yo entiendo, la única oportunidad de comprender ciertas contradicciones aparentes. Quiero llamar la atención de nuevo para la analogía con que comenzamos. Aunque el vaso es un recipiente abierto, su contorno es un círculo cerrado. Pero visto dimensionalmente, no sólo está claro que esta contradicción es sólo aparente, sino también que es una contradicción necesaria. Ahora bien, lo mismo pasa con el hombre. En el marco de la neurología, por ejemplo, el hombre se muestra necesariamente como «nada más que» un sistema «cerrado» o un conjunto de reflejos fisiológicos sin margen posible para algo así como la cualidad autotrascendental de la existencia humana. Debemos guardarnos del autoengaño de que esta dimensión de la neurología sea la única que existe.

Siempre que abrimos el libro de la realidad, lo encontramos lleno de contradicciones; la realidad se muestra de un modo distinto en cada

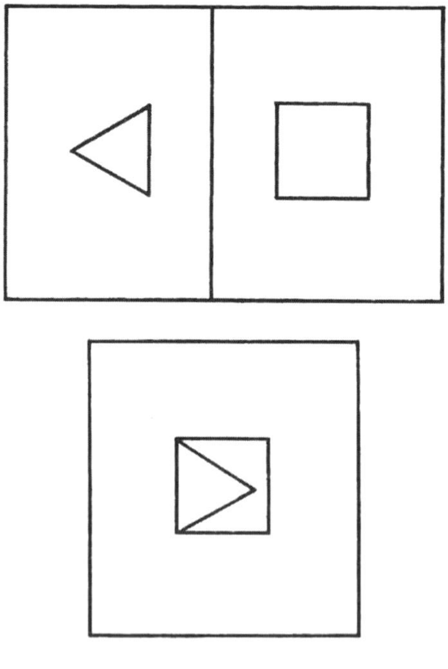

página. Ilustremos esto con una imagen óptica. He aquí un rectángulo y un triángulo vistos uno al lado del otro. Aunque volvamos la página, de modo que ambas figuras se superpongan, son incongruentes. Sólo cuando incluimos la siguiente dimensión de la altura y colocamos la página con el triángulo recta de modo que quede perpendicular a la página en la que hay el rectángulo, se resuelven por sí mismas las contradicciones. Pues entonces vemos que estas dos figuras representan dos planos diferentes de la proyección de una pirámide.

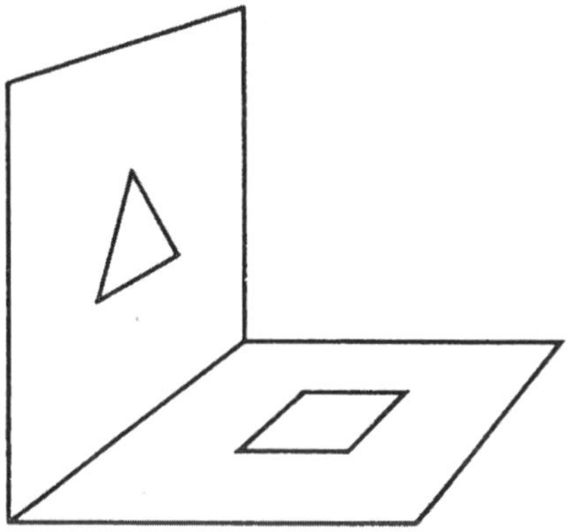

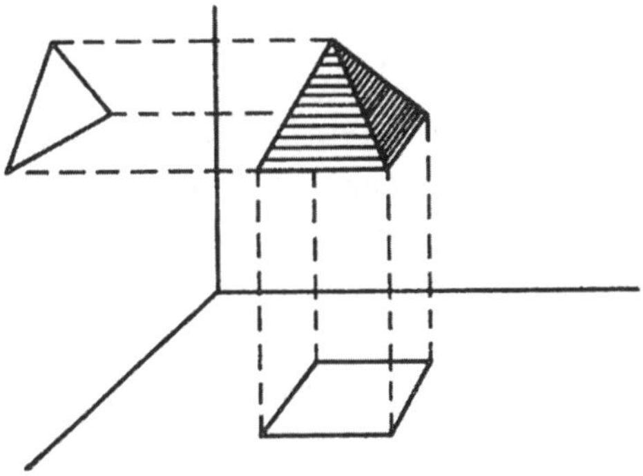

Hasta cierto punto, incumbe a la naturaleza de la ciencia llevar a cabo una proyección. En principio, la ciencia ha de despreciar metodológicamente la plena dimensionalidad de la realidad y basarse en la indispensable ficción de un mundo unidimensional. La ciencia ha de tratar incluso al hombre de esta manera; debe proyectarlo fuera de la dimensión noológica. Si, por ejemplo, yo examino a un paciente desde el punto de vista neurológico porque se sospecha que padece de un tumor cerebral, entonces debo evidentemente actuar «como si» aquel hombre existiera sólo en esa dimensión. Pero cuando yo dejo aparte mi martillo de reflejos, ensancho entonces de nuevo mi visión, y vuelvo a ser consciente otra vez de la cualidad humana del paciente.

De modo parecido, puede ser legítimo proyectar al hombre fuera de su dimensión noológica, no hacia la dimensión de lo biológico (como en el caso del examen neurológico), sino hacia la dimensión psicológica. Así sucede, por ejemplo, en el marco de la investigación psicodinámica. Con todo, si esto no se hace con la plena conciencia de que se ha escogido un enfoque metodológico específico, puede llevarnos completamente por mal camino. Sobre todo, debemos tener presente todo aquello que, por razón de ese enfoque, hemos dejado fuera; pues, en un enfoque exclusivamente psicodinámico, se nos ocultarán del todo ciertos fenómenos humanos. Pensemos en cosas como el sentido y el valor; desaparecerán de nuestro campo de visión tan pronto como consideremos las pulsiones y la dinámica el único criterio válido, y en realidad no puede ser de otra manera, por la simple razón de que los valores no mueven, sólo atraen. Hay una gran diferencia entre mover y atraer, que ha de ser reconocida siempre que busquemos, en el sentido de un análisis fenomenológico, un acceso a la realidad total e íntegra de ser hombre. En un enfoque exclusivamente psicodinámico, lo genuinamente humano se proyecta necesariamente de un modo distorsionado.

Freud era lo suficientemente genial para darse cuenta de que su sistema iba unido a una cierta dimensión de la existencia humana y, por ejemplo, en una carta dirigida a Ludwig Binswanger, manifestaba esta conciencia y confesaba que «se había limitado» siempre a la «planta baja y al sótano del edificio». Fue presa del reduccionismo sólo después de expresar su creencia en que había «encontrado ya un lugar para la religión, colocándola bajo la categoría de neurosis de la humanidad»[10].

Vemos la logoterapia más un complemento que un sustituto de la psicoterapia en el sentido estricto del término. Pero, por añadidura,

10. Ludwig Binswanger, *Sigmund Freud: Reminiscences of a friendship,* Grune & Stratton, Inc., Nueva York 1957, p. 96, 99.

la logoterapia podría aportar también su contribución para el acabado de la imagen que la psicoterapia hace del hombre, para una visión del hombre en todas sus dimensiones, para una representación suya que incluyera también lo genuinamente humano, a saber, la dimensión noológica.

Si la psicoterapia ha de seguir siendo una terapia y no convertirse en un síntoma dentro de la patología de la época (*Zeitgeist*), ha de corregir la imagen del hombre; lo necesita igual por lo menos como necesita una técnica precisa.

XII
INTENCIÓN PARADÓJICA: UNA TÉCNICA LOGOTERAPÉUTICA[1]

Como el proceso psicoterapéutico consiste en una cadena continua de improvisaciones, con frecuencia se ha cuestionado si y hasta qué punto puede enseñarse y puede aprenderse la psicoterapia. Además, hay que tener presente que la infinita diversidad de pacientes elimina la posibilidad de extrapolación de un paciente a otro. Por ello, el psicoterapeuta se enfrenta siempre a la en apariencia imposible doble tarea de considerar la singularidad de cada persona y la singularidad de la situación vital que cada persona tiene que sobrellevar. Sin embargo, es precisamente esta *individualización* e *improvisación* lo que ha de enseñarse y debe aprenderse.

La elección de un método apropiado de tratamiento que deba aplicarse en cada caso concreto depende no sólo de la *individualidad* del paciente, sino también de la *personalidad* del terapeuta. La dificultad del problema está en el hecho de que los dos últimos factores han de considerarse «desconocidos», por lo menos inicialmente. Para ilustrar este punto, digo frecuentemente a mis estudiantes que la elección del método terapéutico que ha de usarse en una situación específica puede compararse a la siguiente ecuación algebraica: $\psi = x + y$, donde ψ es el método terapéutico, x representa a la individualidad del paciente, e y está por el médico interesado[2].

1. Ponencia leída en la American Association for the Advancement of Psychotherapy, Nueva York, 26 de febrero de 1960.

2. Ningún método puede pretender ser el mejor. En la medida en que la verdad absoluta nos es inaccesible, debemos contentarnos con verdades relativas que se corrigen unas a otras. Lo que se nos exige es el coraje de ser parciales y tener conciencia de ello.

Esta ecuación esclarece el hecho de que el factor esencial en psicoterapia no es tanto el método, como la relación entre el paciente y su médico, o para usar una expresión popular corriente, el «encuentro» entre el terapeuta y su paciente. Esta relación entre dos personas parece ser el aspecto más significativo del proceso psicoterapéutico, un factor más importante que cualquier método o técnica. Sin embargo, no debemos desdeñar la técnica, pues en terapia es indispensable un cierto grado de distanciamiento por parte del terapeuta. De hecho, en ocasiones el elemento humano debe dejarse de lado para facilitar el tratamiento.

La relación terapéutica se despliega en un campo polar de tensión en el que los polos están representados por los extremos de la *proximidad humana,* por un lado, y el *distanciamiento científico* por otro. Por consiguiente, el terapeuta ha de guardarse de dejarse engañar y caer víctima de uno u otro de los extremos por tener presente sólo uno de ellos. Esto quiere decir que el terapeuta no debe dejarse guiar ni por la simpatía, ni por su deseo de ayudar al paciente ni, a la inversa, reprimir su interés por otro ser humano tratándolo simplemente en términos de técnica. El terapeuta ha de guardase de interpretar su propio rol como si fuera un técnico, un *médicin technicien.* Equivaldría esto a reducir al paciente (en palabras del famoso materialista francés La Mettrie) a un *homme machine.*

También se ha planteado la cuestión de si la logoterapia incluye lo que podría llamarse justificadamente una técnica terapéutica. A pesar de que esta investigación se acompaña con frecuencia con una cierta dosis de duda, la logoterapia recurre a un procedimiento psicoterapéutico especial. Este método lo propuso por vez primera el autor en 1946, en *The doctor and the soul*[3], y con mayor detalle en 1956[4].

Para poder comprender plenamente lo que acontece cuando se utiliza esta técnica, adoptaremos como punto de partida un fenóme-

3. V. E. Frankl, *Ärztliche Seelsorge,* Deuticke, Viena 1964; trad. ingl.: *The doctor and the soul: An introduction to logotherapy,* Alfred A. Knopf, Inc., Nueva York 1955; trad. cast.: *Psicoanálisis y existencialismo,* Fondo de Cultura Económica, México-Buenos Aires 2010.

4. V. E. Frankl, *Theorie und Therapien der Neurosen.* Ernst Reinhardt, Munich [9]2007; trad. cast.: *Teoría y terapia de las neurosis. Iniciación a la logoterapia y al análisis existencial.* Herder, Barcelona [1/3]2008.

no que cualquier psiquiatra con práctica clínica conoce, la angustia de expectación. Se observa comúnmente que esta angustia produce a menudo aquella misma situación que el paciente teme. El individuo eritrofóbico, por ejemplo, que teme ruborizarse cuando entra en una sala y ha de hacer frente a un grupo de personas, realmente se ruborizará justamente en ese instante.

En historiales clínicos que desarrollan la angustia de expectación, el temor a un determinado acontecimiento patológico (que, irónicamente, lo precipita), podemos observar con frecuencia un fenómeno análogo. Es la compulsión a la autoobservación. Por ejemplo, en casos de insomnio, los pacientes a menudo refieren en la anamnesis que toman conciencia del problema de dormirse sobre todo cuando van a la cama. Evidentemente, esta misma atención inhibe el proceso del dormir.

Aparte del hecho de que la *atención* excesiva demuestra ser un factor intrínsecamente patogénico respecto de la etiología de las neurosis, observamos que en muchos pacientes neuróticos la *intención* excesiva puede ser también patógena. Muchas neurosis sexuales, por lo menos según los datos y las teorías de la logoterapia, pueden remitirse a la intención forzada de conseguir el objetivo de la relación sexual –se trate del varón que busca demostrar su potencia o de la mujer que pretende mostrar su habilidad en experimentar el orgasmo. El autor ha tratado difusamente acerca de este tema en varios artículos, destacando que normalmente el paciente busca el placer intencionadamente (podríamos decir que practica a la letra el «principio de placer»). Sin embargo, el placer no pertenece a la categoría de acontecimientos que puedan ser producidos por intención directa, sino, al contrario, a la de los que lo son como efecto secundario o subproducto. Por consiguiente, cuanto más se esfuerza uno por el placer, menos capaz se es de conseguirlo. Vemos así un interesante paralelo en cuanto la angustia de expectación provoca precisamente lo que el paciente teme, mientras que la intención excesiva, al igual que la excesiva autoobservación con relación al propio funcionamiento, hace que este funcionamiento sea imposible.

Es justamente en este hecho por partida doble donde fundamenta la logoterapia la técnica conocida como *intención paradójica*. Por ejemplo, si un paciente fóbico teme que algo le suceda, el logoterapeuta le anima a pretender hacer o a desear, siquiera por sólo un segundo, aquello mismo que precisamente teme.

El siguiente informe clínico ejemplificará lo que pretendo decir:

> Un joven médico vino a nuestra clínica debido a una hidrofobia grave. Padecía, desde hacía mucho, trastornos en el sistema nervioso autónomo. Sucedió que un día encontró por la calle a su jefe y, al saludarle dándole la mano, observó que transpiraba más de lo habitual. Al día siguiente, al encontrarse en la misma situación, esperaba transpirar de nuevo y esta angustia de expectación precipitó un sudor excesivo. Era un círculo vicioso; la hiperhidrosis provocaba hidrofobia y ésta, a su vez, producía hiperhidrosis. Aconsejamos a nuestro paciente, en caso de que le volviera su angustia de expectación, que se decidiera a indicar a las personas con las que se encontraba lo mucho que podía llegar a sudar. Una semana más tarde volvió para contar que, cada vez que se encontraba con alguien que desataba su angustia de expectación, se decía a sí mismo: «¡Antes sólo sudaba un litro, pero ahora voy a sudar por lo menos diez litros!» ¿Cuál fue el resultado de esta decisión paradójica? Tras haber padecido su fobia durante cuatro años, pronto fue capaz, después de sólo una sesión, de liberarse de ella gracias a su nueva manera de proceder.

El lector observará que este tratamiento consiste no sólo en una inversión de la actitud del paciente ante su fobia –en cuanto la respuesta habitual de «evitación» se reemplaza por un esfuerzo intencional–, sino también que se lleva a cabo en un marco tan humorístico como sea posible. Esto produce un cambio de actitud hacia el síntoma que capacita al paciente a situarse a cierta distancia del síntoma, a despegarse de su neurosis. Este procedimiento se basa en el hecho de que, de acuerdo con las teorías logoterapéuticas, la patogénesis en las fobias y en las neurosis obsesivo-compulsivas se debe parcialmente al incremento de angustias y compulsiones causadas por la empresa de evitarlas o combatirlas. Una persona fóbica normalmente intenta evitar la situación en que surge su angustia, mientras que la obsesivo-compulsiva intenta suprimir, y así combatir, sus pensamientos amenazadores. En ambos casos el resultado es un refuerzo del síntoma. Y a la inversa, si conseguimos llevar al paciente al punto en que no sólo cesa de huir de o de luchar contra sus síntomas, sino que más bien hasta los exagera, podremos observar que los síntomas disminuyen y que el paciente ya no sufre su acoso.

Este procedimiento debe utilizar la potencialidad singular para el distanciamiento inherente en el sentido del humor. Junto con la afirmación de Heidegger de que la «preocupación apesadumbrada» (*Sorge*) es el rasgo esencial que impregna la existencia humana, y la subsiguiente sustitución de Binswanger de la «unión amorosa» (*liebendes Miteinadersein*) en cuanto principal característica humana, me atrevería a decir que el humor merece también ser mencionado como una de las capacidades básicas del hombre[5]. Ningún animal es capaz de reír.

De hecho, cuando se usa la intención paradójica, el objetivo, para decirlo llanamente, es capacitar al paciente a desarrollar un sentido de imparcialidad hacia su neurosis riéndose de ella. Podemos encontrar un enunciado consistente con éste en el libro de Gordon Allport, *The individual and his religión*: «El neurótico que aprende a reírse de sí mismo puede estar ya a punto de autocontrolarse, quizás de curarse»[6]. La intención paradójica es la aplicación clínica del enunciado de Allport.

Algunos relatos más recientes pueden servir para desarrollar y clarificar un poco más este método:

> En una ocasión recibí una carta de una joven estudiante de medicina que decía que, tiempo atrás, había asistido a mis lecciones de logoterapia. Me recordaba una demostración de intención paradójica que me había escuchado contar, y luego continuaba: «Intenté aplicarme a mí misma el método que usted había usado en la demostración de clase. También yo padecía continuamente el miedo a que, al practicar disecciones en el Instituto de Anatomía, empezara a temblar cuando el instructor de anatomía entrase en la sala. Pronto este miedo se convirtió realmente en temblor. Entonces, recordando lo que usted nos había dicho en clase exactamente sobre esta situación, me decía a mí misma siempre que el instructor entraba en la sala de disección: "¡Eh, instructor. Ahora voy y le muestro lo bien que tiemblo. Le voy a enseñar

5. Además de ser un elemento constitutivo de la existencia humana, el humor puede también considerarse un atributo de la divinidad (cf. Salmos 2, 4, 3, 13 y 59, 8).

6. The Macmillan Company, Nueva York 1956.

cómo hay que temblar!" ¡Pero cada vez que deliberadamente intentaba temblar no conseguía hacerlo!»

Inconscientemente y sin pretenderlo, la intención paradójica ha sido ciertamente usada de una manera constante. Un estudiante americano que tenía que presentarse a un examen que yo mismo presidía y que, en este marco, tenía que explicar la intención paradójica, recurrió al siguiente relato autobiográfico:

> «Mi estómago solía gruñir cuando me hallaba en compañía de otros. Cuanto más intentaba evitar que sucediera esto, más gruñía. Pronto comencé a dar por supuesto que debía conformarme a ello por el resto de mi vida. Empecé a convivir con ello –Me reía con los demás de aquellos gruñidos. Desaparecieron.»

Una vez me encontré con el caso más grave de tartamudeo que nunca había visto en todos mis años de experiencia: Conocí a un hombre que había tartamudeado gravemente toda su vida, excepto una vez. Sucedió cuando tenía doce años de edad y había querido birlar un coche en la calle. Cuando le capturó el conductor, pensó que la única manera de escapar sería despertando su simpatía, de manera que intentó demostrarle que no era más que un «pobre muchacho tartamudo». ¡Pero al intentar tartamudear, fue incapaz de hacerlo! Sin pretenderlo, había practicado la intención paradójica, aunque no con fines terapéuticos.

Otro ejemplo de intención paradójica relacionado con el tartamudeo me lo contó el jefe del departamento psiquiátrico de la Universidad de Maguncia, en la Alemania oriental. Cuando estaba todavía en el centro de enseñanza media, su clase tenía que llevar a cabo una representación teatral. Uno de los personajes era un tartamudo, de modo que dieron el papel a un estudiante que realmente tartamudeaba. Pronto tuvo, no obstante, que dejar el papel porque sucedía que, al subir al escenario, era del todo incapaz de tartamudear. Tuvo que ser reemplazado por otro estudiante.

Otro caso que trató uno de mis ayudantes, el Dr. Kurt Kocourek, se refiere a una mujer, Mary B., que había estado probando varios métodos de tratamiento durante once años, pero sus dolencias, más que aliviarse, aumentaban. Padecía de palpitaciones acompañadas de una elevada angustia y de temores de expectación de un colapso súbito. Pasado el primer ataque, comenzó a temer que se repitiera y, en consecuencia, se repitió. La paciente relataba que siempre que sentía este temor, tenía también palpitaciones. Su principal preocupación era, no obstante, que pudiera tener un colapso por la calle. El doctor Kocourek aconsejó a la mujer que, en ese momento, se dijera a sí misma: «¡Ahora mi corazón va a ir aún más deprisa! ¡Voy a caerme ahora mismo sobre la acera!» Además, se le dijo a la paciente que buscara pasar deliberadamente por aquellos sitios que le habían parecido desagradables o hasta peligrosos, en lugar de evitarlos. Dos semanas después, la paciente contaba: «Me encuentro muy bien y apenas siento palpitaciones. Mis temores han desaparecido del todo.» Unas semanas después de acabar las sesiones, aquella mujer relataba: «Ocasionalmente se presentan palpitaciones leves, pero cuando me pasa me digo: "Ahora mi corazón va a ir aún más deprisa", y en ese momento las palpitaciones cesan.»

La intención paradójica puede incluso usarse terapéuticamente en casos en que exista una base somática subyacente:

> El paciente estaba padeciendo un infarto coronario. En consecuencia, desarrolló angustia como respuesta psíquica a esta enfermedad somática, y esta angustia se hizo tan intensa que se convirtió en su dolencia principal. Comenzó a abandonar sus contactos sociales y profesionales; al final, no toleraba dejar el hospital donde lo habían asistido como paciente durante seis meses y donde podía recurrir de inmediato a un especialista del corazón. Finalmente, el paciente fue trasladado a nuestro hospital, donde la Dra. Gerda Becker inició con él un tratamiento de logoterapia. Lo que sigue es un breve resumen de los comentarios del paciente registrados en una cinta:
>
> «Me sentía muy ansioso y el dolor en la región cardial empezó a causarme de nuevo problemas. Entonces le pedí a la enfermera que llamara al doctor. Se detuvo un instante y me dijo que intentara que mi corazón latiera más deprisa y que *aumentara* el dolor y el miedo hasta que ella volviera un poco más tarde. Lo intenté y cuando volvió tras un cuarto de hora, tuve que confesarle que, con gran sorpresa mía, mi empresa había sido en vano: no había podido aumentar ni el dolor ni las palpitaciones, sino que, verdaderamente, ¡habían desaparecido!... Ani-

mado por este giro de los acontecimientos, dejé el hospital por espacio de una hora más o menos y fui a dar un paseo por las calle; algo que no había intentado hacía más de seis meses. Al entrar en unos almacenes, sentí unas ligeras palpitaciones, pero, tal como me había sugerido el médico, inmediatamente empecé a decirme: "Intenta sentir todavía más angustia!" De nuevo fue en vano; ¡simplemente no podía! Volví a la clínica feliz por haber conseguido salir a pasear solo.» Invitamos al paciente a que nos visitara seis meses más tarde, y nos contó que estaba libre de todas las dolencias y que, mientras tanto, había reiniciado su trabajo profesional.

Atendamos ahora al siguiente caso:

La señora H. R. había estado sufriendo durante catorce años cuando vino al hospital. Se sentía gravemente impedida por la compulsión a recontar y también por la de controlar si los cajones de su tocador estaban, o no, en perfecto orden y bien cerrados. Lo hacía continuamente, repasando el contenido de los cajones, cerrándolos con un rápido golpeteo de sus nudillos y, finalmente, procurando girar la llave en la cerradura varias veces. Al final, esta situación se hizo tan crónica que los nudillos se le amorataban y sangraban y estropeaba las llaves y las cerraduras del tocador.

El día de su admisión, la Dra. Eva Niebauer demostró a la paciente la manera de practicar la intención paradójica. Se le enseñó a echar las cosas sin cuidado alguno en el tocador y en el ropero, y a crear tanto desorden como le fuera posible. Tenía que decirse a sí misma: «¡Estos armarios han de estar tan desordenados como sea posible!» El resultado fue que, dos días después de su admisión, había desaparecido su compulsión a recontar y que, al cuarto día, ya no sintió necesidad alguna de controlar de nuevo su tocador. Hasta se olvidó de cerrarlo con llave, ¡algo que no había dejado de hacer durante décadas! Dieciséis días después de su hospitalización se sentía libre de toda dolencia y de cualquier síntoma, se mostraba orgullosa de sus logros y era capaz de realizar sus tareas domésticas sin compulsiones repetitivas. Admitía que volvían en ocasiones las ideas obsesivo-compulsivas, pero relataba que se sentía capaz de ignorarlas o de restarles importancia. De este modo superó las compulsiones no oponiéndose a ellas directamente (cosa que sólo las refuerza) sino, al contrario, «tomándolas a chanza»; en otras palabras, aplicando la intención paradójica.

Un hecho notable sobre este caso es que, después de que desaparecieran los síntomas, la paciente espontáneamente, durante una entrevista psicoterapéutica, revivió algunos recuerdos significativos. Recordaba que, cuando tenía cinco años, su hermano le había roto su muñeca preferida. A partir de aquel momento comenzó a cerrar sus juguetes en las cómodas. Cuando tenía quince años, sorprendió a su hermana poniéndose sus vestidos de fiesta sin permiso suyo. A partir de entonces guardó cerrando cuidadosamente toda su ropa. Por ello, aunque demos por supuesto que sus compulsiones enraizaban en esas experiencias traumáticas, lo que de verdad resultó terapéuticamente efectivo fue el *cambio de actitud* radical hacia sus síntomas.

En todo caso, conseguir que asomen a la superficie de la conciencia los traumas psíquicos no puede ser, *en sí mismo,* el tratamiento adecuado, por cuanto se trata de un método que no incluye este procedimiento que ha demostrado ser tan eficiente. Esto trae a la memoria una frase de Edith Weisskopf-Joelson en su artículo «Some comments on a Viennese School of Psychiatry» [Comentarios sobre una escuela vienesa de psiquiatría]: «Aunque la psicoterapia tradicional ha insistido en que las prácticas terapéuticas han de basarse en datos sobre la etiología, es posible que haya factores que puedan causar neurosis durante la primera infancia y que factores totalmente distintos puedan aliviar las neurosis durante la adultez»[7]. Los traumas simplemente suministran los contenidos de las obsesiones, compulsiones y fobias respectivas. Incluso los psicoanalistas se inclinan cada vez más a aceptar que los traumas en sí mismos no son causa directa de las neurosis. En algunos casos, me atrevería a decir que hasta lo opuesto es verdadero: los traumas no son la causa de la neurosis, sino que más bien son las neurosis las que hacen reaparecer los traumas. Un ejemplo puede servir para clarificar este punto. Un arrecife que aparece mientras hay marea baja no es la causa de que baje la marea; más bien es la marea baja la causa de que aparezca el arrecife. Sea como fuere, la terapia que empleamos debe ser independiente de la validez de los supuestos etiológicos de cualquier síntoma neurótico particular. En todo caso, es interesante observar que asociaciones más o menos «libres» que remiten a experiencias traumá-

7. En *The Journal of abnormal and Social Psychology,* 51 (1955) 701.

ticas que causaron determinados hábitos y síntomas pueden presentarse *después* de que la terapia haya producido alivio.

Así vemos que la intención paradójica funciona incluso en casos en que no se tocó la base *somática* real (el paciente con el infarto coronario) o la supuesta causa *psíquica* (el caso de la señora H. R.). La intención paradójica es efectiva independientemente de la base etiológica subyacente: en otras palabras, se trata de un método intrínsecamente inespecífico. Según la opinión del autor, basada en la experiencia clínica, en cualquier caso grave que suponga síntomas fóbicos hay que tener en cuenta una subestructura autónoma-endocrina o una subestructura anancástica. Sin embargo, esto no implica un punto de vista fatalista, pues una neurosis con todas las de la ley no es sino una superestructura construida sobre estos elementos constitucionales; puede muy bien ser que pueda aliviarse sin necesariamente remover, o hasta sin tener siquiera en cuenta, la base subyacente. Esa terapia es paliativa, más que causal. Lo cual no quiere decir, no obstante, que sea una terapia sintomática, pues la logoterapia, cuando aplica la intención paradójica, se preocupa no tanto del síntoma en sí como de la *actitud* del paciente hacia su neurosis y sus manifestaciones sintomáticas. Es este mismo acto de cambio de actitud lo que entra en escena siempre que se produce una mejoría.

Esta ausencia de especificidad ayuda a clarificar por qué la intención paradójica es a veces efectiva en casos graves. Quiero poner el acento en «a *veces*»; pues no quiero dar la impresión de que *siempre* se obtengan resultados benéficos, o de que la intención paradójica sea una panacea universal o un método milagroso. Por otro lado, estoy obligado a presentar con precisión el arco de su aplicabilidad y el grado de su efectividad. Me gustaría añadir, entre paréntesis, que el porcentaje de curaciones o de casos que han mejorado es algo superior (75,7%) a las cifras proporcionadas por la bibliografía[8].

La intención paradójica también puede aplicarse en casos más complejos que los de neurosis monosintomáticas. El siguiente caso de-

8. K. Kocourek, E. Niebauer y P. Polak, «Ergebnisse der klinischen Anwendung der Logotherapie», en *Handbuch der Neurosenlehre und Psychotherapie,* ed. por V. E. Frankl, V. E von Gebsattel y J. H. Schultz, vol. III, Urban und Schwarzenberg, Múnich-Berlín 1959.

mostrará que hasta situaciones de neurosis graves de carácter obsesivo-compulsivo (nombradas en la terminología clínica alemana como estructuras de carácter anancástico) pueden considerarse adecuadas a ser beneficiosamente tratadas por la intención paradójica.

La paciente era una mujer mayor de sesenta y cinco años de edad, que había padecido durante sesenta años una compulsión a lavarse tan grave, que se la admitió a nuestra clínica para un período de observación a fin de que yo pudiera certificar la necesidad de una lobotomía (que yo creía era el único procedimiento que quedaba para proporcionar alivio en su caso)[9]. Sus síntomas comenzaron cuando tenía cuatro años de edad. Cuando se le impedía dedicarse a su compulsión de lavarse, llegaba hasta a lamerse las manos. Más tarde pasó a temer constantemente contagiarse por gente que padeciera enfermedades de piel. Nunca tocaba los tiradores de las puertas. Sometía también el bastón de su marido a un complicado ritual profiláctico. Durante mucho tiempo le había sido imposible a la paciente llevar a cabo alguna tarea doméstica y, finalmente, tuvo que permanecer en cama todo el día. Sin embargo, incluso en cama persistía restregando cosas con un trapo, hasta doscientas o trescientas veces o más, y obligando a su marido a que lavara repetidamente la ropa. «La vida era para mí un infierno», confesó.

Con la esperanza de evitar una cirugía cerebral, mi ayudante, la doctora Eva Niebauer, inició un tratamiento logoterapéutico recurriendo a la intención paradójica. El resultado fue que nueve días después de su admisión, la paciente comenzó a ayudar en la sala remendando las medias de sus compañeras pacientes, colaborando con las enfermeras a limpiar las mesas instrumentales y lavar las jeringas y, finalmente, ¡hasta vaciando cubos de materiales de desecho pútridos y sangrientos!. Trece días después de su admisión, se marchó a su casa por unas horas y, al volver al hospital, comentó triunfante haberse comido un panecillo con las manos sucias. Dos meses más tarde era capaz de llevar una vida normal.

No sería correcto decir que se encuentra completamente libre de sus síntomas, pues a menudo pasan por su cabeza ideas obsesivo-compul-

9. En relación con esto, quisiera acentuar mi convicción de que en ciertos casos esta operación es la única manera de ayudar. Me he aventurado a dar estas indicaciones en unos pocos casos y no he tenido que lamentar nunca la decisión tomada.

sivas. Sin embargo, ha sido capaz de conseguir alivio dejando de luchar contra los síntomas (luchar no hace más que reforzarlos), simplemente practicando la ironía al respecto, en suma, aplicando la intención paradójica. Hasta es capaz de bromear acerca de sus pensamientos patológicos. Esta paciente mantenía todavía contacto con la clínica para pacientes externos, pues continuaba necesitando logoterapia de mantenimiento. Persistía, no obstante, la mejoría de su estado y, por ello, se hizo innecesaria la lobotomía que, previamente, había parecido inevitable.

El autor ha incluido una serie de casos que fueron tratados por sus colaboradores más que por él mismo. No es algo accidental. Sirve para indicar que es el método lo que funciona, y no la personalidad del creador del método (aunque, como indiqué anteriormente, el factor personal no debe descuidarse).

El lector habrá notado indudablemente, en relación con los relatos de casos ahora citados, que la intención paradójica es particularmente útil en cuanto terapia a corto plazo, especialmente en casos de fobia[10] con un mecanismo subyacente de angustia de expectación. El siguiente es un ejemplo notable de esta terapia a corto plazo que tuvo éxito a pesar de unas manifestaciones patológicas de larga duración. Tomo el ejemplo de un relato de la paciente, la señora Rosa L., registrado en cinta magnetofónica.

«Una vez olvidé cerrar la puerta y, al volver a casa, la encontré abierta. Aquello me atemorizó mucho. En adelante, siempre que salía de casa, me era imposible evitar la sensación de que la puerta todavía permanecía abierta. Tenía que volver a controlarla una y otra vez. Esto duró veinte años. Sabía que se trataba de una obsesión tonta, pues cada vez que volvía atrás la puerta estaba cerrada, pero no podía al parecer dejar de obedecer el impulso. La vida me era insoportable. Desde mi entrevista con el Dr. Becker, sin embargo, las cosas han cambiado por

10. Por lo menos en algunas ocasiones, la intención paradójica parece ser efectiva también en casos de psicosis; por ejemplo, una paciente de nuestro hospital refirió a uno de los doctores de la primera entrevista que había leído algo acerca de la intención paradójica y que se la había aplicado con éxito con relación a unas «voces» que ella oía. ¡Había tomado por neurosis sus alucinaciones acústicas!

completo. Siempre que siento la compulsión de comprobar si la puerta está cerrada o no me digo a mí misma: "¡Y qué si la puerta *está* abierta! ¡Que me roben todo lo que quieran del piso!" y, en este momento, soy capaz de ignorar el impulso y de seguir tranquilamente mi camino.»

Tres meses más tarde la invitamos a que nos contara su estado. Dijo: «Me siento maravillosamente bien; ni la más ligera obsesión. No puedo siquiera imaginarme cómo pude tener todos estos pensamientos en los años pasados. *Durante veinte largos años* sufrí su tormento, pero ahora han desaparecido y me siento muy feliz.»

Tendríamos que tener cuidado de no dar la impresión, mantenida en muchos círculos psicoterapéuticos, de que la terapia a corto plazo produce necesariamente resultados perecederos. Los siguientes fragmentos, tomados de otras grabaciones, ilustrarán este punto:

«No había prácticamente ni un solo minuto del día que no tuviera el pensamiento de romper los vidrios de un escaparate. Pero el Dr. Frankl me dijo que me fuera directamente a la ventana con la intención de romper los cristales. Al intentarlo, desapareció por completo el miedo, y supe que no iba a llevarlo a efecto. Ahora todo me parece un sueño; se han desvanecido todos los impulsos y temores de hacer estas cosas.»

Lo digno de ser notado de este relato es que se registró veinte años después del tratamiento.

En relación con la terapia a corto plazo, me gustaría citar las afirmaciones de Gutheil sobre «las más comunes ilusiones de la ortodoxia freudiana, como la de que la duración de la terapia es sinónimo de profundidad en la terapia, que la profundidad de la terapia depende de la frecuencia de las entrevistas; que el resultado de la terapia es proporcional a la duración y a la profundidad del tratamiento; que la perdurabilidad de los resultados se corresponde con la duración de la terapia»[11]. Esta advertencia puede poner de relieve el hecho de que

11. E. A. Gutheil, discusión sobre «Emergency methods of psychotherapy», de Joost A. M. Meerloo, en «Proceedings of the Association for the Advancement of Psychotherapy», en *American Journal of Psychotherapy*, 10 (1956) 134.

la intención paradójica no es tan superficial como pueda parecer a primera vista. Algo sucede ciertamente a un nivel más profundo mientras se está aplicando. Así como los síntomas fóbicos se originan por debajo de la superficie de la conciencia, así también la intención paradójica parece afectar al nivel más profundo. Las formulaciones humorísticas de su método se basan en el restablecimiento de la confianza básica en el ser *(Urvertrauen zum Dasein)*[12]. Lo que transpira es esencialmente más que un cambio de pautas de conducta; más bien, se trata de un cambio en la orientación existencial *(existentielle Umstellung).*

En este sentido la intención paradójica representa un auténtico «procedimiento logoterapéutico en el sentido más auténtico del término»[13]. Jorge Marcelo David, un logoterapeuta argentino, ha puesto de relieve que su uso se basa en lo que se denomina, en términos logoterapéuticos, antagonismo psiconoético (o, a veces, *Die Trotzmacht des Geistes*), que se refiere a la capacidad específicamente humana de distanciarse uno mismo no sólo del mundo, sino también de uno mismo. La intención paradójica moviliza esta potencialidad básica humana con el propósito terapéutico de combatir las neurosis.

Evidentemente, estamos obligados a encontrar diferencias individuales en el grado con que puede aplicarse esta habilidad. No puede utilizarse de forma indiscriminada, y el terapeuta debe ser consciente de su limitación en relación con determinados pacientes y situaciones[14]. Sería sin duda deseable establecer criterios para evaluar si y hasta qué punto un paciente específico puede movilizar su propio antagonismo psiconoético. En todo caso, estos procedimientos de testado no se ha diseñado todavía. El autor insiste en creer que esta capacidad está presente en todo ser humano, dado que se trata de un rasgo esencial del ser humano.

Con la intención paradójica entramos en la dimensión noética en cuanto dimensión característica y constitutiva de la existencia huma-

12. V. E. Frankl, *Das Menschenbild der Seelenheilkunde, Drei Vorlesungen zur Kritik des dynamischen Pychologismus,* Hippokrates-Verlag, Stuttgart 1959; p. 41.

13. Edith Weisskopf-Joelson, «Logotherapy and existential analysis», en *Acta Psychotherapeutica,* 6 (1958) 193.

14. V. E. Frankl, en *Critical incidents in psychotherapy,* ed. por S. W. Standal y R. J. Corsini, Prentice-Hall, Inc., Englewood Cliffs, N. J. 1959.

na. Vista desde el punto de vista de las doctrinas logoterapéuticas, esta dimensión, la esfera de lo espiritual, comprende más que sólo los procesos racionales o intelectuales, aunque están éstos ciertamente incluidos. Debido a esta inclusión, podemos valorar la afirmación de Gutheil hecha en su último artículo, «Problems of therapy in obsessive-compulsive neurosis» [Problemas de terapia en neurosis obsesivo-compulsivas], a saber, que «han de introducirse nuevos medios terapéuticos... Apelar a la razón, infructuoso como pueda ser en otros casos, resulta prometedor en casos de neurosis obsesivo-compulsivas en las que la racionalización y la intelectualización desempeña tan importante papel»[15].

Esto, a su vez, lleva a otra cuestión; a saber, si la intención paradójica pertenece, o no, a uno de los métodos de persuasión, como, por ejemplo, el de Paul Dubois. En realidad, como no se sugiere simplemente que el paciente suprima sus miedos (con la convicción racional de que carecen de fundamento), sino más bien que los supere exagerándolos, la intención paradójica es exactamente lo opuesto a la persuasión. A Polak[16] debemos que no haya llamado la atención sobre la disparidad esencial entre intención paradójica y técnicas sugestivas.

Como se ha mencionado antes, la intención paradójica puede aplicarse también a casos de trastornos del sueño. El miedo al insomnio aumenta los trastornos del sueño, porque la angustia de expectación completa y perpetúa el círculo vicioso. Aparte de esto, se convierte en una intención forzada de dormir, que le imposibilita al paciente conseguirlo. Dubois, el famoso psiquiatra francés, comparó una vez el sueño a una paloma que aterriza cerca de nuestra mano y allí se queda siempre y cuando no le dediquemos atención alguna; si tratamos de agarrarla, alza rápidamente el vuelo y se escapa. ¿Pero cómo podemos eliminar la angustia de expectación, que es la base patológica de la intención forzada? Para bajar los humos a esta expectativa temerosa específica, aconsejamos al paciente que no intente forzar el sueño, dado que el organismo se asegurará automáticamente la cantidad necesaria

15. En *American Journal of Psychotherapy,* 13 (1959) 793.

16. Paul Polak, *Frankls Existenzanalyse in ihrer Bedeutung für Anthropologie und Psychotherapy,* Tyrolia-Verlag, Innsbruck 1949.

de sueño. Por consiguiente, puede intentar ciertamente hacer justo lo contrario: permanecer despierto tanto tiempo como le sea posible. En otras palabras, la intención forzada de iniciar el sueño, surgida de la angustia de expectación de no ser capaz de dormirse, ¡deberá ser reemplazada por la intención paradójica de no dormirse para nada! (A lo que seguirá, rápidamente, el sueño)[17].

En años recientes, el uso de la intención paradójica ha sido cada vez más citado en la bibliografía. Autores de diversos países, así como aquellos que colaboran en el trabajo que lleva a cabo el Departamento de Neurología del Policlínico de Viena, han publicado resultados de la aplicación clínica de esta técnica. Además del citado David (Buenos Aires) hay que mencionar a los ayudantes del profesor Kretschmer (Clínica universitaria psiquiátrica de Tubinga), Langen y Volhard, y Prill (Clínica universitaria ginecológica de Würzburg), y Rehder (Hamburgo), El profesor Bazzi (Universidad de Roma) ha elaborado incluso indicadores especiales para que los psiquiatras puedan distinguir entre los casos en los que puede aplicarse la intención paradójica y aquellos en que resulta más indicado el método de instrucción autógena de Schultz[18]. En el Congreso Internacional de Psicoterapia, celebrado en Barcelona en 1958, Ledermann (Londres) declaraba: «Los resultados [en logoterapia] no pueden negarse. He visto que el método es útil en casos de neurosis obsesiva.» Frick (Bolzano, Italia) va todavía más allá cuando establece que hay casos de neurosis obsesivo-compulsivas en los que un procedimiento logoterapéutico es la «única vía terapéutica». Refiere también algunos casos suyos en los que

17. Es digno de observarse que este procedimiento, en casos de insomnio, ha sido posteriormente trabajado por otros dos investigadores en este campo. Uno advierte a sus pacientes que mantengan los ojos abiertos tanto tiempo como puedan, mientras que el otro recomienda al médico que trabaja con pacientes hospitalizados que hagan que los pacientes le den al despertador cada cuarto de hora. Refiere que, tras unos pocos intervalos de un cuarto de hora, los pacientes sucumben a la fatiga creciente y a la somnolencia.

18. T. Bazzi, «Considérations sur les limitations et les conditions de la logothérapie», trabajo leído en el Cuarto Congreso Internacional de Psicoterapia, Barcelona (España) 1958.

el tratamiento de electrochoque fue inútil, y sólo sirvió la logoterapia como *ultima ratio*. El profesor López-Ibor (Universidad de Madrid) hace una afirmación similar.

Entre mis colaboradores, además de mis ayudantes, Kocourek y Niebauer, que han publicado artículos sobre la intención paradójica, hubo un psicoanalista cuya instrucción y orientación era estrictamente freudiana. Durante un año se ocupó de casi todos los casos de trastornos sexuales en la sala de pacientes externos de nuestro hospital y, siempre que pareció indicada la terapia a corto plazo, recurrió exclusivamente a procedimientos logoterapéuticos. Su experiencia está resumida en un trabajo en el que colaboramos nosotros y que él leyó en un congreso de sexología en Alemania.

Anteriormente dejé establecido que la angustia de expectación va acompañada de una compulsión a la autoobservación y que en la etiología de la neurosis a menudo observamos un exceso de atención o de intención. Esto puede decirse de un modo especial del insomnio, donde la intención forzada de dormir va acompañada de la atención forzada a observar si la intención consigue ser efectiva o no. Esta atención se aplica, por tanto, a perpetuar el estado de vigilia.

En relación con este fenómeno, la logoterapia incluye un diseño terapéutico conocido como «de-reflexión». Si la intención paradójica está diseñada para contrarrestar la angustia de expectación, la de-reflexión lo está para contrarrestar la inclinación compulsiva a la autoobseración. En otras palabras, lo que en estos casos ha de conseguirse es más que el intento de *ridiculizar* el trastorno usando la intención paradójica y su formulación humorística; hay que ser además capaz de *ignorar* el trastorno hasta cierto punto. Esa ignorancia, o de-reflexión, sin embargo, sólo puede conseguirse en la medida en que la conciencia del paciente se orienta hacia aspectos positivos. La de-reflexión, en sí misma, contiene aspectos positivos y negativos. El paciente ha de ser de-reflejado *de* su angustia de expectación *hacia* alguna otra cosa. Esta opinión la comparte Allport, que ha dicho: «A medida que el foco del esfuerzo pasa del conflicto a objetivos desinteresados, la vida en general se vuelve más sana, aun cuando la neurosis no pueda desaparecer del todo»[19]. Estos

19. G. W. Allport, *The individual and his religion,* p. 95.

objetivos pueden descubrirse mediante un cierto tipo de procedimientos de análisis que llamamos *Existenzanalyse*[20]. De este modo el paciente puede descubrir el sentido concreto de su existencia personal[21].

Revisemos[22], como conclusión, las indicaciones de la intención paradójica desde la perspectiva de cuatro pautas características de respuesta a los problemas neuróticos que presenta la logoterapia:

1. *Pasividad incorrecta.* Se refiere a la pauta de conducta que puede observarse en casos de neurosis de angustia o de estados fóbicos o de ambas cosas a la vez. Es la evitación de aquellas situaciones en las que el paciente, debido a su angustia de expectación, espera que le ocurran los miedos. En este caso, tenemos que tratar de la «huida del miedo» –normalmente, del miedo a un colapso en plena calle o a tener un ataque de corazón.

2. *Actividad incorrecta.* Esta pauta de conducta es característica, en primer lugar, de la neurosis obsesivo-compulsiva. El individuo, en vez de intentar evitar las situaciones de conflicto, *lucha* contra sus ideas obsesivas y sus compulsiones neuróticas, con lo que las refuerza. Esta lucha la motivan dos miedos básicos: (a) miedo a que las ideas obsesivas indiquen un estado psicótico, actual o inminente, y (b) miedo a que las compulsiones un día u otro se conviertan en intentos de suicidio o de homicidio. En las neurosis sexuales, puede observarse otro aspecto de la «actividad incorrecta», a saber, la lucha por algo más que la lucha *contra* algo, el esforzarse por conseguir el orgasmo o mostrar la potencia. La motivación subyacente es por lo común la siguiente: el paciente cree que se le «exige» una ejecución sexual competente, sea

20. V. E. Frankl, «Zur Grundlegung einer Existenzanalyse», en *Schweizerische medizinische Wochenschrift,* 69 (1939) 707; K. Dienelt, *Die Existenzanalyse V. E. Frankls und ihre Bedeutung für die Erziehung,* Österreichischer Bundesverlag, Viena 1955; Paul Polak, «Frankl's existential analysis», en *American Journal of Psychotherapy,* 3 (1949) 517.

21. V. E. Frankl, «Logos and existence in psychotherapy», en *American Journal of Psychotherapy,* 7 (1953) 8.

22. V. E. Frankl, «Logotherapy and existential analysis», en *American Journal of Psychotherapy,* 20 (1960) 252.

por parte del compañero o por la situación o porque se lo impone él mismo, en el suceso que, por así decir, «ha programado» para aquella ocasión. Por razón de esta verdadera «persecución de la felicidad», el individuo sexualmente neurótico zozobra igual que lo hace el neurótico obsesivo-compulsivo, debido a respuestas que son inapropiadas a la situación; la presión precipita contrapresión.

En contraste con estas pautas de conducta negativas «incorrectas», hay otras dos positivas, normales:

3. *Pasividad correcta.* Es el caso en que el paciente, mediante la intención paradójica, ridiculiza sus síntomas en lugar de huir de ellos (fobias) o de luchar contra ellos (compulsiones obsesivas).

4. *Actividad correcta.* Por medio de la de-reflexión, el paciente es capaz de ignorar su neurosis centrando su atención fuera de sí mismo. Se orienta a una vida llena de sentidos potenciales y de valores que lanzan una llamada específica a sus potencialidades personales.

Aparte de este aspecto personal, hay también un factor social. Cada vez más conocemos a individuos que sufren lo que la logoterapia llama el «vacío existencial» del hombre. Estos pacientes se quejan de que sienten una total y definitiva falta de sentido en sus vidas. Desarrollan una desolación y un vacío internos en el que los síntomas neuróticos pueden multiplicarse con facilidad. Llenar este vacío puede ayudar a que el paciente supere su neurosis haciéndole consciente de todo el espectro de posibilidades concretas y personales de sentido y de valor o, en otras palabras, enfrentándole con el *logos* de su existencia.

Sumario

En el marco de la logoterapia o del análisis existencial (*Existenzanalyse*), se ha desarrollado una técnica específica para tratar los estados obsesivos, compulsivos y fóbicos. Este procedimiento, llamado intención paradójica, se basa en el hecho de que cierta parte del origen patógeno de fobias y de neurosis obsesivo-compulsivas se deben a un aumento de la angustia y de la compulsión causado por la empresa de evitarlas o de luchar contra ellas. La intención paradójica consiste en un cambio de la actitud del paciente hacia sus síntomas, que le capacita a distanciarse de su neurosis. Esta técnica moviliza lo que en logoterapia se llama el antagonismo psiconoético, es decir, la capacidad específicamente humana de autodistanciamiento. La intención paradójica presta de por sí una particular terapia a corto plazo, especialmente en casos con un mecanismo subyacente de angustia de expectación.

XIII
PSICOTERAPIA, ARTE Y RELIGIÓN[1]

Es tarea de la logoterapia sacar a la luz la lucha espiritual del individuo; por consiguiente, debemos preguntarnos de qué trata esta lucha, ¿Qué hace que el paciente neurótico busque, en esta lucha, ayuda psicoterapéutica? La siguiente historia clínica muestra cómo, durante un tratamiento logoterapéutico, surgió la respuesta a esta pregunta.

Dos puntos importantes deben tenerse presentes en este estudio. En primer lugar, si un artista se vuelve psicótico y, no obstante, continúa su producción artística, lo hace a pesar de su psicosis, nunca por causa de ella. Una enfermedad nunca es productiva, una enfermedad como tal nunca es creativa. Sólo el espíritu humano puede ser creativo, nunca puede serlo una enfermedad del espíritu. Y, con todo, enfrentado al terrible sino de la enfermedad mental, el espíritu humano puede conseguir lo definitivo en habilidad creadora. Asimismo, lo inverso también es verdad. Así como no podemos dotar a la enfermedad como tal de capacidad creadora, tampoco debemos recorrer al hecho de una enfermedad mental como argumento contra el valor artístico de una obra de arte. Nunca es competencia de un psiquiatra juzgar acerca de lo que tiene valor y de lo que no lo tiene, de lo que es verdadero y de lo que es falso, de si la concepción del mundo de Nietzsche es verdadera o de si los poemas de Hölderlin son bellos.

La paciente, cuyo historial médico y cuyo tratamiento presentamos ahora, luchaba por dos cosas: por su trabajo y por Dios. Debemos tener en cuenta que el problema religioso no era manifiesto al comienzo

1. Traducción de Judith y Joseph Fabry.

del tratamiento, sino que brotó de forma espontánea en el transcurso del mismo. Esto aporta una prueba adicional de la validez de la afirmación hecha por mí en otra parte: el médico no tiene ni el deber moral ni el derecho de interferir en la concepción del mundo del paciente (puesto que esta interferencia no sería más que un dictado en virtud de la autoridad del médico). Prueba además que la psicoterapia, manejada correctamente, evocará cierta religiosidad del paciente, aún cuando esa religiosidad estuviera durmiendo y para nada fuera intención del terapeuta evocarla.

Nuestro caso trata de una mujer de mediana edad, artista de profesión. Las dolencias que originariamente la obligaron a buscar ayuda médica se referían a una permanente «falta de contacto con la vida». «De alguna manera todo es fraude», declaró la paciente. «Necesito urgentemente que alguien me ayude a salir de este círculo vicioso», escribía en una autoevaluación. «Me ahogo en un enorme silencio. El desorden de mi alma no para de crecer. Llega el momento en que uno comprueba que la vida no tiene contenido, todo carece de sentido, y no encuentra el modo de salir de las ruinas. Pero yo quiero encontrar un sentido nuevo en mi vida.»

Según todas las apariencias externas, la paciente parecía tener una vida perfectamente ajustada, incluso en el aspecto social; pero ella se daba cuenta de cuan superficiales eran sus éxitos sociales, artísticos y eróticos. Comentaba: «En este momento puedo existir sólo porque voy a un ritmo veloz. Invitaciones, conciertos, hombres, libros, todo... Cuando esta sucesión de impresiones disminuye o para, me veo frente a un abismo de vacuidad y desespero. El teatro no es sino otro escape. Mis pinturas (la única actividad que realmente me interesa) me asustan hasta los huesos –¡igual que cualquier otra experiencia profunda! Tan pronto como deseo algo intensamente, tiene que ir mal. Todo lo que amo lo destruyo –siempre. Ya no me atrevo a querer a nadie. La próxima vez que ocurra esta destrucción realmente me cuelgo.»

El tratamiento de una neurosis de este tipo debe empezar orientando la atención del paciente hacia el fatalismo neurótico típico: en una conversación genérica se la ayudó a entender este fatalismo, y cuan lejos se encontraba de estar libre de su pasado y de sus influencias, no sólo «libre de» las antiguas inhibiciones, sino también «libre para» hallar su sentido especial y personal de la vida en toda su singularidad, y para hallar su «estilo personal» en todas sus expresiones artísticas.

Cuando se le preguntó por sus principios artísticos, respondió: «No tengo ninguno, excepto quizás éste: ¡honestidad absoluta!» Y luego: «Pinto porque me siento impulsada a hacerlo, porque *debo* pintar. A veces, incluso estoy obsesionada por hacerlo.» Y en otra ocasión dijo: «Ignoro completamente por qué pinto; todo cuanto sé es que tengo que pintar y por esto lo hago.» Detrás de estas explicaciones de la paciente no había ningún flirteo juguetón con el impulso que la obligaba a crear: no estaba ella «enamorada» de este fenómeno que parecía cercano a una enfermedad; se decía a sí misma: «Tengo *miedo* de esta obsesión.» Pero persistía el hecho: «No es cuestión de por qué o de para qué –sólo de ganas y de inhibiciones.» Hasta cierto punto, ella era consciente de la «actividad» de su inconsciente, de su crear desde su propio inconsciente. Declaraba: «No sé hacer otra cosa que continuar trabajando, probar, descartar y probar de nuevo. No sé nada, por ejemplo, de selección de colores, excepto que esto no depende del ánimo del pintor. ¡La selección se hace en niveles muchos más profundos!»

Luego siguieron dolencias que más tarde iban a llevarla por un camino con resultados terapéuticos: «A menudo sueño que acabo pinturas que me satisfacen en el sueño, pero que nunca soy capaz de reproducir estando despierta.» Aquí había una pista que el terapeuta podía seguir. En otra ocasión la paciente dijo con pasión: «Quiero encontrar la pintura a la que pueda decir "sí" con todo mi corazón. Tengo que escapar de la fuerza de la costumbre, parar ese continuo copiarme a mi misma. Tengo que hacer aflorar a mi conciencia esas creaciones de formas que habitan en mi interior.» Un día se preguntó espontáneamente: «Me gustaría saber si se puede ser creativa bajo hipnosis; si pudiera, entonces liberaría, por ejemplo, mis propias experiencias y les daría la forma de obras de arte.» Se declaró interesada en hacer conscientes impresiones pasadas. Su conciencia artística, su autocontrol, incluso su desconfianza en su propia capacidad artística se habían agudizado tanto que llegó a preguntarse: «Me gustaría saber hasta qué punto los surrealistas estafan. Sus llamadas pinturas automáticas no son para nada distintas de las conscientes.»

La paciente hablaba de sueños de composiciones en color que era incapaz de reconstruir cuando despertaba. En este momento se hizo necesario referirse a su vida de sueños inconscientes; de modo que recurrimos a una forma modificada de los ejercicios de relajación sistemática («instrucción autógena») desarrollada por J. H. Schultz. La paciente describía lo que había experimentado inmediatamente después: «Un sentimiento de gran claridad. Se tiene menos conciencia de una misma –pero todos los objetos parecen más nítidos. Un sentimiento de lozanía, como si se hubiera apartado un velo de mis ojos. Esto es completamente nuevo. Ahora estoy echada sobre el diván. Sillón, papelera, la sombra del escritorio –todo es nítido... Estoy dibujando...» Ésas fueran las notas que la paciente puso luego por escrito.

La noche siguiente tuvo sueños de formas y colores. «Mi mano derecha alcanza un lápiz», escribió. «Algo en mí me dice que empiece a dibujar. Esto me despertó varias veces. Finalmente intenté calmarme. Entonces dormí muy tranquilamente, hasta las nueve.»

Siguiendo la fórmula de Schultz para llevar a cabo resoluciones, y usando también órdenes poshipnóticas, la paciente comenzó a pintar por la tarde siguiente. Luego contó: «Esbozo de paisaje... Después de media hora de pintar, súbitamente me di cuenta de que había estado trabajando de un modo automático. Un sentimiento definido de compulsión... Noto que estoy pintando algo totalmente diferente de lo que pensaba que quería. Una sensación de impotencia... Lucho contra esta compulsión –no quiero sucumbir a ella. La última fase: cierta pintura automática que se alterna con un resto de valoración crítica y de pintura consciente, y vuelta de nuevo a la pintura automática.»

Luego la anotación: «Ojos cerrados, lápiz en la mano, estoy esperando pintar cuadros. Un cuadrado rosa, una media luna creciente blanca, óvalo violeta oscuro, y de repente la imagen de un perfil femenino: un poderoso claroscuro. Y pinto –medio consciente. Veo claramente delineadas formas de color que luego mi mano traza. Tengo la sensación que las veo sobre la tela, pero no estoy del todo segura. En mis cuadros anteriores no podía ni siquiera decir en qué momento exacto ponía mis visiones sobre la tela. Pero en este momento hay una diferencia clara en este pintar mío consciente. Las imágenes son mucho más definidas y a veces pinto compulsivamente. Me siento muy dispuesta y me dejo llevar; a veces observo el cuadro con ojos críticos y me siento feliz. Cuando coloqué la pintura en un marco más pequeño recortándola por arriba y por abajo, de repente me sentí libre, luminosa y clara.»

Al día siguiente: «¡Me gusta este cuadro! Puedo ver dos nuevos comienzos en la pintura. Primero, la composición y luego el tratamiento de mi imagen. La composición del color es como la que deseaba para la primera pintura "automática", pero que no supe llevar a cabo. La pintura ahora es muy armoniosa.» Luego: «Un historiador de arte, un especialista en arte moderno vio hoy mi cuadro. Dijo: "Es una pintura equilibrada; es perfecta en su composición de color; es armoniosa –¡diferente de su trabajo habitual!"»

Luego la recaída. En sus notas decía: «No me encuentro bien; pinto tan mal como todos los demás. No sé qué hacer: ¿Cómo puedo arrancar de mi alma las imágenes personales? Ejercicios de relajamiento con el doctor F. Alivio inmediato de la tensión –en realidad estoy flotando... Veo trozos de cuadros. Oh, rendirme a los colores que nacen en mí, pintar... ¡Pintaré! Pinto –puedo oler los colores. No puedo esperar llegar a casa y trabajar. Quiero marchar y comenzar a pintar. Corro a casa. Más fragmentos de cuadros; comienzo bocetos –no los termino; no siento inspiración –los colores son interesantes pero no se relacionan en el espacio. Oscurece. Tengo que parar; tengo cosas por hacer en la cocina. Tan pronto como llego a la cocina, puedo ver. El rodillo junto al cuenco: una excitante relación de curvas y rectas –¡el entrelazamiento de líneas que he estado buscando durante días! ¿Por qué no consigo hacerlo? Porque *quiero* hacerlo, probablemente.» Al día siguiente: «He estado practicando regularmente en casa. Pero no consigo pintar. Me siento inhibida, vacía, fría.» Pero luego añade: «Hoy el Dr. F. me ha recomendado, una vez más, practicar yo sola. Tengo dos cuerpos; me he separado de mi peso; lo siento debajo y floto arriba, por el techo...»

«Mañana podré ver con ojos de artista –mañana experimentaré nuevas relaciones entre colores y formas –y los obstáculos desaparecerán.» Dice luego: «He dormido bien... He practicado por la mañana. La misma decisión que ayer. De repente, ¡cuadros! Luego me he sentido renovada y optimista. Por la mañana, malas noticias de América, y de repente se derrumba todo. He perdido todo el apoyo, estoy completamente sola, nada tiene sentido. ¿A qué puedo agarrarme? Los amigos se están yendo. Y yo no sé rezar. Echarme y morir... Dios comprenderá. Pero no debo. Cosa extraña: precisamente hoy me siento artista. Trabajo un poco. Pero una y otra vez vuelve este colapso interno. Es insoportable.... De alguna manera, quiero sobrellevar mi humanidad con dignidad. Rendirme a Dios, del todo, profundamente... Pero no puedo hacerlo. No sirve para nada. ¡Todo está perdido! ¿Otro ejercicio de relajamiento? Pero no consigo hacer el cambio. De todos modos, ahora me calmo.»

De modo que la crisis continuaba: «Ejercicio. Finalmente, después de media hora, un ligero trance. Mi resolución se formula así: nada importa; sólo importa pintar –y Dios. Podré rezar; podré pintar; yo sola, con Dios y con mi pintura... Mañana y tarde los mismos ejercicios.» Y un día más después: «Ejercicio. El trance llega pronto. Un aire cálido y azul me invade –mi antebrazo siente su propio peso sobre el colchón... Resolución: las imágenes que he experimentado han de volver a ser libres; esas imágenes tanto tiempo olvidadas de rara belleza. Las vuelvo a ver –mis impresiones más personales. Y esta vez de un modo tan claro que les puedo dar forma. Dibujé toda la tarde; viendo como ven los artistas. Muchas ideas, pero en tan rápida sucesión que no podía detenerlas. Muy optimista; gozosamente excitada. Nada dormida.» Y al día siguiente: «Surgen en mí continuamente imágenes. Pero tengo que recibir a invitados, responder al teléfono –¡demasiado ajetreo! Pero mientras tanto, he pintado los paisajes, ¡verdaderamente los mejores! A una velocidad de locura, "se pintaban solos". Terriblemente feliz. Tan pronto como cierro los ojos, una imagen persigue a otra; recuerdos y pinturas que se presentan nuevas de cosas recién vistas. También composiciones de cuadros –armonías de color muy complicadas. Todo se mueve tan deprisa que apenas puedo retenerlo. Para relajarme, un ejercicio ante de irme a la cama. Al día siguiente las imágenes continúan. ¡Soy realmente feliz! Gracias a Dios... La vida es bella. Las imágenes se mueven como un fotograma de un film, y yo duermo maravillosamente. Por la mañana me siente renovada, saludable, llena de vitalidad. Hoy he hecho ejercicios. Sentimiento inmediato de estar flotando. Una especie de transfiguración: yo soy luz... ¡Qué maravilloso es no ser más luz! Es tan maravilloso que en el ejercicio de hoy no planifico nada. Ni sé cuánto tiempo duró –de todos modos, luego he trabajado mejor. Cuadro no acabado del todo –tengo tiempo. Me siento muy tranquila, muy feliz...»

Después de meses en los que la paciente estuvo claramente productiva y durante los cuales sólo necesitó unas pocas consultas con el terapeuta, explicó: «N. N. [un famoso critico de arte] estaba mirando los diez cuadros y escogió uno de ellos como el mejor nunca hecho por mí. Hablaba de una visión muy personal y decía: "Estos cuadros son verdadero arte; tienen mucha más fuerza y son más personales que sus cuadros de antes de la guerra; tienen profundidad –los otros no llegaban a tenerla. Todo es independiente, auténtico y honesto; sólo aquí y allá una huella naturalista". En las primeras semanas de terapia hubo sólo unas cuantas "explosiones" y no me fue posible trabajar de un modo regular, pero ahora puedo trabajar de acuerdo con un horario regular; de nuevo tengo esos días de trabajo como antes de la guerra, claros y seguros, incluso sin trance. Se han estabilizado los hábitos de trabajo y, diría, con claridad de conciencia, que puedo considerar que el tratamiento ha acabado y ha tenido éxito. Sólo ahora, que tengo que hacer frente a dificultades externas graves, veo lo bien que me ha ido la terapia. Ni siento desesperación, ni disgusto, ni estoy llena de angustia, ni reclamo que me tengan simpatía; incluso si estoy sola, y sé que nadie va a ayudarme... Pero lo tomo como una prueba y me las arreglo como puedo. Dios me mira –aunque decir esto quizás sea presuntuoso. Me he enriquecido muchísimo. Luego que comencé a entender, el tratamiento eliminaba un obstáculo tras otro, y las cosas se soltaban. La terapia me dio lo mejor que uno puede esperar.»

Pese a un grado casi patológico de autocriticismo, la paciente se mostraba satisfecha con su obra reciente. De nuevo se sentía capaz. Ocasionalmente practicó ejercicios de relajación en su casa; cuando se le preguntó por sus resoluciones ofreció esta fórmula: «Que todo se libere –que se hagan conscientes mis experiencias más personales de forma y color –y que sea capaz de ponerlas sobre la tela.»

Ahora que se ha restaurado su capacidad para trabajar, salió a la superficie un segundo problema, latente en la paciente hasta ese momento. A partir de este momento, la logoterapia tuvo que ir más allá del estadio que había alcanzado hasta entonces; pues si hasta este punto la terapia había sido algo así como la comadrona de la artista, ahora tenía que convertirse en la comadrona del espíritu de la paciente. Pues entonces fue tarea de la logoterapia clarificar o, quizás, ayudar a la paciente en su lucha con los problemas religiosos que ella había desarrollado de un modo totalmente espontáneo durante este período. Podría formularse la situación de la psicoterapia en este momento como sigue: de las dos partes del lema benedictino, *ora et labora,* se había realizado la segunda, pero quedaba por realizar todavía la primera.

Las notas de la paciente durante ese período contenían este pasaje: «Hoy, al alba, después de un sueño profundo, me desperté de repente. El primer pensamiento: Dios me ha hecho caer de rodillas. Una vez más siento la pérdida de mi marido y me doy cuenta de mis terribles pecados. Ya lo sabía entonces, de alguna manera, vagamente; pero sólo ahora consigo arrepentirme. Hoy Dios me ha despertado. Por la mañana fui a la Iglesia de los minoritas... No quiero decir lo que pasó durante esta hora –excepto que de repente recordé que cuatro años antes (tras conocer la noticia de la muerte de mi marido en la guerra) también había venido a esa iglesia. Aquella vez recé fervorosamente para morir. ¡Hoy quiero vivir! Queda tanto por expiar.»

Bastantes semanas después la paciente hizo la siguiente anotación en su diario: «Intento en vano aceptar la culpa oculta que durante años he sentido oscuramente, y a la que no consigo enfrentarme con claridad. Pues durante este tiempo no me he permitido creencia alguna (la fe, especialmente en Dios, no es una virtud, sino felicidad, gracia). ¿Qué estaba haciendo? ¿Por qué me castigué? Debo descubrirlo.» De modo que la paciente asumía que ella misma se había bloqueado el camino hacia la fe. Por consejo del doctor, empezó ejercicios en los que la resolución se formulaba de la siguiente manera: Esta noche soñaré en dónde está mi culpa. Su relato, sin embargo, indicaba que no tuvo éxito en esta empresa. Es digno de notarse, no obstante, que al mismo tiempo, en la misma hoja de papel, pedía al doctor que le interpretara un antiguo sueño –de los días de la guerra– que «todavía me excita mucho». Recordemos aquí el conocido e importante consejo de Freud de evaluar psicológicamente los recuerdos de la infancia independientemente de si son verdaderos recuerdos de algo que realmente sucedió o sólo actitudes proyectadas al pasado, esto es, falsos recuerdos. En este caso, poco importaba que el sueño no llegara como respuesta deseada a la pregunta a su inconsciente. El significado analítico está en el hecho de que este antiguo sueño se presentaba al terapeuta ahora, por primera vez, en relación con la pregunta con la que luchaba la paciente.

He aquí el contenido del sueño: La paciente mira a través de una ventana la puerta de su apartamiento y ve entrar a una mujer joven. Enseguida se da cuenta de que esa mujer es ella misma. «El primer *yo* está mirando al segundo *yo»,* dice describiendo la situación. «El número dos abre la puerta con la llave y entra en la sala, luego gira a la izquierda –ahora la pared se vuelve transparente– hacia la habitación pequeña (ahora mi estudio) y camina hasta el rincón, donde está la estufa. Allí, sobre una estera, hay echado un soldado alemán. El segundo *yo* se echa encima de él y lo mata. Entonces despierto.» No nos equivocaremos si vemos en este sueño del pasado la repuesta anticipada a la pregunta planteada mucho más tarde. Podemos suponer que la paciente –sacando ese sueño precisamente por esta época– respondió a su pregunta que tanto el doctor como ella misma se habían planteado.

La lucha artística constante prosiguió, sin solución de continuidad, como autoexamen y autocrítica. Pero una y otra vez irrumpía el poder creativo libre y «obligaba» a la paciente a trabajar, independientemente de su autocrítica. Cuenta ella: «Está a punto una vida tranquila. O muy mala o muy buena –no sé; empecé a pintar sin pensar. Finalmente, tuve que observarlo –la idea es mía. Continúo con los ejercicios de Schultz. Funcionan muy bien, hasta la sensación de calidez. Y lo más importante: ¡Puedo rezar otra vez! Y semanas que lo hago ya. La oración surge constantemente –casi contra mi querer. A veces me resulta difícil volver de nuevo a mis pinturas.»

Estas notas parecen ser muestra de una lucha genuina e interna por un esfuerzo religioso honesto: «Constantemente se hace Dios inaccesible, intangible... Sólo por la oración Dios se vuelve cercano. Debo intentar una y otra vez –crear a mi Dios. Esto parece formar parte del ser humano, pero así fue probablemente como Dios quiso hacernos. A menudo prefiero bastante más rezar que pintar; pintar es así mucho más difícil. Pero eso sería escandaloso, en todo caso.» Y luego: «Encuentro a Dios sólo en el gozo. Pero entonces, siento el éxtasis. Todavía no estoy totalmente preparada para sufrir. Pero cada día aprendo un poco, a sacrificar a mi Isaac... Dios quiere algo de mí, no sé exactamente qué; a mí me toca averiguarlo. A veces querría gritar de alegría –¡la vida es bella, bella, bella!»

La paciente se muestra escéptica respecto de su propia pintura, igual como lo es con relación a su religiosidad. «Algunas cosas me parecen muy sospechosas. Por ejemplo, que yo le venga a usted con estos problemas. A las mujeres les gusta adornarse con Dios. También podría acudir a un sacerdote.» O bien: «Es sorprendente que yo encuentre mi camino hacia Dios justo ahora... ¡No me interesa convertirme en la esposa de Cristo! ¡No quiero tratos con Dios! Deseo a Dios sin erotismo y sin esperanza de justicia.» O bien, en otra ocasión: «No quiero querer a Dios justamente porque N. N. no se ocupe de mí. Si es así cómo me salen las oraciones, ¡mejor que abriera un burdel! Los hombres son los que están aquí para amar; a Dios no quiero amarlo –no sé expresarlo con palabras. Sólo sé ver esto: debería haber aprendido a sufrir cómo se debe. De nuevo estoy sufriendo de manera equivocada; pero sin la gracia, probablemente no puedo sufrir con sentido.»

Para liberar a la paciente de sus inhibiciones, se le preguntó si recordaba alguna experiencia religiosa penosa de su infancia. Contó que había crecido como católica, con un entusiasmo relativamente escaso. A los catorce o quince años tuvo una crisis religiosa. «¿Por qué tenemos que pensar que la carne pueda ser pecaminosa? No podía entenderlo. Me convertí al protestantismo; esto para mí significaba sobre todo una agradable patada en el trasero a la autoridad. No sé cuándo fue la última vez que recé; la primera vez que lo hice de nuevo fue en un sueño, y entonces tuve experiencia (digo a conciencia "experiencia") por primera vez de una imagen de Dios: infinitamente fuerte e increíble, para nada humano... No tiene sentido pedir a Dios un favor. La única cosa digna de Dios: amar a Dios por ser él quién es.»

«Recientemente, en plena noche, por vez primera recé de un modo consciente. Vino inesperadamente, no lo había buscado. Ésta fue en verdad mi primera auténtica oración en mi vida. Una oración que ya es cumplimiento y no justamente comienzo para algo.»

La paciente misma lo adivinaba, no tenía el coraje de creer. Se la orientó, en un «ejercicio», a la siguiente resolución: «Esta noche voy a soñar en qué es lo que me ata con esos nudos.» Al día siguiente relata este sueño: «Intento desesperadamente construir "el cuadro"! No lo pinto –¡lo vivo!» La interpretación es clara: «El cuadro» es toda su vida, que ella intenta reconstruir. En las imágenes del sueño, la vida misma se ha hecho cuadro. Además: «Veo un coche que parte.» Al preguntársele, indicó que era un coche tirado por caballos, del tipo que utilizaba normalmente la gente para viajar cuando ella era pequeña. En la parte izquierda del cuadro, recordó, había una extraña forma «que yo desesperadamente quería que estuviera entera, pero que seguía estando rota en pedazos. En la derecha, veo una cuña que va de arriba abajo por todo el cuadro.» En respuesta a la pregunta ¿Qué cree que hay en su vida que haya perturbado su totalidad?, respondió prontamente: la muerte de su marido. (Vemos cómo se cierra el círculo. Su sentimiento de que su vida había quedado destruida apunta en la misma dirección del sentimiento de culpa que perturbaba su fe religiosa). Antes incluso de que el médico la ayudara a interpretar este sueño, tuvo otro sueño –podemos decir, terapéutico– que complementa el primer diagnóstico. Recordaba sólo una cosa de este segundo sueño. Un sentimiento de gran alegría y una voz que decía. «¡Deja que duerma –deja que duerma –ese antiguo dolor!»

Pero la crisis no había sido todavía superada. Fue necesario otro ejercicio *ad hoc,* con la resolución «Esta noche soñaré por qué siento hostilidad hacia el cristianismo –qué es lo que me hizo huir. Y luego me despertaré inmediatamente y copiaré el sueño.»

He aquí el sueño de la paciente: Se encuentra en Waldegg, donde ella pasó su niñez, y está esperando el tren que lleva a Viena. (Con esto, la paciente recapitula en su sueño el camino que va de su pasado al presente: ahora vive en Viena). El Dr. N. N. vive allí, y ella quiere verlo. (El Dr. N. N. es un muy conocido psicoterapeuta, amigo de la familia). Esta parte del sueño significa: necesito psicoterapia). No sabe dónde vive el doctor. Le pregunta a una mujer, que le dice: «Junto a la iglesia» (La paciente es consciente de que su curación sólo puede ser completa en el ámbito de lo religioso). En su sueño, la paciente sabe que va a encontrar la iglesia. (Es optimista en lo referente a encontrar el camino de vuelta a sus creencias religiosas). Pero todo parece distinto. (Encontrar el camino de vuelta a la fe no es tan fácil y sencillo para un adulto que ha corrido por los infiernos de la vida y de la duda). Qué calle debo tomar, se pregunta en su sueño. (La paciente se siente insegura sobre el camino que debe escoger para recobrar la fe). Continúa paseando durante mucho tiempo; duda... (En su sueño, las dudas son dudas sobre el camino adecuado que ha de llevarla hasta el Dr. N. N.; en realidad, son dudas sobre Dios). De repente, una niña se planta ante ella y le da direcciones. (Durante el análisis del sueño, la paciente ofrece la información de que la niña es ella misma en su infancia. Se le pregunta si conoce el versículo de la Biblia: «haceos como niños...», y ella afirma.) La niña de los sueños le dice: «¿Para ir a la iglesia? Vas en dirección equivocada. Tienes que volver atrás.» (De nuevo el tema: Antes de encontrar a la iglesia –la salvación, la curación– la paciente ha de encontrar el camino de vuelta a la fe ingenua de su niñez). En el sueño, tiene sed. (Durante la interpretación, la paciente confirma que conoce bien el versículo de la Biblia que dice: «Como el ciervo desea la fuente, así mi alma te desea a ti, Señor...» La niña le da a beber agua limpia de una fuente, pero la jarra con que ha de beber la paciente está sucia. (La paciente conoce bien el pasaje de mi libro, *Psicoanálisis y existencialismo,* donde la infidelidad sexual de la esposa se contrasta con la del marido, y que utiliza como comparación la fuente y la jarra). En el sueño, la paciente desea comprar una jarra –la suya se ha roto. (Repetidamente se quejaba de que, desde que se le fue el marido, no podía amar a otro, pero que, por otro lado, ella necesitaba a alguien.) Ahora, en su sueño, vuelve atrás. (Esto se refiere al tratamiento de logoterapia). De repente, el camino aparece bloqueado por unos álamos que se cruzan sobre la calzada. (Dificultades y recaídas ocurridas durante el tratamiento). Pero luego el camino se abre de nuevo y a la distancia se ve la iglesia –una hermosa catedral blanca como la leche, como la de Caen. Entonces la paciente se despertó. En charlas subsiguientes, la paciente habló acerca de su viaje en coche por Normandía. Había estado deseando ver la catedral de Caen, que ella conocía sólo por fotografías. Pero llegó a Caen de noche y un día de intensa niebla, y no alcanzó a ver realmente la catedral. La aparición, en su sueño, de una catedral nunca vista, pero admirada, significaba la transformación que ocurría en la paciente durante el análisis: una transformación de su experiencia religiosa de un Dios oculto por la niebla y la oscuridad a un Dios revelado.

Algo más tarde tuvo otro sueño: «Mi cara está vuelta hacia la luz. Detrás de mi, un profundo abismo de oscuridad. Del fondo sopla un viento helado. Y, pese a ello, no siento miedo, pues pertenezco a Dios. Un maravilloso sentimiento de gozo, humildad, amor, amparo. Sé que voy a sufrir mucho, pero Dios está conmigo. Una rendición religiosa como nunca había experimentado antes; una unión clara segura y evidente con Dios. ¡Las dudas son imposibles en este estado! Estar en Dios...» Y el sueño continúa. «Una mujer me dice: "Estás muy sedienta –no es extraño, ¡con tan largo viaje!" Y yo digo: "Sí, y también me han operado".» (La operación parecería referirse al daño a la totalidad de su vida, antes mencionado). «Me siento cansada. Me iré a casa a tomar un baño.» (De nuevo el tema de verse sucia). «Luego siguen aventuras, obstáculos que se superan. Sueño toda una novela. Pero finalmente llego a mi apartamiento. Y, muy contenta, lo amueblo de nuevo todo.» Este sueño, unas pocas semanas después del ya citado, expresaba esta experiencia: estar de nuevo en casa y encontrarse limpia de nuevo.

Siguiendo este tema del sueño, pero sin conexión con él, la paciente escribió en sus notas: «Debo empezar de cero, pues no me sé ni una oración. He olvidado todos los ritos, no tengo ninguna iglesia en qué apoyarme... Pero creer en Dios obliga.»

Finalmente: «Estoy salvada, como en los cuentos de hadas. El tratamiento me ha devuelto la capacidad de pintar. ¡Y puedo rezar de nuevo! Rezo más profundamente y con más fervor que nunca. Esto es gracia. ¿Soy digna de ella?»

Observamos la relación que surgía entre un sueño de expectativa y las experiencias de la vida; ahora vemos también cómo el tema del último sueño halla cumplimiento en su vida consciente: la paciente luchaba todavía por la pureza definitiva de su experiencia: «¿No me lo estoy haciendo demasiado fácil? ¿Me atrevo a creer? No he merecido realmente haber encontrado sentido.» Pero en la misma página de sus notas, escribe: «Esta felicidad que siento en mi sueño la experimento ahora intensamente en estado de vigilia, hace ya varios días. Ahora ha sucedido. Descanso en Dios –ahora todo tiene sentido!»

De modo que el tratamiento –citando palabras de la paciente– había conseguido «sacar de su interior todo cuanto había que sacar». Pronto aprendió a encontrar y seguir su camino de modo independiente. Esto se expresaba todavía en otro sueño: «Es de noche. Entrego una nota a un hombre; en ella hay escrita una dirección. Tengo que seguirle –ése es nuestro acuerdo. Primero, intento recobrar el aliento, pero luego todo es fácil. Finalmente, el hombre desaparece. (Esto significaba, claro está, el final de la terapia). Primero tengo miedo, luego me tranquilizo y pienso: ¿De qué tengo miedo? Conozco la dirección. Puedo encontrar el camino sola a través de la oscuridad.»

Pero la paciente no estaba satisfecha aún con este progreso ni consigo misma: «En los últimos meses tuve el deseo intenso de entrar en un convento, no de verdad, sino para estar sola, pintar, tomarme las cosas como vinieran. Ahora veo que esto es imposible y que no podría hacerlo.» «¿Por qué no puedo rendirme?», se quejaba. Luego, dándose ella misma respuesta: «Lo quiero y lo temo al mismo tiempo.» Incluso sospecha que su experiencia religiosa es falsa, no suficientemente auténtica: «¿Cómo distinguir entre lo verdadero y lo falso ¿Es mi Dios nada más que un síntoma de la edad? ¿Lo he inventado a fin de no tener que buscarlo? No dudo de la existencia de Dios, pero sin embargo cuestiono mi fe. Huyo de Dios hacia una relación con Dios íntima.»

«Dios está aquí, lo sé. Dios está detrás de una pared fina como el papel, que yo no puedo traspasar. Lo intento una y otra vez, hago un verdadero esfuerzo, pero sólo puedo traspasar la pared en mis sueños. Cuando me despierto, ya no puedo.» He aquí uno de estos sueños: «Ruinas de una catedral gótica en la cima de un monte. Columnas verdaderamente hermosas... Me hundo en los fundamentos rocosos, que se vuelven blandos y cálidos... Rezo... Todo se hunde; ...sólo quedan para Dios las columnas. Pienso: Dios va a estar aquí enseguida... Una interrupción y un despertar penosos.»

Un día la paciente decidió que ya estaba curada. «¿O es histeria, esta cercanía profunda y tranquila con Dios, este aceptar todo sin condiciones y, al mismo tiempo, este hacer lo que hay que hacer, sereno y reflexivo? No es mérito mío –no me estoy atribuyendo méritos, sino que estoy sorprendida y agradecida. No sé realmente lo que realmente me ha sucedido esta noche. Pero creo que es algo verdaderamente maravilloso. Todavía está en mí, pero no sé todavía expresarlo de ninguna manera.»

Estas situaciones volvían. «Es como un ataque de dolor. Siento que voy a morir, allí y en aquel momento, pero no me asusta; al contrario, sería hermoso. Experiencias extremadamente intensas e indeciblemente hermosas... Largas horas de un estado luminoso, como estando absorbida por Dios... unida a Dios. Ser una sola cosa con todas las cosas y con Dios. Todo lo que veo, lo soy; todo lo que toco, lo soy... En la misma longitud de onda que todas las líneas y colores... Contacto con cosas... Toda la existencia terrena fluye a través de mí hacia Dios; ahora soy un trozo de hilo conductor.» Algo se le presenta como un «fragmento de Dios, como si él se hubiera hecho transparente.» Habla de una Presencia y dice de sí misma: «La percibo...» Sin embargo, «tiende a rehuir una mayor claridad». «Eso es el comienzo de la locura... ¿Y qué? Si esto es locura, entonces la quiero siempre..., entonces la verdad está en la locura, y yo la prefiero a la cordura.»

Luego una crisis: «Me siento torpe, vacía.» Después de todas estas experiencias, la vacuidad es todavía más agónica. En una ocasión, ella la interpretó como un autocastigo –«no se merecía esta felicidad». Su experiencia es tan satisfactoria que su vida le parece completa: «Cada vez tengo una más intensa sensación de que mi vida ya se ha acabado, de que apenas puede ir más allá, de que lo único que me falta es morir. Todo me cansa y sólo deseo una cosa (una repetición de aquellos éxtasis) y ¡al diablo con todo lo demás! Soy una adicta. Doy pena y soy poca cosa sin la gracia, y día y noche pienso en cómo llegar a ser digna; pero esto puede ser orgullo insensato. Me da mucho miedo la vaciedad, incluso ahora que sé que debo aceptar todo completa e incondicionadamente –también la vaciedad.»

Finalmente, la experiencia gozosa y la vida activa logró victoria: «Ésta es mi primera primavera en Dios. Hasta ahora estaba sorda y ciega.» Ahora «todo lo ilumina Dios», y la paciente podía «experimentar a Dios. Es como si otro sentido se hubiera añadido a los cinco: experimentar a Dios, como oír o como ver. No hay nombre para eso. Fue la terapia lo que me llevó a Dios. Ya no hay un abismo, este estar-en-Dios me sostiene y ya no puedo caer. La vida es de nuevo maravillosa, todo es soportable y lleno de sentido. Creo que sé qué es lo que tengo que hacer: poner en orden mi vida de cada día por el amor de Dios».

XIV
UN ESTUDIO EXPERIMENTAL EN EXISTENCIALISMO: EL ENFOQUE PSICOMÉTRICO DEL CONCEPTO DE NEUROSIS NOÓGENA DE FRANKL[1]

The Bradley Center, Inc., Columbas, Georgia

JAMES C. CRUMBAUGH
Y LEONARD T. MAHOLICK

El método psicoterapéutico de Frankl, la *logoterapia,* es una aplicación de los principios de la filosofía existencial a la práctica clínica. Su afirmación básica es que se va viendo cada vez más, actualmente, en las clínicas un nuevo tipo de neurosis por contraste con histerias y otras pautas clásicas, y que este nuevo síndrome –que él denomina neurosis noógena, y que supuestamente constituye cerca del 55% del número de casos típicos actuales– surge en gran medida como respuesta a una total carencia de objetivos en la vida. La dinámica principal es la «frustración existencial» surgida de un vacío de sentido percibido en la existencia personal y que se manifiesta a través de los síntomas

1. Una versión resumida de este artículo se presentó a la Sección de Metodología y Psicología Social de The Southertn Society for Philosophy and Psychology, en la asamblea anual en Miami, 12 de abril de 1963. Mostramos nuestro agradecimiento a J. L. Chambers, Ph. D., Director de Investigaciones de la Mix Memorial Fund of Americus, Georgia, por su lectura crítica de este trabajo y sus pertinentes y valiosos comentarios.

del aburrimiento. Según Frankl, la esencia de la motivación humana es la «voluntad de sentido» (*der Wille zum Sinn*); cuando no encuentra sentido alguno, el individuo pasa a estar «existencialmente frustrado». Esto puede producir, o no, una psicopatología, en función de otros factores dinámicos, pero Frankl piensa que la incidencia de casos clínicos que tienen estas raíces es verdaderamente importante[2].

El hecho de que el existencialismo acepte el conocimiento intuitivo, así como el racional y empírico, para llegar a los valores y a los sentidos ha sido anatema para los conductistas americanos, que han tendido a descartarlo como un conglomerado de especulaciones ampliamente divergentes poco consistente y carente de sentido operacional. Pero si, planteando la enfermedad mental según este marco de referencia, podemos especificar una condición sintomática mensurable mediante un instrumento construido según esta orientación, y que no se identifica con cualquier condición medida según las orientaciones habituales, entonces tenemos pruebas de que estamos tratando con un síndrome nuevo y distinto. Frankl ha especificado esa condición, pero sólo ha hecho intentos de medirla demasiado informales y vagamente cuantitativos (como se demostrará más adelante).

Kotchen ha publicado una crítica cuantitativa entre la relación entre enfermedad mental y conceptos existenciales[3]. Analizó la bibliografía sobre los rasgos propios de la enfermedad mental tal como la conciben los escritores existenciales, halló siete características del tipo

2. La *neurosis noógena* no debe identificarse con el *vacío existencial*. La primera, según Frankl, es una enfermedad, mientras que la segunda es una condición humana. En aquellos casos en que se presenta patología (que Frankl llama «síntomas»), se aplica el término *neurosis noógena*, mientras que los casos en que no hay síntomas de patología son víctimas del *vacío existencial* y/o de la frustración de la *voluntad de sentido*. Su insistencia en trazar aquí una distinción se debe en gran parte a su afirmación de que el tratamiento de las neurosis (sean somatógenas, psicógenas o noógenas) debería atribuirse exclusivamente al médico, mientras que el tratamiento del vacío existencial ha de quedar abierto al psicólogo, a los trabajadores sociales, a los educadores y también a los que se dedican a la cura pastoral. Pero, aparte de esta política, Frankl estaría ciertamente de acuerdo en un uso mucho más amplio del concepto de neurosis noógena, tal como se entiende en este artículo, que él ha leído y aprobado con la excepción del punto anterior.

3. T. A. Kotchen, «Existential mental health: An empirical approach», en *Journal of Individual Psychology*, 16 (1960) 174.

de sentido de la vida que se supone presente en la buena salud mental (como la singularidad, la responsabilidad, etc.) y luego construyó una escala de actitudes, en la que cada ítem representaba una de las siete categorías. Predijo que el nivel de salud mental definida operacionalmente por la naturaleza de cada una de las cinco muestras de población con 30 casos cada una, que comprendía desde pacientes internos de un hospital mental a estudiantes de la escuela de verano de Harvard, coincidiría con el nivel de puntuación en el cuestionario. La predicción se confirmó a un nivel generalmente satisfactorio de significancia estadística. Su escala, no obstante, tenía algunos ítems abiertos, que pudieron cuantificarse sólo mediante un código de estimación, y tres ítems que se aplicaban sólo a pacientes de hospital tuvieron que omitirse para la puntuación. Además, en sus muestras sólo había varones, y se trata de un área en la que pueden darse fácilmente diferencias entre los sexos, como veremos más adelante.

El objetivo de este estudio es precisar más la cualificación del concepto existencial de «propósito» o «sentido de la vida», en particular medir el estado de frustración existencial descrito por Frankl, con la vista puesta en determinar si su neurosis noógena existe aparte de las neurosis usuales en cuanto son dinámicamente concebidas. Podemos definir racionalmente la frase, «propósito en la vida» como el significado ontológico de la vida desde el punto de vista del individuo de la experiencia individual. Operacionalmente, podemos decir que esto es lo que mide nuestro instrumento[4], y que éste es el marco de referencia que aquí se adopta. La tarea entonces consiste en mostrar que el instrumento mide algo que es (a) aquello a lo que se refiere Frankl con la frase en cuestión, (b) distinto de la patología habitual, y (c) identificable en cuanto característica diferenciadora de grupos patológicos comparados con poblaciones «normales».

4. R. L. Ebel, «Must all tests be valid?», *en American Psychologist,* 10 (1961) 640.

Sujetos

Un total de 225 sujetos que comprendían cinco subpoblaciones como sigue: Grupo I, 30 no-pacientes de «propósito alto», compuesto por seis mujeres de la Junior League y 24 estudiantes graduados de la escuela de verano de Harvard (14 varones y 16 mujeres)[5]. Grupo II, 75 estudiantes de *College* no graduados, no-pacientes (44 varones y 31 mujeres)[6]. Grupo III, pacientes externos de varios psiquiatras colaboradores que ejercían la medicina privada en Georgia[7], un total de 49 (25 varones y 24 mujeres) casos de diagnóstico mixto. Grupo IV, pacientes externos del Bradley Center, Inc. (una clínica psiquiátrica privada sin ánimo de lucro), un total de 50 (22 varones y 28 mujeres) casos de diagnóstico mixto. Grupo V, pacientes hospitalizados, todos alcohólicos, un total de 21 casos (14 varones y 7 mujeres). Las edades de los sujetos iban de los 17 hasta más de 50 años; todos los grupos, excepto los estudiantes de *College* aún no graduados, muy mezclados, pero con un promedio cercano a los 30 años.

Materiales

1. *El Test «Purpose in Life Test* [propósito en la vida]*»* (PIL). Se diseñó especialmente una escala de actitudes para evocar respuestas que se creían relacionadas con el grado en que el individuo experimentaba «propósito en la vida». La base *a priori* de los ítems era el trasfondo

5. Expresamos nuestro agradecimiento al Dr. Frankl por el permiso de administrar nuestra escala en su seminario en Harvard, en el verano de 1961, así como por su cooperación a la administración de nuestra versión piloto del PIL en sus clases de Viena, y por los constantes ánimos que nos dio a lo largo de este estudio.

6. Debemos también agradecer la cooperación de la Sra. Ed Shivers que organizó la administración del PIL, el A-V-L y el Cuestionario de Frankl a los estudiantes del MacAlester College.

7. Queremos mostrar nuestro reconocimiento a los siguientes médicos psiquiatras de Georgia, quienes amablemente reunieron datos sobre sus propios pacientes: Alfred Agren, R. E. Felder, Sidney Isenberg, Harry R. Lipton, Joseph Skobba y Carl A. Whitaker.

de la bibliografía existencialista, en particular sobre *logoterapia, y* un «cálculo» sobre qué tipo de material discriminaría a los pacientes de los no-pacientes. La estructura de todos los ítems seguía la pauta de una escala de siete puntos, como sigue:

Normalmente me muestro:

1	2	3	4	5	6	7
completamente aburrido			(neutral)			exuberante entusiasta

Se llevó a cabo un estudio piloto utilizando 25 ítems de este tipo; tomando como base el resultado, se descartó la mitad y se pusieron ítems nuevos. Quedaron 22 en el análisis de los ítems, que son los que se utilizaron para este estudio.

La escala fue diseñada según el poco ortodoxo principio de que, mientras que en teoría un sujeto no puede describir con precisión sus verdaderas actitudes, por lo que debe llegarse a ellas de un modo indirecto, en la práctica –y particularmente en esta área de actitudes–puede dar y dará en realidad una aproximación fiable de sus auténticos sentimientos después de considerarlos conscientemente. Ésta es también la teoría de acuerdo con la cual procedió Kotchen. Si este supuesto fuera erróneo, se pondría en evidencia tanto en la baja fiabilidad como en la poca validez medidas de acuerdo con un criterio operacional de salud mental de «propósito vital».

El PIL se diseñó de manera que cada ítem fuera una escala dentro de una escala. Este procedimiento es similar a la técnica de Likert, excepto en que los extremos cuantitativos de cada ítem se establecían, en el caso presente, con frases cualitativas que *a priori* parecían debían corresponderse con los extremos cuantitativos de actitud. Se pensó que si estas decisiones eran erróneas, la poca validez de los ítems las eliminarían, mientras que si eran correctas, la escala sería menos monótona y estimularía más repuestas significativas. La puntuación era simplemente la suma de las estimaciones individuales asignadas a cada ítem. La tendencia de la magnitud se distribuyó aleatoriamente entre los ítems, de modo que las preferencias de posición y el efecto de «halo» quedaran minimizados.

2. *El cuestionario Frankl.* Para demostrar sus tesis, Frankl utilizaba una serie bastante informal de preguntas, que él evaluaba clínicamente, en apariencia muy relacionadas con el ítem 3 para determinar el porcentaje de individuos «existencialmente frustrados». Para este estudio, Frankl tradujo su cuestionario al inglés y nosotros lo cuantificamos asignando el valor «1» a las elecciones de ítems que parecían representar el grado menor de propósito o sentido de la vida, el valor «2» a las respuestas intermedias, y el «3» a las respuestas que parecían suponer el grado menor de propósito. Por ejemplo, el ítem 3 («¿Cree usted que su vida carece de propósito?») se puntuó de la siguiente manera: 1 = a menudo (*häufig*); 2 = raras veces (*selten*); 3 = nunca (*niemals*). Seis de los 13 ítems (números 1, 3, 7, 8, 10, 11) pudieron cuantificarse de un modo parecido y de la suma de estos seis se obtenía una puntuación total.

3. *La Escala de Valores Allport-Vernon-Lindzey (A-V-L).* Esta muy conocida medida de valores se administró y puntuó de acuerdo con las instrucciones publicadas. Las puntuaciones se computaron luego como desviaciones de las normas publicadas para los sexos, y las desviaciones fueron codificadas para procesarlas mediante IBM.

4. *El Minnesota Multiphasic Personality Inventory* [Inventario de Personalidad Multifásico de Minnesota] (MMPI). Administrado y puntuado de acuerdo con las instrucciones publicadas. Únicamente se registraron las puntuaciones «T».

Procedimiento

El Test de propósito en la vida se administró a todos los sujetos de los cinco grupos. El Cuestionario Frankl y la Escala de Valores Allport-Vernon-Lindzey se dio sólo a los Grupos II, III y V, mientras que el MMPI se administró sólo al Grupo IV (como parte de la batería de consumo regular en el Bradley Center). Debido a las extensas pruebas ya exigidas por este último, no fue posible añadir el Frankl o las escalas A-V-L–, y la presión del tiempo impidió también su administración al

Grupo I. Todas estas mediciones son virtualmente de autoadministración y tanto los pacientes como los no-pacientes no experimentaban dificultad alguna en seguir las instrucciones impresas. Los pacientes del Bradley Center (Grupo IV) fueron además evaluados por las estimaciones del terapeuta, después de la primera sesión de terapia, de cada ítem PIL tal como él creía que el paciente debía haberse puntuado en el caso de que hubiera acertado en su juicio.

Resultados

1. *El Test «propósito en la vida»* (PIL). Hay una diferencia significativa entre pacientes y no-pacientes, y un declive progresivo en puntuaciones promedio del Grupo I hasta el Grupo V, tanto para el total de puntuaciones como para la mayoría de ítems individuales (Cuadro 1). Un análisis de ítems (del valor *r* de Pearson entre la puntuación total y la puntuación de cada ítem, N = 225) reveló un rango de correlación de -0,06 (ítem 19) a 0,82 (ítem 9), con 17 ítems por encima de 0,50 y 20 por encima de 0,40. La fiabilidad de la puntuación total revisada del PIL, determinada por el método de par-impar (*r* de Pearson, N = 225), es de 0,81, corregida a 0,90 por el Spearman-Brown.

Las normas más apropiadas (promedios, redondeados al número entero más cercano) para el PIL (basadas en la puntuación total «revisada», N = 47 mujeres no-pacientes, 58 varones no-pacientes, 59 mujeres pacientes, 61 varones pacientes) son: No-pacientes, 119; pacientes, 99; mujeres, 111; varones 107. Los pacientes son más variables que los no pacientes. La condición de paciente hace descender las puntuaciones de los varones más que las de las mujeres: La norma para la mujer no-paciente es 121, para la mujer paciente, 102; mientras que para el varón no-paciente es 118, para el varón paciente, 97. La diferencia de sexo, aunque no es significativa, es sugerente. Las mujeres son más variables que los varones (excepto en el Grupo V, alcohólicos), y el instrumento demostró mayor eficacia de predicción en el caso de los varones.

Se utilizaron las siguientes puntuaciones de corte entre normas de pacientes y no-pacientes paca cada sexo: Para mujeres, 111,5; para varones, 107,5. En estos puntos de corte, el poder predictivo de la puntuación total revisada del PIL fue: para mujeres, 65,4% clasificaciones correctas (el 34,6% de las cuales eran de pacientes y el 30,8% de no-pacientes); para varones, 75,4% clasificaciones correctas (el 35,6% de las cuales era de pacientes y el 39,8% de no-pacientes).

Una validación «concurrente» de la puntuación total revisada del PIL contra un tipo de criterio, las estimaciones asignadas por los terapeutas de los pacientes de cada ítem del PIL tal como el terapeuta creía que los pacientes deberían haberse estimado ellos en caso de haber sido precisos, arrojaba un *r* del 0,27. (Correlación momento-producto de Pearson, N = 39). Las puntuaciones PIL no se relacionaron con la edad del sujeto, pero debe observarse que no se contemplaron los extremos de edad en las muestras de poblaciones. En particular, es posible que se perdiera una relación significativa en el nivel superior.

2. *El Cuestionario Frankl.* Los valores normales de la puntuación total son 15,7 para los no-pacientes y 13,7 para los pacientes, con una dispersión global de 8 a 19. El poder predictivo de la puntuación total (usando una puntuación de corte de 14,5 intermedia entre valores normales de pacientes y no-pacientes) era un 66,9% de clasificaciones correctas (el 26,5% de las cuales eran pacientes y el 40,4% no-pacientes). Esta puntuación total se correlacionaba en un 0,68 (momento-producto de Pearson, N = 136) con la puntuación total del PIL.

3. *El A-V-L.* Ninguna de las seis escalas de valores discriminaba adecuadamente entre pacientes y no-pacientes, aunque la escala social expresaba una diferencia con un nivel de confianza del 5%. Había poca relación entre cualquiera de las escalas del A-V-L y el PIL.

4. *El MMPC* Como sólo se disponía de los datos del Grupo IV, no pudo hacerse ninguna comparación entre pacientes y no-pacientes, pero las normas publicadas son bien conocidas. De todas las escalas, sólo las puntuaciones del K (validez) y de D (depresión) mostraban cierta relación sustancial con el PIL (respectivamente, 0,39 y –0,30, momento-producto de Pearson, N = 35). Como la escala K es una medida de la capacidad de defensa, los indicios son que los

Cuadro 1 Resultados del Purpose in Life Test (PIL). *Las puntuaciones son la suma de las estimaciones de los 22 ítems.*

Puntuación total	No-pacientes				Pacientes						Diferencias en M entre pacientes y no-pacientes
	Grupo I		Grupo II		Grupo III		Grupo IV		Grupo V		
	M	DS	M	DS	M	DS	M	DS	M	DS	
Varones	122,86	10,04	116,14	13,17	98,24	20,06	100,45	17,41	87,50	17,63	21,19**
Mujeres	126,50	12,90	117,84	15,04	105,50	24,02	101,96	18,67	93,72	13,40	18,37**
Varones y Mujeres	124,78	11,80	116,84	14,00	101,80	22,38	101,30	18,14	89,57	16,60	19,66**

** Diferencia significativa en $p = 0,01$

sujetos que tienen un grado elevado de «propósito en la vida» tienden a tener defensas adecuadas; tienden también a ser menos depresivos que los demás.

Discusión

El «test del propósito en la vida» distinguió significativamente entre poblaciones de pacientes y de no-pacientes (Cuadro 1) y mostró también –tanto en la mayoría de ítems individuales como en la puntuación total– una progresión constante de puntuaciones del grupo de no-pacientes, que fue considerado el más motivado (Grupo I), al grupo de pacientes más graves (Grupo V). Esto es consistente con las predicciones hechas a partir de la orientación de *validez del constructo*[8].

La mayor variabilidad de los pacientes (cuadro 1) sugiere que algunos pacientes lo son por pérdida del «propósito en la vida», mientras que otros pierden el control debido a factores dinámicos, tal como tradicionalmente se conciben. La posesión de un grado sustancial de «propósito en la vida» parece ser una de las propiedades habituales de la función normal, pero con la ausencia del mismo puede presentarse, o no, la personalidad anormal. Todo esto es consistente con la creencia de Frankl acerca de que existe en las clínicas, aparte de las formas convencionales, un nuevo tipo de neurosis.

El estudio de la validez concurrente en la correlación de las puntuaciones del PIL con las estimaciones de los terapeutas acerca de la «actitud de sentido» en los pacientes apenas arrojó más que resultados muy modestos. Esto se debió, por lo menos en parte, a haber instituido las estimaciones después de la primera sesión de terapia, lo cual hizo que el terapeuta conociera también demasiado pronto la dinámica del paciente. Pero si hubieran sido hechas después de unas cuantas sesiones, se habría creado una confusión entre los efectos de la terapia (si los hubo) con el aumento de conocimiento del paciente. Además, la relación obtenida es probablemente algo inferior al valor verdadero de-

8. L. J. Cronbach y P. E. Meehl, «Construct Validity in Psychological Tests», en *Psychological Bulletin,* 52 (1955) 281.

bido a la restricción de la amplitud de la variabilidad por el uso de sólo pacientes en la muestra, pero no fue posible obtener estas estimaciones con los no-pacientes.

La elevada relación entre el PIL y el Cuestionario de Frankl indica que el PIL alcanza las mismas funciones que Frankl describe como «frustración existencial» (puesto que se supone que su cuestionario representa sus esfuerzos por definir operacionalmente aquello de que habla). La frustración existencial es, sostiene, el ingrediente básico de la neurosis noógena.

Las bajas relaciones entre el PIL y las escalas A-V-L sugieren que ese «propósito o sentido de la vida» no es sólo otro nombre por los valores en sentido usual. Frankl insiste en que representa una fuerza motivadora humana fundamental mejor descrita como espiritual[9].

Las bajas relaciones entre el PIL y las escalas del MMPI indican que la discriminación significativa del PIL entre poblaciones normales y patológicas no es simplemente otra medida de las formas usuales de patología. Una vez más, encuentra apoyo la hipótesis de Frankl acerca de un nuevo tipo de neurosis. Debido a la restricción de la amplitud de la variabilidad por el uso de sólo pacientes (Grupo IV) en la muestra, es posible que las verdaderas relaciones sean algo mayores, pero sólo para las escalas de K y de D podrían ser suficientemente grandes para señalar mediciones superpuestas de un modo apreciable. Y cierta superposición debería predecirse, porque Frankl postula que factores noógenos pueden producir una disminución de defensas, con lo que resultan así afectados otros mecanismos dinámicos del paciente. La tendencia en pacientes sumamente depresivos a mostrar una pérdida de propósito y de sentido es claramente observable en la clínica.

Esto plantea la cuestión de si el PIL es una medida indirecta de la depresión. La correlación limitada, pero significativa, con la escala D sugiere que el test no lo es primariamente, y es probable que las causas de la depresión y de la falta de sentido y de propósito en la vida sean complejas y variables. Es probable que la falta de sentido y de propósito sean ambas causa y efecto a la vez de la depresión, y que tanto la falta de sentido como de propósito puedan proceder de otras cau-

9. V. E. Frankl, «The will to meaning», en *Journal of Pastoral Care,* 12 (1958) 28.

sas. La depresión, por ejemplo, podría ser debida a una abundancia de sentido, pero a una deficiencia en las técnicas de adquisición de fines significativos, mientras que la falta de sentido y de propósito puede estar también presente en una personalidad ratímica (muy alejada de la depresión), que navega sin norte debido a una falta de organización en su experiencia vital. Desde la orientación de la psicopatología como desorden de la conducta, adoptada aquí, una característica crítica de la patología es su efecto incapacitador sobre la aptitud del individuo de adaptarse eficientemente a los problemas de la vida. La falta de propósito o de sentido supone un fracaso en la percepción de una pauta integrada de objetivos y de valores en la vida, con la consiguiente pérdida de energías que no hacen más que causar debilidad. La existencia puede hacerse aburrida y dar la sensación de que no vale la pena luchar por la superación de los obstáculos. Las necesidades, con todo, actúan en el interior, y el individuo puede sentirse intensamente frustrado, pero carece de todo marco organizado de referencia que le ayude a percibir sentido en los elementos de su experiencia y, consiguientemente, no puede trazar ningún plan de ataque activo sobre las causas de la frustración. Se mueve así a la deriva en una búsqueda constante de nuevas diversiones para aliviar tensiones que a menudo ignora tener. La depresión, frecuentemente entendida dinámicamente como una agresión hostil contra las causas reales o imaginarias de las frustraciones, representa también un medio ineficaz de hacer frente a la situación. La falta de propósito es probablemente un término más genérico que depresión, pues este último representa una técnica relativamente específica e inadecuada de adaptación al conflicto. La pérdida de sentido y propósito puede seguir al fracaso de cualquier técnica de adaptación.

Es preciso tratar de algunas variables imposibles de controlar en las muestras disponibles de pacientes y no-pacientes. Surge la pregunta de si el diferencial en las puntuaciones del PIL entre muestras de población es un reflejo de niveles educativos más que de psicopatología, dado que las muestras de no-pacientes eran estudiantes de centros escolares, mientras que los pacientes eran de un nivel educativo mixto. La condición educativa exacta sólo la podíamos conocer en nuestros propios pacientes (Grupo IV), pero parecía ser la típica de los pacientes psiquiátricos *privados*: dos tercios frecuentaban el *College;* el 18%

poseían un grado de *máster* o más; el promedio era un año de *College*. Aunque esto permite con todo un pequeño equilibrio educativo a favor de las muestras de no-pacientes, la correlación entre el PIL y el nivel educativo para el Grupo IV es sólo 0,19 (momento-producto de Pearson, N = 49). Además, Snavely[10] descubrió que los estudiantes de primer año puntuaban significativamente *más alto* que los de cursos últimos en el PIL. Por ello, parecía poco probable que las diferencias entre pacientes y no-pacientes pudieran atribuirse a la educación.

Cabe la sospecha de que otras variables, como la inteligencia y la clase socioeconómica, puedan correlacionarse con las puntuaciones del PIL y que son significativamente distintas en las muestras de pacientes y no-pacientes. Hay, evidentemente, cierta relación entre educación, inteligencia y clase socioeconómica; y parecería probable que las dos últimas variables siguieran muy de cerca a la educación en las muestras de que disponíamos. Parece muy posible que los extremos de inteligencia se correlacionen con la presencia de propósito y sentido en la vida, pues es sabido que las personas con nivel de genio tienden a tener éxito (y, por tanto, lógicamente a haber hallado más sentido y propósito), mientras que es difícil ver que los mentalmente retrasados integren sus vidas satisfactoriamente en torno a metas conscientemente propuestas. Las muestras actuales de pacientes y no-pacientes se componían, no obstante, primariamente de sujetos con una educación superior a la media con unos pocos a cada extremo, y la conocida relación sustancial entre educación e inteligencia sugiere que esta última no difería de un modo apreciable, por lo menos entre los Grupos II (estudiantes de *College* no-pacientes) y III (pacientes externos privados), en los que las diferencias de PIL son mayores. Por consiguiente, parece poco probable que las diferencias entre pacientes y no-pacientes se deban primariamente a estas variables.

Podemos preguntarnos si las respuestas PIL de las clases de Frankl en Harvard mostraban la influencia de sus enseñanzas. Estos estudiantes eran todos profesionales que actuaban a un elevado nivel (ministros, profesores, trabajadores sociales y similares), y es probable que ya tuvieran orientaciones en la vida con sentidos elevados). Su instruc-

10. H. R. Snavely, proyecto especial de curso sin publicar, Carleton College 1962.

ción probablemente no cambió demasiado esta situación, porque se decantaba totalmente hacia aspectos teóricos y no a ayudar a estudiantes perdidos a encontrarse a sí mismos. Además, es improbable que actitudes tan básicas hacia la vida pudieran cambiarse en las pocas semanas dedicadas al curso, aunque es posible que pudiera establecerse un conjunto de respuestas orientadas a objetivos «con propósito». Pero los miembros de la Juniors League, que forman parte del Grupo I, puntúan de un modo parecido, y el nivel del grupo refleja probablemente auténtico propósito.

Queda la cuestión de la posible influencia del atractivo social en las respuestas al PIL. La relación moderada entre la escala K del MMPI y las puntuaciones del PIL podían interpretarse como indicaciones de los esfuerzos defensivos del sujeto para parecer orientado al propósito. Como se observó anteriormente, parece probable que individuos con un nivel de propósito auténticamente elevado poseyeran mayores defensas que quedarían reflejadas en la escala K. No obstante, también podría ser que individuos defensivos pusieran en práctica sus defensas en sus respuestas a los ítems del PIL. Es obvio que el instrumento no podía ser usado en una situación competitiva, puesto que, igual que otros tests sobre el «sí mismo», podía quedar distorsionado deliberadamente o por motivaciones inconscientes en la dirección de las respuestas deseables o de las respuestas orientadas al propósito. Pero los datos en relación con la mayoría de estas medidas han sido que hay una distorsión deliberada relativamente pequeña en la mayoría de situaciones no competitivas. La distorsión inconsciente reflejaría probablemente la presencia de al menos cierto grado de trastorno emocional y debería estar presente más a menudo en los pacientes que en los no-pacientes. Esto daría parcialmente cuenta de la mayor variabilidad entre los pacientes que hallamos, y sugiere que las diferencias paciente/no-paciente han quedado de algún modo afectadas por puntuaciones espuriamente elevadas u orientadas al propósito entre los pacientes. Pero esto se refiere al aspecto de la «seguridad» en cuanto que, en lugar de que se creen diferencias espurias entre estas poblaciones debido a este efecto, las diferencias obtenidas se reducen, lo cual alienta la creencia de que se puede confiar en las significancias.

Sumario

La cuestión de la existencia de la neurosis noógena de Frankl –un derrumbe de la persona debido a la «frustración existencial» o a la falta de percepción de sentido o de propósito en la vida– se abordó psicométricamente, mediante una escala de actitud diseñada para medir el grado de conciencia de este sentido en diferentes poblaciones. El concepto de «propósito en la vida» se definió operacionalmente como aquello que medía el instrumento; de modo que el problema se convirtió en el triple problema de mostrar que sus puntuaciones representan (a) lo que Frankl describe, (b) algo distinto de las neurosis usuales, y (c) una característica de lo psicopatológico en cuanto se diferencia de los grupos «normales».

Los resultados de 225 sujetos[11], que comprenden dos muestras de no-pacientes y tres de pacientes, dan un apoyo firme a la hipótesis noógena: (a) La relación entre la escala y el cuestionario diseñado por Frankl para describir los factores implicados en sus conceptos fue elevada; (b) la relación entre la escala y una medida establecida por la psicopatología en sentido tradicional, el MMPI, fue baja; y (c) la escala diferenciaba significativamente las poblaciones pacientes de las no-pacientes, mostrando una caída progresiva prevista de las puntuaciones hasta coincidir con el nivel de patología supuesta para la naturaleza del grupo.

Se precisan más estudios sobre neurosis noógena hechos con el «Purpose in Life Test» para poder responder a una serie de cuestiones que los datos actuales tratan sólo de un modo parcial, para definir las propiedades dinámicas que harían posible el aislamiento diagnóstico de este síndrome, y para determinar las variables que puedan afectarlo. El trabajo que hemos presentado aquí ha de considerarse más heurístico y exploratorio que definitivo.

11. Hasta el presente, el test se ha administrado o a 1200 sujetos, con idénticos resultados. Véase J. C. Crumbaugh, «Experimental Studies in Existentialism: II. The Purpose in Life Test as a mesure of Frankl's noögenic neurosis» (remitido a la Sec. 24 del encuentro anual de la Asociación Americana de Psicología en Nueva York, septiembre de 1966), en *Newsletter for Research in Psychology* (Veterans Administration Center, Hampton, Virgina) 1966, VIII (14), 45 (Sumario). [Nota del editor].

XV
EL TRATAMIENTO DEL PACIENTE FÓBICO Y OBSESIVO-COMPULSIVO CON EL EMPLEO DE LA INTENCIÓN PARADÓJICA SEGÚN VIKTOR E. FRANKL

HANS O. GERZ[1]

El tratamiento de pacientes fóbicos y obsesivo-compulsivos ha sido siempre una tarea difícil, incluso para el psiquiatra más experimentado. La teoría psicoanalítica y la «psicología profunda» de esos estados neuróticos es muy interesante, pero con demasiada frecuencia le sirve de poca ayuda al paciente. Muchas veces he intentado (igual que muchos otros psiquiatras) tratar a estos pacientes con psicoterapia de orientación psicoanalítica, sin que el éxito haya sido mucho. Hemos procurado aplicar conceptos y teorías psicoanalíticos y hemos pasado años analizando a los pacientes con conflictos inconscientes, como el de Edipo y otros. Cuando un paciente de este tipo no mejora, entonces el psiquiatra frustrado, que tan arduamente ha intentado «trabajar con el paciente recurriendo a la psicodinámica subyacente», muchas veces tiende a hacer de la resistencia del paciente la responsable por la persistencia de los síntomas neuróticos; o, como ha sucedido en algunos casos que voy a relatar, el psiquiatra etiqueta al paciente como

1. El doctor Gerz es doctor en medicina, vinculado al Connecticut Valley Hospital, Middletown, Connecticut. Pasajes de este documento fueron discutidos por Frankl en el Simposio de Logoterapia del Congreso Internacional de Psicoterapia, Viena, agosto de 1961.

«esquizofrénico» y, con ello, alivia su propia angustia por no poder mejorar al paciente y achaca la responsabilidad del fracaso de la terapia totalmente al mismo paciente.

Antes de relatar 7 de los 24 casos que he conseguido tratar con éxito con la intención paradójica en los últimos cuatro años, quisiera referirme a esta técnica de logoterapia tal como la delinea Frankl mismo[2] y como la presentó recientemente en una revista americana[3].

Un fenómeno característico de la neurosis fóbica es la angustia de expectación –el miedo a diversos síntomas, como desvanecimiento, rubor, pánico al viajar en coche, autobús, metro, al cruzar puentes; temor a las alturas, palpitaciones, etc. Esta angustia de expectación con frecuencia hará que los síntomas se materialicen de hecho. Cuanto más teme el paciente que ocurra el síntoma y más trata de evitarlo, más probable es que ocurra. Por ejemplo, el paciente que tiene miedo a ruborizarse lo hará de hecho tan pronto como comience a temer que esto pueda ocurrirle y tan pronto como intenta con todas sus fuerzas no ruborizarse. ¿Qué pasaría, pensó Frankl, si en lugar de intentar no ruborizarse el paciente intentara hacerlo, o si en vez de intentar no desvanecerse o no sentir pánico, etc., intentara hacer aquello mismo que tanto teme? Como no tenemos un control voluntario sobre el sistema nervioso autónomo, el paciente naturalmente no será capaz de ruborizarse tan pronto como intente hacerlo, y es precisamente este fenómeno lo que se usa en la técnica de la intención paradójica. Además, al intentar intencionalmente producir los síntomas neuróticos, el paciente no sólo es incapaz de conseguirlo, sino que cambia también su actitud hacia su neurosis. Mientras que el paciente temía anteriormente ruborizarse o desvanecerse, al usar la intención paradójica no hace sino esforzarse por conseguir esto mismo. Tan pronto como su actitud cambia de tener miedo del síntoma a tomarle gusto, el paciente se va a encontrar en una situación realmente divertida. Se tomará aquellos

2. *Ërztliche Seelsorge,* Deuticke, Viena 1946; trad. ingl.: *The doctor and the soul,* Alfred A. Knopf, Inc., Nueva York y Souvenir Press, Londres, 1955-1986; ed. rústica: Souvenir, Londres, 2004; trad. cast.: *Psicoanálisis y existencialismo,* Fondo de Cultura Económica, México-Buenos Aires 2010.

3. V. E. Frankl, «Paradoxical intention: A logotherapeutic technique», en *American. Journal of Psychotherapy, 14* (1960) 520.

síntomas con humor y comenzará a reírse de ellos, y así será capaz de distanciarse él mismo de su neurosis. La eliminación del miedo cerrará el paso a los síntomas neuróticos; a continuación el paciente descubrirá que, paradójicamente, cuanto más intenta producir sus síntomas más se descubre incapaz de hacerlo.

En los siguientes historiales clínicos se describe el modo como yo he utilizado esta técnica:

> CASO 1: W. S., 35 años, casado, padre de tres niños, fue derivado a mi consulta por su médico de familia, debido a que el paciente temía morir de un infarto, sobre todo durante sus relaciones sexuales. Al paciente se le había efectuado un chequeo físico completo, incluido un electrocardiograma, y se vio que se hallaba en excelente buena forma. Cuando vi al paciente por primera vez, sentía angustia, estaba tenso, temeroso y algo deprimido. Explicó que siempre había sido un «tipo preocupado y nervioso», pero que «nunca había tenido algo como aquello». En la anamnesis del paciente, es importante anotar que su hermana había muerto de una enfermedad reumática de corazón a la edad de 24 años y que su madre murió de una enfermedad cardíaca complicada con una neumonía a los 50 años. El paciente contó que una noche, después de haber tenido relaciones sexuales, fue al baño a lavarse y, al inclinarse sobre la bañera, sintió «un dolor agudo como si alguien le sacara algo de dentro del pecho, donde está el corazón». En ese momento, el paciente sintió mucho miedo y pánico y actualizó la angustia de expectación latente, que sufría debido a su historia familiar. Temía «morir de un infarto en cualquier momento». Se fue a la cama y rompió a llorar. («Permanecía despierto y no pude dormir. Me imaginaba que aquello era el fin.») Al cabo de un rato, le venció finalmente el sueño, de puro agotamiento. A partir de entonces, desarrolló la fobia de morir por un ataque de corazón, sobre todo después de una relación sexual, y la fobia de no ser capaz de irse a dormir. («Es un horror irse a la cama.») La angustia de expectación, a su vez, le volvió miedoso y le provocó palpitaciones y una necesidad constante de comprobarse el pulso. El paciente estaba totalmente preocupado por su miedo a una muerte súbita y desarrolló también una depresión superpuesta. Al cabo de unos días, consultó a su médico de familia, el cual le dijo que en el aspecto físico estaba bien. Pero poca confianza le dio esto al paciente y, tras visitar a su médico varias veces, fue enviado a mi consulta.

El paciente admitía que sentía angustia de morir de un infarto debido a su historia familiar. Con toda probabilidad, la noche que comenzó su fobia, habría tensado algún músculo de la pared anterior torácica en el momento de inclinarse sobre la bañera, y fue justamente este dolor lo que desencadenó su neurosis fóbica. El dolor produjo angustia de expectación; y a su vez, a través del sistema nervioso autónomo, provocó un sudor abundante y palpitaciones cardíacas. Esto le llevó a una mayor angustia de expectación y a un círculo vicioso y a un mecanismo de realimentación. En el transcurso de la logoterapia se le explicó que la angustia de expectación produce exactamente ese estado que tanto teme el paciente. Cuando anticipa que su corazón va a ir más deprisa, esta misma angustia hace que el corazón vaya más rápido. Como, tal como se menciona antes, no disponemos de control voluntario sobre el sistema nervioso autónomo, veremos que si el paciente intenta «con todas sus fuerzas» conseguir que su corazón lata apresuradamente, verá que es absolutamente incapaz de conseguirlo. Por consiguiente, cuando pedí al paciente en mi despacho que «intentara tanto como le fuera posible» hacer que su corazón latiera aprisa para morir de un infarto «allí mismo en el acto», se rió y replicó: «Doctor, lo intento tanto como puedo, pero no lo consigo.» Siguiendo la técnica de Frankl, lo instruí sobre «continuar intentando morir de un infarto» cada vez que su angustia de expectación lo perturbara. Como el paciente comenzó a reírse de sus síntomas neuróticos, el humor lo ayudó a distanciarse de su neurosis. El paciente dejó el despacho aliviado, tras haber sido instruido a «morir por lo menos tres veces al día de un infarto»; y «en vez de hacer esfuerzos para dormirse, que intentara permanecer despierto». Tuvo éxito en el uso efectivo de la intención paradójica. Se lo vio un total de tres veces y me explicaba, cuatro semanas después, que se sentía perfectamente. Esto pasó hace año y medio. Tengo la seguridad de que con el psicoanálisis, se podría haber hecho un drama con este paciente. En lugar de «descentrar»[4] su atención de sus síntomas, como indicaba la logoterapia que debía hacerse, podría habérselo empujado aún más hacia la neurosis, sobre todo una vez quedara envuelto en la dinámica subyacente, provocándole de esta forma una neurosis yatrógena.

4. Véase capítulo XII, p. [160].

Repasando las cosas, podríamos preguntarnos. «¿Qué es lo que en realidad hizo que el paciente mejorara?» El paciente cambió su actitud hacia sus síntomas en ese momento en que empezó a reírse de ellos y cuando estuvo dispuesto a provocarlos (paradójicamente) de forma intencionada. Si, antes del tratamiento, el paciente tenía miedo a morir de un infarto, y sentía miedo de no poder dormirse, ahora «intentaba» morir de un infarto y «quería» seguir despierto. Con este cambio de actitud, «desinfló» su neurosis (citando a Frankl) y, al hacerlo, rompió el círculo vicioso y sofocó el mecanismo de realimentación.

Es importante observar que pongo mucho énfasis en el hecho de que es *el paciente* quien cambia su actitud hacia su miedo y quien, por tanto, *se cura a sí mismo.* Esto centra la responsabilidad en el paciente y le impide volverse dependiente del médico. Hacer que el paciente sea responsable es uno de los principios logoterapéuticos[5]. La intención paradójica consiste en cambiar la actitud del paciente hacia sus síntomas para capacitarle a distanciarse de sus neurosis[6].

He descubierto que esta técnica logoterapéutica puede tener también un completo éxito en los casos crónicos de neurosis fóbica. El siguiente informe clínico lo demuestra:

> CASO 2: A. V., 45 años, casada y madre de un muchacho de 16 años; tiene un historial de 24 años de neurosis fóbica grave, que consiste en una claustrofobia aguda que se manifiesta en miedo a viajar en coche. Tenía miedo a las alturas, a subir en los ascensores, a cruzar puentes, a derrumbarse, a salir de casa (cuando se la obligaba, solía «agarrarse a los árboles, a los arbustos, a todo»). Sentía también miedo a los espacios abiertos, a estar sola y a volverse paralítica. Fue tratada de su neurosis obsesiva durante los pasados 24 años por varios psiquiatras y recibió, repetidas veces, psicoterapia a largo plazo de orientación psicoanalítica. Además, la paciente había sido hospitalizada varias veces, había recibido varias sesiones de tratamiento con electrochoque y, por

5. V. E. Frankl, *Man's search for meaning*. Nueva York 1984*a*; trad. cast.: *El hombre en busca de sentido,* Herder, Barcelona [1/3]2010.

6. V. E. Frankl, «The spiritual dimension in existential analysis and logotherapy», en *Journal of Individual Psychology,* 15 (1959) 157.

último, le habían sugerido una lobotomía. Durante los cuatro años anteriores a la visita, había sido hospitalizada continuamente en una sala de trastornados en un hospital público. Allí recibió los tratamientos de electrochoque y una terapia intensiva con barbitúricos, fenotiacinas, inhibidores de la monoaminooxidasa –todo para nada. Sus fobias la habían paralizado tanto que era incapaz de abandonar los alrededores de su cama. Se hallaba continuamente en una angustia aguda pese a recibir grandes dosis de tranquilizantes. Su tensión era tan alta, que sus músculos se dañaron gravemente. Constantemente intentaba «no derrumbarse», «no ponerse nerviosa» y «no sentir pánico». Los diagnósticos de su enfermedad, hechos por psiquiatras privados, iban desde la psiconeurosis a la reacción esquizofrénica, tipo esquizo-afectivo. El diagnóstico del hospital, justo unos pocos meses antes de que la tratara, fue reacción esquizofrénica, tipo pseudoneurótico, con angustia fóbica y manifestaciones depresivas. Mientras estuvo en el hospital, un psicólogo clínico experimentado la trató durante año y medio con «psicoterapia intensiva de orientación analítica».

El 1 de marzo de 1959, se paró toda medicación y comenzó el tratamiento con intención paradójica. Se le explicó completamente la técnica y trabajamos juntos, síntoma por síntoma y miedo por miedo. Empezamos primero eliminando los miedos más pequeños, como el de no ser capaz de dormirse. Se sacó a la paciente de la sala de los trastornados y se la instruyó para que «intentara desmayarse y sentir pánico tanto como le fuera posible». Al inicio, dijo enojada: «¡No tengo por qué tener miedo! ¡Ya tengo miedo! Esto es ridículo. ¡Usted me pone más mala!» Al cabo de unas semanas de esfuerzos, la paciente era capaz de permanecer en una sala situada en el tercer piso donde intentaba «infructuosamente» con todas sus fuerzas desmayarse y volverse paralítica. La paciente y yo nos dirigimos un día al ascensor para subir al quinto piso. La paciente había recibido las instrucciones de entrar en el ascensor y dejarse llevar con la vigorosa intención de desmayarse y mostrarme «de qué manera tan maravillosa podía ella sentir pánico y volverse paralítica». Mientras subíamos con el ascensor, le mandé que se desmayara, pero se rió de ello y replicó: «Lo intento con todas mis fuerzas –pero no puedo. No sé qué me pasa –ya no puedo sentir miedo. Y diría que intento sentir miedo tanto como puedo.» Al alcanzar el quinto piso, la paciente se sentía orgullosa y también llena de alegría. Aquél me pareció a mí el momento crucial del tratamiento. A partir de entonces, la paciente usaba la intención paradójica siempre que la necesitaba. Por primera vez en muchos años, salió a pasear sola por los alrededores del hospital sin sentir miedo, pero «intentando constantemente con fuerza sentir pánico y volverse paralítica». Tras cinco meses de esta terapia, quedó libre de síntomas. Volvió a casa para una visita de fin de semana y disfrutó de su estancia allí sin fobias por primera vez en 24 años. Al volver al hospital, después del viaje, se sentía contenta y precisó que le quedaba únicamente un solo miedo, el de cruzar puentes. Aquel mismo día fuimos juntos en mi coche y cruzamos un puente. Mientras lo cruzábamos, le ordené que se desmayara y que sintiera pánico, pero ella sólo pudo reírse *y* dijo: «¡No puedo, no puedo!» Poco tiempo después abandonó el hospital. Desde entonces me ha visitado cada dos o tres meses para un reconocimiento «en agradecimiento». Me importa destacar que no quise intencionadamente familiarizarme con su historia pasada ni con la psicodinámica subyacente.

Hace dos meses me pidió una cita especial. Cuando la vi, se hallaba toda tensa, expresando angustia de expectación por temor de enfermar de nuevo. Su marido había salido por razones de trabajo por varios meses y padecía también un trastorno neurológico que estaba en proceso de eliminación. Al mismo tiempo, la mujer se hallaba en período de menstruación. Esta presión hizo que se sintiera angustiada y estaba a punto de deslizarse otra vez hacia el círculo vicioso de sus enfermedades anteriores. Sin embargo, con una sola sesión fue capaz de entender lo que había pasado y de evitar una reconstrucción de las pautas destructivas de sus fobias. Esta paciente salió del hospital y se encuentra viviendo una vida plena y feliz con su familia desde hace ya dos años y medio. La recuperación se produjo sin ningún intento por mi parte de «comprender» los síntomas de la paciente en términos de teoría psicoanalítica y de «psicología profunda».

Podríamos muy bien hacer la siguiente pregunta: ¿Qué pasa en realidad en las sesiones? La terapia se empieza recogiendo el historial clínico, registrando la sintomatología, etc., explicando al paciente los principios básicos de la intención paradójica y discutiendo acerca de historias clínicas mías y de algunos de los casos relatados por Frankl, Niebauer y Kocourek[7]. Esto requiere normalmente entre hora y media

7. V. E. Frankl, *Theorie und Therapie der Neurosen –Einführung in Logotherapie und Existenzanalyse,* Urban und Schwarzenberg, Viena 1956.

o dos horas. Esto le aporta dos cosas al paciente: aprenderá a comprender lo que estamos intentando hacer, y ganará confianza en que esta terapia sea efectiva. A mí, por ejemplo, me ha parecido muy interesante que un paciente que se ha curado con este tipo de tratamiento se viera con el que está a punto de iniciar la terapia, tanto en la práctica hospitalaria como en la privada. Esto puede hacerse muy bien individualmente, pero también es provechoso en el marco de la psicoterapia de grupo. No niego que este tipo de cosas tenga un valor de sugestión, pero ¿puedo preguntar qué doctor o qué psiquiatra puede tratar a sus pacientes sin recurrir a este factor? En lo que se refiere a la técnica en sí misma, no debe confundirse con la sugestión. De hecho, la intención paradójica representa exactamente lo opuesto. No dice al paciente, como hizo Coué, «todo irá cada vez mejor», sino que instruye al paciente para que *intente intencionadamente que vaya peor.* El logoterapeuta pide al paciente que desee que aquello que teme llegue a ocurrirle. Frankl dice muy específicamente que «la intención paradójica es la logoterapia más genuina. El paciente objetivará su neurosis distanciándose de sus síntomas. Lo espiritual en el hombre debe despegarse de lo psíquico que está en su interior, y el paciente apelará a la *Trotzmacht des Geistes,* la capacidad espiritual de resistir, y por su libertad interna escoge una actitud específica en cada determinada situación[8]».

Cuando pienso que el paciente ha entendido el mecanismo que supone la técnica, la aplicamos y ponemos en práctica juntos en mi despacho. Por ejemplo, al paciente que teme que pueda perder la conciencia se le pide que se levante e intente caerse «desvanecido». Exagero siempre el recurso del humor en el paciente diciendo, por ejemplo, «vamos; que sea; desmáyese en cualquier sitio. Muéstreme lo bien que se desmaya usted». Y, cuando el paciente intenta desmayarse y descubre que no puede, comienza a reírse. Entonces le digo: «Si usted no puede desmayarse aquí adrede, intencionadamente, entonces tampoco puede desmayarse en ningún otro sitio, si lo intenta.» De modo que juntos practicamos la intención paradójica en el despacho una y otra vez; pero también, si es necesario, en casa del paciente o allí donde

8. V. E. Frankl, Seminario de logoterapia dirigido en el curso de verano de Harvard, 1961.

aparecen sus síntomas neuróticos. Una vez que el paciente ha ejercido con éxito la intención paradójica con una de sus fobias, aplica entusiásticamente la técnica a sus otros síntomas. El número de sesiones de terapia depende en gran medida del tiempo que ha estado enfermo el paciente. Si la enfermedad es grave, y el tiempo que ha durado es sólo de unas pocas semanas o meses, la mayoría de pacientes responden a esta terapia al cabo de cuatro a doce sesiones. Los que han estado enfermos durante varios años, incluso 20 años o más (en mi experiencia tengo seis casos, aunque la bibliografía relata bastantes más), necesitan de seis a 12 meses, con dos sesiones a la semana, para conseguir su recuperación. En el transcurso del tratamiento, es necesario enseñar y alentar repetidamente al paciente a usar la técnica de acuerdo con sus síntomas específicos. Como el sistema nervioso en sí es bien conocido por sus cualidades repetitivas y como nuestros sentimientos son transportados y se expresan a través del tejido nervioso, esto es, el sistema nervioso autónomo, una pauta de sentimientos neuróticos ya establecida tenderá a repetirse y se convertirá en una especie de reflejo, incluso cuando las causas del síntoma neurótico se han resuelto y eliminado. Debido al carácter repetitivo del sistema nervioso, es también absolutamente esencial en terapia repetir la aplicación de la intención paradójica una y otra vez.

Inicialmente, los pacientes muestran una muy buena respuesta a la intención paradójica, pero en el transcurso de la terapia, particularmente en los casos crónicos, las pacientes van sufriendo repetidamente pequeños retrocesos. Esto viene del hecho de que tan pronto como los pacientes *intentan mejorar* entran de nuevo en el círculo vicioso, esforzándose por curarse y suministrando carburante a la neurosis. En otras palabras, «olvidan» aplicar la intención paradójica y empeoran por el método Coué de sugestión. Este fracaso del paciente en continuar la práctica de la técnica se debe precisamente a las pautas de conducta neurótica repetitivas. («He intentado luchar contra mi neurosis por el espacio de no sé cuántos tantos años equivocándome, que es difícil aprender de nuevo.») Pero hay otro elemento implicado en esto: el terapeuta exige al paciente un coraje tremendo, es decir, le exige hacer aquellas cosas que él tanto teme. Por ejemplo, al paciente que teme ruborizarse cuando está en un grupo se le pide justamente que haga esto mismo. Aquí, apelamos al orgullo personal del paciente y a su libertad interna en su dimensión espiritual. Y de esta forma practicamos la logoterapia en su verdadero sentido. Por todas estas razones, el terapeuta no debe cansarse nunca de alentar al paciente a continuar usando la intención paradójica una y otra vez –igual como su neurosis produce los síntomas una y otra vez. Luego, por fin, los síntomas neuróticos «se descorazonan» y desaparecen. Sólo que demasiado a menudo «vuelven a las andadas», pero la intención paradójica acaba sofocándolos. «Cuando ven que no pueden ir a ninguna parte sin mi colaboración, desaparecen por completo.»

> Caso 3: D. F., 41 años de edad, casado y padre de dos niñas adolescentes; remitido a mi consulta para un tratamiento del *delirium tremens.* Después de eliminar su psicosis tóxica, intentamos mediante la psicoterapia comprender algunas de las causas de su excesiva afición a la bebida. No podíamos considerarlo un verdadero alcohólico, pero se había dedicado en exceso al alcohol con el fin de aliviar, por un lado, lo que en logoterapia llamamos «vacío existencial» o «frustración existencial»[9] y, por otro, para superar sus síntomas fóbico-neuróticos, como el temblor de su mano al escribir delante de otra gente. En su profesión de ingeniero, su estado fóbico interfería mucho con su capacidad de llevar a cabo trabajo mecánico detallado delante de otras personas. Durante mucho tiempo no había sido capaz de firmar cheques en presencia de otros, y lo había atormentado enormemente la angustia hasta el punto de dejarse llevar por el pánico cuando tenía que leer un informe en reuniones de negocios. En reuniones sociales se había visto incapaz de levantar una copa o un vaso por miedo a ponerse a temblar derramando el contenido. Prender fuego al cigarrillo de otra persona era un acto que debía evitar a toda costa. Estos síntomas neuróticos eran parcialmente responsables de su abuso sintomático del alcohol. De nuevo se explicó plenamente al paciente la intención paradójica y se le dio la instrucción de «lanzarse directamente» a las situaciones fóbicas, más que a evitarlas, que es lo que había hecho hasta entonces. Se le pidió que buscara cualquier posible oportunidad de demostrar ante

9. V. E. Frankl, en *Handbuch der Neurosenlehre und Psychotherapie,* ed. por V. E. Frankl, V. E. Von Gebsattel y J. H. Schultz, vol. III, Urban und Schwarzenberg, Múnich-Viena 1959.

algún grupo «la maravillosa coctelera» que era. Iba a mostrar a los demás «todo lo nervioso que podía ponerse y cuan capaz era de derramar el café por todos lados». Habiendo sufrido durante tanto tiempo estos síntomas neuróticos agobiantes, siguió animoso mi consejo. Pasadas tres sesiones, relató lo siguiente: «No puedo agitarme, no puedo temblar. Ya no puedo sentir pánico. Y no importa que lo intente con todas mis fuerzas.» Característicamente, vemos de nuevo en este caso cómo el paciente ha utilizado su libertad interna para cambiar su actitud hacia sus síntomas neuróticos y, al adoptar una actitud humorística al respecto, pone distancia entre él y sus síntomas, *liberándose así él mismo* de los síntomas. Consiguientemente, al poder ayudarlo en el transcurso de la logoterapia a encontrar un sentido nuevo a su existencia, el paciente se recuperó de su neurosis noógena.

Presento el caso siguiente con todo detalle porque se trata de una respuesta dramática e inmediata a la intención paradójica, por parte de una paciente con una aguda reacción fóbica:

Caso 4: A. S., 30 años de edad, madre de cuatro niños; derivada a mi consulta por su médico de familia, debido a los siguientes síntomas: pánico y angustia graves, temor a un infarto, a asfixiarse y a ahogarse. «No puedo tragar. Se me ha paralizado la garganta. Siento presión en el corazón. Tengo miedo de morirme de un infarto.» Se quejaba de mareos, dolor de cabeza y de sensación de «volar o flotar». También de hormigueo alrededor de la boca, adormecimientos, martilleo en el corazón y de que «me vienen las sensaciones más extrañas». En su estancia en mi despacho en la primera visita, estaba tan sobrecogida por su miedo a morir de repente, que aferrándose a mis manos, toda temblorosa, exclamó: «¡Doctor, tengo que quedarme con usted! ¡No puedo irme de su despacho! Con usted me siento segura. Tómeme el pulso. Ausculte mi corazón.» De hecho, la paciente se rehusó del todo a abandonar mi despacho. En esta situación, no habría servido de nada explicarle la intención paradójica, porque su angustia era tan fuerte que no era capaz de escuchar nada. Se llamó a su marido al despacho y les dije que «se fueran a la ciudad y buscaran un bonito ataúd» para la paciente. Pregunté al marido cuánto pensaba gastarse con el ataúd y, volviéndome hacia la sorprendida paciente, le dije: «¿De qué color le gustaría que fuese la seda del interior, rosa, verde?» El marido captó mis intenciones. Yo continué diciendo a la paciente: «Váyase e intente morirse con todas sus fuerzas de repente de un infarto», cosa que provocó en ella cierta sonrisa y la observación: «Doctor, usted está de guasa.» Entonces, junto con su marido y conmigo, la paciente fue capaz de ponerse a reír. Pasamos luego un buen rato explicando a la paciente y a su marido la técnica de la intención paradójica. Poco a poco, ella mostraba signos de alivio y comprensión. Cuando se acabó la sesión, la paciente se levantó, diciendo: «Doctor, me siento mucho mejor.» Y, mientras salía del despacho, se le dio la instrucción de «morir por lo menos tres veces al día de un infarto».

En las sesiones de logoterapia siguientes, me contó cómo había empezado todo: Hacía más o menos un año que la paciente había ido de compras a un supermercado, donde, sin razón aparente alguna, de repente notó una «sensación de temblor» en las rodillas y tuvo miedo de desvanecerse. En ese momento, salió corriendo del mercado e intentó olvidarse del incidente. La vez siguiente que acudió al supermercado tenía la «esperanza de que esa vez no se repetiría». En realidad, estaba experimentando una angustia de expectación. Cuando volvió de nuevo al supermercado, «intentó con todas sus fuerzas no desvanecerse», con lo que no hizo más que ponerse más nerviosa y tener más miedo. A partir de aquel momento evitó supermercados, almacenes, etc., y llegó al punto de ser incapaz de salir para nada de casa. Pedía constantemente a su marido que se quedara con ella de modo que pudiera llamar al médico, «en caso de necesidad». La señora S. respondió pronto a la intención paradójica. Debo mencionar que lo que Frankl ha descrito como «neurosis noógena» o, más específicamente, una «pseudoneurosis tetanoide» había quedado descartada por pruebas de laboratorio. Los adormecimientos y el hormigueo alrededor de la boca y en las manos se debían, evidentemente, a hiperventilación, y se explicó a la paciente el mecanismo fisiológico de este fenómeno. La causa de la neurosis, tal como salió a la luz en la psicoterapia, era un conflicto agudo en su situación matrimonial. Una vez que se enderezó este conflicto, la paciente quedó libre de sus síntomas.

Quisiera, de nuevo, poner de relieve que la aplicación de la intención paradójica no excluye la comprensión y la solución del conflicto neurótico del paciente; de hecho, esto es lo que se intenta en cada caso en la medida en que sea posible o se considere necesario.

Cabe esperar que los psicoanalistas sostengan que este tipo de tratamiento no analítico es «sólo» sintomático, y nada más que sugestión, y que estos pacientes desarrollarán por fuerza otros síntomas o bien recaerán. No sólo Frankl, sino también gran número de otros psiquiatras importantes han podido probar que éste no es el caso. Wolpe[10], en un estudio reciente, sostiene que «un informe sobre estudios de seguimiento de 249 pacientes, cuyos síntomas neuróticos han mejorado notablemente tras una psicoterapia, no obstante, de diversas clases del psicoanálisis, muestra sólo 4 recaídas (1, 6%)». Concluye que «esta evidencia contradice la expectativa psicoanalítica de una durabilidad inferior de las recuperaciones obtenidas sin psicoanálisis y echa por tierra la razón principal de contemplar el análisis como un tratamiento preferente del sufrimiento neurótico». Pero si alguien necesita recurrir a la teoría psicoanalítica para explicar por qué tiene éxito la intención paradójica, podríamos suponer –aunque sólo en teoría– que si las fobias pueden entenderse como pulsiones hostiles desplazadas, el terapeuta, al decir al paciente que proceda a hacer exactamente aquello que teme hacer, permite que el paciente «actúe» simbólicamente esa pulsión hostil.

A menudo oímos el razonamiento de que es la «sugestión» lo que hace mejorar al paciente. Algunos colegas míos han atribuido los resultados a mi planteamiento «autoritario». A Frankl se le ha acusado de haber conseguido éxitos con la intención paradójica porque él es la gran autoridad, el profesor, el director de la Policlínica Neurológica de la Universidad de Viena, y ayuda a sus pacientes con su «sugestión autoritaria masiva». La cuestión es, sin embargo, que muchos otros psiquiatras europeos, así como algunos también en este país, han usado la técnica de Frankl con pleno éxito. Hay informes sobre casos de personas libres de sus síntomas hace ya décadas.

Por lo que se refiere al tratamiento de paciente obsesivo-compulsivo, debemos tener en cuenta una diferencia importante: si el paciente fóbico *evita* la situación que teme, el paciente obsesivo-compulsivo

10. T. Wolpe, «The prognosis in unpsychoanalyzed recovery from neurosis», en *The American Journal of Psychiatry,* 118 (1961) 35 y en *Psychotherapy by reciprocal inhibition,* Stanford University Press, Stanford, Calif. 1958.

hace justamente lo contrario, *la combate*[11]. Y cuanto más combate sus síntomas más aumenta su sintomatología. Por consiguiente, en estos casos la base de la terapia es, en terminología logoterapéutica, descentrar al paciente de sus síntomas y ayudarle a cambiar su actitud hacia su sintomatología específica. Dado que, como se sabe, la mayoría de pacientes obsesivo-compulsivos son perfeccionistas, el tema de fondo ha de ser: «¡Qué diablos! ¿Quién quiere ser perfecto? ¡Me importa un pito!» La historia clínica del siguiente paciente, que tenía rasgos fóbicos y a la vez rasgos obsesivo-compulsivos, ilustrará este concepto:

> Caso 5: P. K., 38 años, casado, padre de dos chicos adolescentes; ha padecido una multitud de síntomas, que implican angustia, estados de pánico, fobias, obsesiones y compulsiones, acompañados de rasgos depresivos, durante más de 21 años. Enfermó dos años antes de casarse, cuando comenzó a tener dudas obsesivas y temores sobre la corrección de sus acciones y, una vez casado, no paraba de rumiar si amaba realmente, o no, a su esposa. Cuando era niño, había tenido miedo de estar solo y de ir solo al cine. Sufrió sentimientos de culpa por la masturbación después de que su madre le dijera que su hermano tuvo que ingresar en un hospital mental por causa de este «autoabuso». El paciente recordaba que un amigo le había dicho que una muchacha padeció un derrumbe nervioso por la sensación sexual montando a caballo. Casi inmediatamente el paciente se veía invadido de sensaciones sexuales por el mero hecho de ir caminando. Desarrolló miedo a convertirse en homosexual y constantemente temía «deshonrarse» por «echar mano a un genital masculino». Había un diagnóstico de esquizofrenia. El señor K. fue tratado, durante años, con psicoterapia de orientación psicoanalítica. Había recibido también de diversos psiquiatras terapia intensiva farmacológica y tratamiento de electrochoque. Ninguno de estos tratamientos le había producido un alivio notable. Cuando acudió a mi visita por primera vez, se hallaba en elevado estado de tensión y agitación y con lágrimas en los ojos explicó que había padecido varios síntomas neuróticos durante muchos años. «¡Durante más de 20 años he llevado una vida infernal! Lo mantengo como un secreto, pero mi mujer lo sabe. ¡Sólo siento alivio cuando estoy durmiendo!» El paciente siguió diciendo que el miedo más grande que

11. Véase capítulo XII, p. [161].

tenía era que, sentado en el asiento de la barbería, o conduciendo un coche o estando sentado en la barra de un bar, pudiera «echar mano al pene de alguien». Temía que este acto le acarrearía la pérdida de su trabajo y una deshonra pública. Temía incluso que llegara a confesar un crimen sexual que no había cometido. Además, se quejaba de incapacidad de concentrarse, inquietud y miedo a que su corazón dejara de latir. Temía también que pudiera empezar a chillar. Solía mantener las manos pegadas a su cuerpo para no perder el control y no «deshonrarse». Los celos de su esposa eran la obsesión más reciente que había desarrollado. Constantemente se preguntaba si amaba o no a su mujer, si iba a deshonrarse o se volvería loco. Se sentía forzado a mirar hacia ciertos objetos, a determinados sitios, etc. Nunca había podido ir de vacaciones con su familia debido a su neurosis grave. Por lo que yo sabía, nunca mostró en público sus síntomas psicóticos.

El señor K. fue visto durante un período de seis meses con dos sesiones de logoterapia por semana. Igual que en casos anteriores, se eliminó síntoma tras síntoma. Sus dudas obsesivas sobre si amaba o no a su mujer desaparecieron luego que adoptó la actitud de «¿quién quiere amar a su mujer?» Cuando se le instruyó buscar cualquier oportunidad que le fuera posible en la calle, en el restaurante, en el coche, en el trabajo, de echar mano al pene de alguien (el del terapeuta incluido), el señor K. comenzó a reírse de sus obsesiones, las cuales desaparecieron por completo. Uno de los momentos más destacados del tratamiento fue cuando por vez primera en su vida viajó en avión a Florida para unas vacaciones. Al volver, el paciente relató que había intentado con todas sus fuerzas dejarse llevar del pánico dentro del avión y de ir merodeando «echando mano» a todo el mundo; pero no experimentó angustia alguna y disfrutó del viaje y de las vacaciones. Todavía se acerca a visitarme una vez al mes y en la actualidad disfruta de una vida normal y plena con su familia y es por completo asintomático.

La intención paradójica parece ser un tipo de tratamiento natural o fisiológico de los estados fóbicos. Esto puede ilustrarse con el relato del autotratamiento con éxito de un caso de neurosis fóbica de una amiga mía.

La señora L. K., de 38 años, casada, padecía miedo a morir de un infarto, debido a ataques de taquicardia y a palpitaciones fuertes. Su marido, médico, le había asegurado muchas veces que a su corazón no le pasaba nada. Durante la Segunda Guerra Mundial, estando con el ejército británico en África, había experimentado por primera vez un estado de angustia aguda durante un periodo de tiempo sumamente caluroso. Entró en un círculo vicioso: «Cada vez que me venían palpitaciones y miedo, me echaba sobre el sofá evitando la más mínima actividad física, pero yo me espantaba todavía más y el corazón iba aún más acelerado.» Después de haber estado padeciendo esta situación intolerable durante varios años, un día decidió «que le traía sin cuidado. Me fui al jardín y comencé a cavar», diciéndose mientras tanto a sí misma: «Hacer un trabajo duro me va a matar o no, pero ahora voy a saberlo.» Después de trabajar durante un rato, notó que su miedo y sus palpitaciones habían desaparecido y pensó: «Si este trabajo duro no me ha matado, nada va a hacerlo.» A partir de ese momento, cuando le sobrevenían palpitaciones y angustia de expectación, «se pondría a trabajar». Tras aprender cómo «tratarse» a sí misma, se curó pronto completamente de los síntomas y no ha tenido ningún ataque más en el transcurso de estos últimos ocho años.

Es interesante observar que esta mujer, dado que no disponía de ningún psiquiatra, usó instintivamente con éxito la intención paradójica.

Podemos dar por sentado, que no sólo los pacientes, sino también los psiquiatras han recurrido inconscientemente a la intención paradójica, utilizando la filosofía de que los pacientes no iban nunca a superar sus miedos hasta que no los conocieran.

Toll[12] refiere que ha estado usando el método de Frankl de la intención paradójica y la logoterapia durante más de seis años. También ella encontró pacientes en psicoterapia de grupo que usaban espontáneamente –sin conocer para nada las técnicas de Frankl– la intención paradójica y hasta la recomendaban a los miembros del grupo que padecían estados fóbicos y obsesivo-compulsivos. Las experiencias psicoterapéuticas de grupo de Frankl se citan en dos de sus trabajos[13].

Pero revisando la bibliografía hallamos que fue Frankl quien no solo sistematizó específicamente la técnica, sino que también fue ca-

12. N. Toll, comunicación personal.
13. Véase capítulo II, p. [26], y capítulo VIII, p. [95.]

paz de explicar los psicomecanismos básicos implicados, que hacen tan provechosa esa técnica[14].

Las dos siguientes historias clínicas ilustran aún más las notablemente sorprendentes y duraderas remisiones conseguidas con este tratamiento:

Caso 6: A. A., mujer de 31 años de edad, casada; sufrió durante nueve años de una neurosis fóbica con miedo al insomnio, claustrofobia y «psicotofobia»[15]. Se quejaba de incapacidad de estar en la iglesia, o en el trabajo, o de quedarse sola en casa, y obligaba a su marido a estar con ella constantemente. Llegó a «tener miedo de todo», desarrolló miedo a la gente, al agua y, finalmente, se confinó por completo en casa. Había recibido tratamiento de vez en cuando en hospitales públicos y también en la clínica de pacientes externos del departamento psiquiátrico de una facultad de medicina de una gran universidad. En el transcurso del tratamiento recibió psicoterapia de orientación psicoanalítica, electrochoques y una enorme cantidad de tranquilizantes de varias clases. Las pruebas psicológicas indicaron que «la psicoterapia individual habría sido probablemente extremadamente difícil; la terapia de apoyo podría ser suficientemente efectiva para permitirle mantener una adaptación superficial y marginal en el momento en que dejara el hospital». Un psiquiatra de orientación psicoanalítica determinó en el informe: «Ninguna expresión de amor vio la paciente entre sus padres o la experimentó viniendo de alguno de ellos... La culpabilidad sexual y una situación edípica apenas resuelta han desempeñado su función en la aparición de sus fobias. La prognosis, con psicoterapia "experta" (se puede suponer que se entiende terapia con un psicoanalista experto) a largo plazo, no debería ser demasiado mala, aunque dudosa en cuanto a una completa curación.»

Esta paciente fue tratada con éxito en seis semanas por uno de mis ayudantes –después de haberle instruido yo en la técnica de Frankl. Hay que observar que este joven doctor no posee una personalidad di-

14. V. E. Frankl, *Die Psychotherapie in der Praxis. Eine kasuistische Einführung für Ärzte,* Franz Deuticke, Wien y Serie Piper 475, Múnich 2002; trad. cast.: *La psicoterapia en la práctica médica*, San Pablo, Buenos Aires ²2003; y *Ärztliche Seelsorge,* Deuticke, Viena 1966 (edición ampliada); trad. cast.: *Psicoanálisis y existencialismo,* Fondo de Cultura Económica, México-Buenos Aires 2010.

15. Véase capítulo XII, p. [161].

námica o autoritaria. La paciente ha quedado completamente libre de síntomas desde que abandonó el hospital, hace ya más de tres años.

Caso 7: S. H., mujer de 31 años de edad; padeció una neurosis fóbica con la misma sintomatología que en el anterior Caso 6, durante más de 12 años. Muchas hospitalizaciones en instituciones públicas así como en un sanatorio privado, junto con todo tipo de terapias, resultaron completamente inútiles. En 1954, se le realizó una lobotomía y el estado de la paciente siguió sin mejorar. Un colega de orientación psicoanalítica relacionó sus fobias con «impulsos, latentes pero muy poderosos, de felación dirigidos hacia su padre a una muy temprana edad, aunque reprimidos porque tratarse de algo intolerable... al escuchar esta "interpretación" la paciente se enojó enormemente...»

Bajo tratamiento con intención paradójica, se recobró en seis semanas. Ha permanecido libre de síntomas desde su marcha del hospital, hace ya unos tres años y medio.

Casos 8-24: Estos casos, tratados también con intención paradójica, son igualmente impresionantes, pero, debido a la falta de espacio, no pueden ser citados aquí.

Epicrisis

Aunque he estado usando logoterapia, y en estos casos específicamente la intención paradójica, sólo desde hace cuatro años y respecto de 24 pacientes, soy de la opinión de que la intención paradójica es un tratamiento bastante específico y efectivo para los estados fóbicos y obsesivo-compulsivos.

La neurosis obsesivo-compulsiva es normalmente más grave e inhabilitante, y los resultados del tratamiento con intención paradójica no son tan impresionantes como en casos de fobia. Sin embargo, el paciente que sufre de neurosis obsesivo-compulsiva puede, con esta técnica, recuperarse o por lo menos aliviarse en gran medida. En ocasiones he creído muy útil auxiliar la logoterapia con pequeñas dosis de librium y tofranil combinados, particularmente en la primera fase del tratamiento. La mayoría de pacientes sufren alguna depresión sobrepuesta, que se alivia con tofranil. La acentuada angustia asociada con el trastorno neurótico se reduce considerablemente con el uso del librium.

La medicación antidepresiva y ansiolítica facilita al paciente tener el coraje de aplicar la intención paradójica. Tan pronto como el tratamiento muestra resultados, se interrumpe la medicación y el paciente, convencido de que «aquello funciona», prosigue totalmente dispuesto a usar la técnica de la intención paradójica.

En el transcurso de la logoterapia, el terapeuta no intenta simplemente eliminar los síntomas, sino que paciente y terapeuta juntos intentan comprender al paciente en términos de su historia y de su situación vital, con sus conflictos actuales y los factores implicados que puedan haber provocado la neurosis. La intención paradójica no intenta eliminar la ayuda al paciente para que se comprenda mejor o para solucionar sus problemas; al contrario, lo alienta precisamente a esto mismo. Pero la comprensión que el paciente puede alcanzar de sus síntomas en términos de la sola dinámica *no* elimina normalmente sus síntomas. En particular, siempre se ha diferenciado si el paciente sufría neurosis somatógena, psicógena o noógena (para usar la diferenciación introducida por Frankl). La última indica una frustración existencia! o el vacío existencial.

El médico de orientación psicoanalítica puede oponerse a la idea de que la eliminación de los síntomas no significa que nuevos síntomas tengan que reemplazarlos, y a mi fuerte rechazo de la teoría de que sólo el análisis profundo puede aliviar los síntomas y mostrar resultados duraderos.

En muchos casos, la comprobación por parte del paciente de su conflicto subyacente, que remite a años atrás, y la solución de este conflicto (sea por procesos psicoterapéuticos, sea quizás por la eliminación del conflicto mediante experiencias sanas de la vida posterior), no parece eliminar los síntomas del paciente. De aquí tantas terapias psicoanalíticas sin éxito y con persistencia de los síntomas. La logoterapia es normalmente una terapia a corto plazo aplicable en el tratamiento de un gran número de pacientes, en oposición a la terapia psicoanalítica que dura muchos años y beneficia sólo a un número limitado de pacientes.

Constituye un dato interesante que, durante años, los dos analistas de origen freudiano del equipo de la Clínica Frankl de Viena no hayan usado el psicoanálisis en el tratamiento de pacientes fóbicos y obsesivo-compulsivos, sino que han utilizado la intención paradójica con resultados exitosos.

En cuanto al seguimiento de estos pacientes neuróticos, se ha creído que aunque los síntomas se han eliminado y han cambiado las antiguas pautas neuróticas por un completo giro de la actitud del paciente hacia sus síntomas, los hábitos neuróticos y las pautas que se expresan a través del sistema nervioso autónomo tienden a reasumir las antiguas pautas y a «volver a las andadas». Es tarea del logoterapeuta, cuando el paciente tiende a caer de nuevo en el círculo vicioso, a ayudarlo a aplicar de nuevo la intención paradójica. Luego que el paciente ha tenido éxito en la empresa, sólo hay que recordarle que puede tenerlo de nuevo una y otra vez.

Es interesante oír los comentarios de los pacientes, cuando ya se han recuperado, sobre lo que creen que fue decisivo en su recuperación. Quisiera citar aquí y resumir lo que dijo uno (Caso 5) de mis pacientes: «Si tuviera que resumir lo que me puso bien, diría *(1)* la confianza que uno adquiere con esta terapia luego que usted me refirió algunos casos y habló con uno de sus pacientes que había curado y que estaba peor que yo, *(2)* sus instrucciones para que yo me aplicara la intención paradójica en diversas situaciones; *(3)* el hecho de aceptar mi neurosis; *(4)* mi cambio de actitud hacia mis síntomas. De este modo podía yo sacarlos de mi cuerpo y ponerlos aparte para reírme de ellos. El humor me ayudó en gran manera; *(5)* el que usted cambiara la actitud de mi mujer. [Le había pedido que se uniera a los ánimos que yo daba a su marido para que practicara la intención paradójica y ella adoptó una actitud humorística hacia los síntomas de él, en vez de contemplar angustiada cómo iba empeorando]. *(6)* Usted me hizo hacer cosas y me dejó hablar sobre mis síntomas. Mis psiquiatras de antes se habrían enojado si yo me hubiera referido a ellos. Sólo querían que hablase del pasado; *(7)* las cosas que tanto me preocupaban y que me avergonzaban, que yo creí que eran tan horrorosas, usted las redujo a cosas naturales; *(8)* nunca salí de su despacho confundido después de una sesión, porque usted no «interpretaba» mis síntomas y me daba nuevas cosas por las que preocuparme. Salía de muchas sesiones feliz y aliviado; *(9)* aprendí a depender de mí mismo con la intención paradójica. Me curé yo y aprendí a usar la intención paradójica siempre que la necesitaba. Siempre la llevo conmigo. No desarrollé dependencia alguna con relación a usted, cosa que no me pasó con los otros doctores. Si usted me hubiera llamado para cambiar una cita, yo no me hubiera "muerto"; *(10)* mi decisión de estar enfermo y dedicar mi sufrimiento a Dios me alivió terriblemente.» [Nietzsche: «Quien tenga un *porqué* para vivir (o sufrir) soportará casi cualquier *cómo*»].

Comentarios como éstos son frecuentes en pacientes que han estado en psicoterapia psicoanalítica durante años, y ciertamente muestran que la intención paradójica es la logoterapia en sentido auténtico.

Mi experiencia de cuatro años con esta técnica específica, al igual que mi planteamiento logoterapéutico, no va de convencer a todos los lectores del éxito de esta terapia y de sus resultados duraderos. Esto sólo lo pueden conseguir el tiempo y nuevos estudios de seguimiento[16]. No obstante, hay que darle crédito a Frankl, el cual informa que casos tratados por él hace más de 20 años siguen estando libres de sus síntomas.

Es bueno ver que la logoterapia de Frankl y el análisis existencial[17], que tan profundo impacto consigue en la psiquiatría actual en Europa, haya encontrado finalmente su camino en este país donde las teorías psicoanalíticas freudianas han prevalecido más que en otros países y se han aceptado con demasiada frecuencia como el evangelio y como la única técnica conveniente.

Es comprensible que el psiquiatra con muchos años de instrucción psicoanalítica tenga tendencia a prejuzgar y a rechazar la técnica de Frankl sin siquiera haberla probado. Pero hay que mantener abierta la mente ante cualquier nueva teoría y enfocarla con espíritu académico.

16. El autor refiere que, de 51 pacientes tratados durante un período de seis años con la técnica logoterapéutica de la intención paradójica, casi el 90% se recuperó o mejoró notablemente. Véase H. O. Gerz, «Experience with the logoterapeutic technique of paradoxical intention in the treatment of phobic and obsessive-compulsive patients», en *The American Journal of Psychiatry,* 123 (1966) 548. [Nota del editor].

17. P. Polak, «Frankl's existential analysis», en *American Journal of Psychotherapy,* 3 (1949) 517.

La logoterapia y la intención paradójica no intentan dar al traste con la psicoterapia convencional, sino simplemente completar y ampliar los recursos psicoterapéuticos del psiquiatra.

Sumario

Veinticuatro pacientes fóbicos y obsesivo-compulsivos, que han estado sufriendo su enfermedad durante un período que va de las dos semanas a más de 24 años, han sido tratados con éxito con la técnica logoterapéutica de Frankl de la intención paradójica. Se puede concluir que este método psicoterapéutico es una terapia no analítica efectiva para los pacientes fóbicos y obsesivo-compulsivos.

UNA BIBLIOGRAFÍA SOBRE LOGOTERAPIA

Un listado completo de todas las obras de Viktor Frankl se encuentra disponible en la página web del instituto Viktor Frankl, de Viena: www.viktorfrankl.org

1. Libros

Acevedo, Gerónimo, *El modo humano de enfermar: Desde la perspectiva de la logoterapia de Viktor Frankl,* Fundación Argentina de Logoterapia «Viktor E. Frankl», Buenos Aires 1994-1996.

—: *La búsqueda de sentido y su efecto terapéutico: Desde la perspectiva de la logoterapia de Viktor Frankl,* Ediciones Fundación Argentina de Logoterapia «Viktor Frankl», Buenos Aires 1998.

Bazzi, Tullio y Eugenio Fizzoti, *Guía de la logoterapia,* Herder, Barcelona 1989.

Bretones, Francisco, *La logoterapia es obvia. Experiencias logoterapéuticas con el hombre común de la calle,* San Pablo, Buenos Aires 1994.

Brito Crabtree, Luis Ramón, *Los nuevos caminos de la libertad. Del psicoanálisis a la logoterapia,* Editorial Diana, México 1998.

Bulka, Reuven P., *The quest for ultimate meaning. Principles and applications of logotherapy. With a foreword by Viktor E. Frankl.* Philosophical Library, Nueva York 1979.

—: *Work, love, suffering, and death – A jewish/psychological perspective through logotherapy,* Jason Aronson Inc., New Jersey 1998.

—: *Joseph B. Fabry und William S. Sahakian: Logotherapy in action,* Prólogo de Viktor E. Frankl, Aronson, New York 1979.

Caponnetto, Mario, *La voluntad de sentido en la logoterapia de Viktor Frankl. Estudio crítico,* Instituto de Ciencias Sociales, Buenos Aires 1985, y Ediciones Gladius, Buenos Aires [2]1984 (ed. ampliada).

Crumbaugh, James C., *Everything to gain. A guide to self-fulfillment through logoanalysis,* Nelson-Hall, Chicago 1973.

Crumbaugh, James C, William M. Wood y W. Chadwick Wood, *Logotherapy. New help for problem drinkers,* Prólogo de Viktor E. Frankl, Nelson-Hall, Chicago 1980.

Davis-Finck, Margaret M., y Tracey Gilmore-Finck (eds.), *Viktor Frankl and Logotherapy* (Proceedings of the Eighth World Congress of Logotherapy), Institute of Logotherapy Press, Saratoga, California 1993.

Espinosa, Norberto A., *La concepción de la conciencia en la logoterapia de V. Frankl,* San Pablo, Buenos Aires 1994.

Etcheverry, Juan Alberto, *Viktor Frankl y la logoterapia. Psicología de la esperanza para un mundo en crisis.* Editorial Almagesto, Buenos Aires 1990.

—: *Salud mental logoterapia y liberación,* Lugar Editorial, Buenos Aires 1999.

Fabry, Joseph B.: *The pursuits of meaning: Logotherapy applied to life*, Prefacio de Viktor E. Frankl, Beacon Press, Boston 1968; The Mercier Press, Cork and Dublin, 1975; Harper & Row, New York, 1980; trad. cast.: *La búsqueda de significado. La logoterapia aplicada a la vida.* Prologo de Viktor E. Frankl. Ediciones LAG, México 2008.

—: *Sharing groups,* en Fabry, Joseph B., Bulka, Reuven P. y Sahakian, William S. (eds.), *Logotherapy in action,* Aronson, Nueva York 1979, p. 161-170.

Fabry, Joseph B., Reuven P. Bulka y William S. Sahakian (eds.), *Logotherapy in action,* Prólogo de Viktor E. Frankl, Jason Aronson, Inc., New York 1979.

Finck, Willis C, Margaret Davis Finck y Larry D. Larson (eds.), *Pursuit of meaning: The Proceedings of the Seventh World Congress of Logotherapy,* Institute of Logotherapy Press, Berkeley 1989.

Fizzoti, Eugenio, *De Freud a Frankl. Interrogantes sobre el vacío existencial,* Ediciones Universidad de Navarra, Pamplona 1977, 1981.

—: *Para ser libres (Logoterapia cotidiana),* San Pablo, Madrid 1994, y Panorama, México 1994.

—: *Na palma da mão,* Editora FTD, São Paulo 1994.

—: *¿Qué sentido tiene lo que me pasa?,* Ciudad Nueva, Madrid 1997.

—: *El despertar ético. Conciencia y responsabilidad,* Ediciones Fundación Argentina de Logoterapia «Viktor E. Frankl», Buenos Aires 1998.

Fizzotti, Eugenio e Ignazio Punzi, *¿Somos verdaderamente libres?,* Paulinas, Caracas 1996.

Frankl, Viktor E., *Die Psychotherapie in der Praxis. Eine kasuistische Einführung für Ärzte*, Franz Deuticke, Wien, y Serie Piper 475, Munich, 2002; trad. cast.: *La psicoterapia en la práctica médica.* San Pablo, Buenos Aires ^{2}2003

—: *Der unbedingte Mensch. Metaklinische Vorlesungen,* Franz Deuticke, Viena 1949; trad. cast.: *El hombre incondicionado. Lecciones metaclínicas,* Plantin, Buenos Aires 1955.

—: *Homo patiens, Versuch einer Pathodizee,* Franz Deuticke, Viena 1950; trad. cast.: *Homo patiens. Intento de una patodicea,* Platin, Buenos Aires 1955.

—: *Theorie und Therapie der Neurosen*, Ernst Reinhardt, Munich 92007; trad. cast. *Teoría y terapia de las neurosis. Iniciación a la logoterapia y al análisis existencial.* Herder, Barcelona 1/32008.
—: *The doctor and the soul: From psychotherapy to logotherapy,* Alfred A. Knopf, New York, y Souvenir Press, Londres, 1955-1986; ed. rústica: Souvenir, Londres, 2004; trad. cast.: *Psicoanálisis y existencialismo.* Fondo de Cultura Económica, México-Buenos Aires 2010.
—: *Man's search for meaning,* Nueva York 1984*a*; trad. cast., *El hombre en busca de sentido*, Herder, Barcelona 1/32010.
—: *The will to meaning,* Nueva York 1984*b*; trad. cast. *La voluntad de sentido*, Herder, Barcelona 1/42008.
—: *Psychotherapie für den Laien,* Herder, Friburgo de Br., 1971; trad. cast. *La psicoterapia al alcance de todos,* Herder, Barcelona 1/92010.
—: *Der leidende Mensch. Anthropologische Grundlagen der Psychotherapie*, Hans Huber, Bern 32005; vers. cast.: *El hombre doliente*, Herder, Barcelona 1/72009.
—: *The unheard cry for meaning. Psychotherapy and humanism,* Nueva York 1985*b*; trad. cast., *Psicoterapia y humanismo*, FCE, México 1983.
—: *Der unbewußte Gott. Psychotherapie und Religion,* Kösel-Verlag, Múnich, 1948-1994; ed. rústica: Deutscher Taschenbuch Verlag, Múnich 92009; trad. cast. *La presencia ignorada de Dios*. Herder, Barcelona 1/122006.
—: *Logotherapie und Existenzanalyse. Texte aus fünf Jahrzehnten,* Piper, Múnich 1987, nueva ed. ampliada con el título *Texte aus sechs Jahrzehnten*, Quintessenz, Múnich, 1995; Psychologie Verlags Union, Weinheim 31998; ed. rústica: Beltz, Weinheim 32010; trad. cast. *Logoterapia y análisis existencial.* Herder, Barcelona 1/42007.
—: *Was nicht in meinen Büchern steht. Lebenserinnerungen.* Quintessenz, Múnich, 1995; ed. rústica: Beltz, 2002; trad. cast. *Lo que no está escrito en mis libros – Memorias*, San Pablo, Buenos Aires 1997.
—: *Zeiten der Entscheidung,* ed. Por Elisabeth Lukas, Herder, Friburgo de Br. 20003.
—: *Sinn als anthropologische Kategorie,* Universitätsverlag C. Winter, Heidelberg 1996, 1998.
—: *Viktor Frankl – Recollections. An autobiography,* Insight Books, Perseus Books Publishing, Nueva York, 1997; ed. rústica: Perseus Book Group, Nueva York 2000.
—: *Man's Search for Ultimate Meaning.* (A revised and extended edition of *The Unconscious God*; with a Foreword by Swanee Hunt). Perseus Book Publishing, Nueva York, 1997; ed. rústica: Perseus Book Group; Nueva York 2000; trad. cast.: *El hombre en busca del sentido último. El análisis*

existencial y la conciencia espiritual del ser humano, Ediciones Paidós Ibérica, Barcelona 1999.

—: *Im Anfang war der Sinn. Vom der Psychoanalyse zur Logotherapie*, Deuticke-Pieper, Viena-Múnich 1982-1999, trad. cast.: *En el principio era el sentido. Reflexiones en torno al ser humano*, Ediciones Paidós Ibérica, Barcelona 2008.

—: *Un psicólogo en el campo de concentración*, Plantin, Buenos Aires 1955.

—: *La idea psicológica del hombre*, Ediciones Rialp, Madrid 1/2 2003.

—: *Ante el vacío existencial.* Herder, Barcelona 1/10 2003.

—: *La psicoterapia y la dignidad de la existencia*, Editorial Almagesto, Buenos Aires 1991.

—: *Um psicólogo no campo de concentração*, Editorial Aster, Lisboa s. f.

—: *O homem incondicionado*, Armenio Amado, Coimbra 1968.

—: *Psicoterapia e sentido da vida. Fundamentos da logoterapia e analise existencial*, Editora Quadrante, São Paulo 1973-2003.

—: *A psicoterapia na pratica*, Editora Pedagogica e Universitaria, São Paulo 1976.

—: *Fundamentos antropológicos da psicoterapia.*, Zahar Editores, Río de Janeiro 1978.

—: *A presença ignorada de Deus*, Editora Sulina, Porto Alegre; Imago, Rio de Janeiro; 1993; ed. Revista 12 2010, Editora Sinodal, Sao Leopoldo.

—: *Em busca de sentido. Um psicologo no campo de concentração.* Editora Sinodal, Sao Leopoldo y Editora Vozes, Petropolis 29 2010.

—: *Sede de sentido*, Quadrante, São Paolo 1989.

—: *Psicoterapia para todos (Uma psicoterapia coletiva para contraporse a neurose coletiva)*, Vozes, Petrópolis 1990, 1991.

—: *Logoterapia e analise existencial: Textos de cinco decadas*, Editorial Psy II, São Paulo 1995.

Garcia Pintos, Claudio, *La logoterapia en cuentos. El libro como recurso terapéutico*, San Pablo, Buenos Aires 1996.

—: *Viktor Emil Frankl: La humanidad posible*, Editorial Almagesto, Buenos Aires, 1998; nueva edición, 2004, Ediciones LAG (Sociedad Mexicana de Logoterapia).

Gomes, Jose Carlos Vitor, *Logoterapia. A psicoterapia existencial humanista de Viktor Frankl*, Edicoes Loyola, São Paulo (Brasil) 1992.

—: *A pratica da psicoterapia existencial. Logoterapia. Uma aproximação a obra de Viktor Frankl e o movimento humanistico existencial da Escola de Viena*, Editora Vozes, Petrópolis 1988.

Guttmann, David, *Logotherapy for the helping professional: Meaningful social work*, Springer, Nueva York 1996.

Idoate, Florentino, *Fundamentos antropológicos, psicológicos y terapéuticos de la logoterapia,* Universidad Autónoma de Centro América, San José, Costa Rica 1992.

Iwundu, Charles Okechukwu, *Applications of logotherapy in counselling of the maladjusted persons,* Universidad Pontificia «Antonianum», Roma 1987.

Jones, Frederic H. y Judith K. Jones, *Viktor Frankl's logotherapy. The Proceedings of the Fifth World Congress of Logotherapy,* Institute of Logotherapy Press, Berkeley 1986.

Keppe, Norberto R., *From Sigmund Freud to Viktor E. Frankl. Integral psychoanalysis,* Proton Editora, São Paulo 1980.

Leslie, Robert C., *Jesus and logotherapy: The ministry of Jesus as interpreted through the psychotherapy of Viktor Frankl,* Abingdon Press, Nueva York y Nashville 1965; ed. rústica, 1968; reeditado con nuevo título para el Festival Book Edition, *Jesus As Counselor,* Abingdon Press 1982.

Lantz, Jim, *Existential family therapy: Using the concepts of Viktor Frankl,* Jason Aronson, Northvale, Londres 1993.

Lazarte, Omar y Lola Gómez Navarro de Pérez Uderzo, *Siempre puedes elegir (El encuentro logoterapéutico),* Editorial San Luis, San Luis (Argentina) 1991.

Lukas, Elisabeth, *Tu vida tiene sentido. Logoterapia y salud mental.,* Prólogo de Viktor E. Frankl, Ediciones S. M., Madrid 1983.

—: *Tu familia necesita sentido. Aportaciones de la logoterapia,* Ediciones S. M., Madrid 1983.

—: *Logoterapia. A força desafiadora do espirito,* Ediciones Loyola, São Paolo 1989.

—: *Mentalizaçao e saude (A arte de viver a logoterapia),* Vozes, Petrópolis 1990.

—: *Una vida fascinante: En la tensión entre ser y deber ser. Un libro de logoterapia,* San Pablo, Buenos Aires 1994.

—: *Psicoterapia en dignidad. Apoyo para la vida con orientación hacia el sentido según Viktor Frankl,* San Pablo, Buenos Aires 1995.

Luna Vargas, Jose Arturo, *Logoterapia – Un enfoque humanista existencial,* San Pablo, Santafé de Bogotá (Colombia) 1999.

Moraes Xausa, Izar Aparecida de, *Logoterapia: uma psicologia humanista e espiritual,* tesis, PUC, Porto Alegre 1985.

—: *A psicología do sentido da vida,* Vozes, Petrópolis 1986.

Noblejas de la Flor, M. Ángeles, *Palabras para una vida con sentido,* Desclée de Brouwer, Bilbao 2000.

Oro, Óscar Ricardo, *Persona y personalidad – Distintos enfoques a partir de una visión de conjunto,* Ediciones Fundación Argentina de Logoterapia «Viktor E. Frankl», Buenos Aires 1997.
Pareja-Herrera, Guillermo, *Viktor E. Frankl. Comunicación y resistencia,* Premiá Editoria, México 1987.
Sánchez Bustos, Myriam, *Los principales temas de Viktor Frankl.,* Editorial Martín, San Juan (Argentina) 1987.
Tweedie, Donald F., *Logotherapy and the Christian faith: An evaluation of Frankl's existential approach to psychotherapy,* Prefacio de Viktor E. Frankl. Baker Book House, Grand Rapids 1961; ed. rústica, 1972.
—: *The Christian and the couch: An introduction to christian logotherapy,* Baker Book House, Grand Rapids, Mich. 1963.
Ungersma, Aaron J., *The search for meaning: A new approach in psychotherapy and pastoral psychology,* Westminster Press, Filadelfia 1961; ed. en rústica: Prefacio de Viktor E. Frankl, 1968.
Yalom, Irvin D., *Existential psychotherapy,* Basic Books, Nueva York; trad. cast.: *Psicoterapia existencial,* Herder, Barcelona 1984.

2. Capítulos de libros

Arnold, Magda B. y John A. Gasson, «Logotherapy and existential analysis», en *The human person,* Ronald Press, Nueva York 1954.
Ascher, L. Michael, «Paradoxical intention. An experimental investigation», en Goldstein, A. y Foa, E. B. (eds.), *Handbook of behavioral interventions,* John Wiley, Nueva York 1980.
Ascher, L. Michael y C. Alex Pollard, «Paradoxical intention», en Usuf Hariman (ed.), *The therapeutic efficacy of the major psychotherapeutic techniques,* Charles C. Thomas, Springfield 1983.
Ascher, L. Michael, Michael R. Bowers y David E. Schotte, «A review of data from controlled case studies and experiments evaluating the clinical efficacy of paradoxical intention», en Weeks, Gerald R., *Promoting change through paradoxical therapy,* ed. revisada New Brunner/Mazel, Nueva York 1986, 1991.
Barnitz, Harry W., «Frankl's Logotherapy», en *Existentialism and the new christianity,* Philosophical Library, Nueva York 1969.
Bazzi, Tullio, «Consideraciones acerca de las limitaciones y contraindicaciones de la logoterapia», en IV Congreso Internacional de Psicoterapia, Editorial Scientia, Barcelona 1958.

Boeckmann, Johannes, «Análisis existencial y logoterapia», en *La psicología moral,* Herder, Barcelona 1968.
Brachfeld, Oliver, «Rudolf Allers, la "tercera escuela vienesa" y la pedagogía sexual», en *Pedagogía sexual y relaciones humanas. Fundamentos y líneas principales analítico existenciales,* Luis Miracle Editor, Barcelona 1958.
Bruno, Frank J., «The will to meaning», en *Human adjustment and personal growth: Seven pathways,* John Wiley & Sons, Inc., Nueva York 1977.
Dienelt, Karl, «El análisis existencial de V. E. Frankl como explicación de la existencialidad personal», *en Antropología médica,* Aguilar, Madrid 1979.
Ellis, Albert y Eliot Abrahams, «The use of humor and paradoxical intention», en *Brief psychotherapy in medical and health practice,* Springer, Nueva York 1978.
Fabry, Joseph B., «Logotherapy in sharing groups», en Gazda, G. (ed.), *Innovations to group psychotherapy,* Charles C. Thomas, Springfield 1981.
—: «If Freud could talk with Frankl», en Crous, F., Havenga Coetzer, A. A. y van den Heever, G. (eds.), *On the way to meaning – Essays in remembrance of Viktor Frankl,* Viktor Frankl Foundation of South Africa, Benmore 1997.
Frankl, Viktor E., «Grundriß der Existenzanalyse und Logotherapie», en Frankl, V. E., Gebsattel, V. Von, Schultz, H. (eds.), *Handbuch der Nerosenlehre und Psychotherapie,* vol. III, Urban Schwarzenberg, Múnich-Viena, 1959, p. 663-736; trad. cast.: «Elementos del análisis existencial y de la logoterapia», en *Logoterapia y análisis existencial,* Herder, Barcelona [2]1994.
—: Colaboraciones en Standal, S. W., y Corsini, R. J., *Critical incidents in psychotherapy,* Prentice-Hall, Englewoods Cliffs 1959.
—: «Logotherapy and the collective neuroses», en Masserman, J. H. y Moreno, J. L. (eds.), *Progress in psychotherapy,* Grune & Stratton, Nueva York 1959.
—: «From psychotherapy to logotherapy», en Walters, A. (ed.), *Readings in psychology,* Newman Press, Westminster, Md. 1963.
—: «The philosophical foundations of logotherapy» (artículo leído en la Conferencia sobre Fenomenología en Lexington, 4 de abril de 1963), en Straus, E. (ed.), *Phenomenology: Pure and applied,* Duquesne University Press, Pittsburgh 1964.
—: «Fragments from the logotherapeutic treatment of four cases. With an introduction and epilogue by G. Kaczanowski», en Burton, A. (ed.), *Modern psychotherapeutic practice: Innovations in technique,* Science and Behavior Books, Palo Alto, California 1965.

—: «Comment on Vatican II's pastoral constitution on the Church in the modern welt», en *World,* Catholic Action Federations, Chicago 1967.

—: «Paradoxical intention: A logotherapeutic technique», en Greenwald, H. (ed.), *Active psychotherapy,* Atherton Press, Nueva York 1967.

—: The significance of meaning for health», en Belgum, D. (ed.), *Religion and medicine: Essays on meaning, values and health,* The Iowa State University Press, Ames, Iowa 1967.

—: «Accepting responsibility» y «Overcoming circumstances», en Weidmann, J. (ed.), *Man's search for a meaningful faith: Selected readings,* Graded Press, Nashville 1967.

—: «The task of education in an age of meaninglessness», en Letter, Sidney S. (ed.), *New prospects for the Small Liberal Arts College,* Teachers College Press, Nueva York 1968.

—: «Self-transcendence as a human phenomenon», en Sutich, Anthony J. y Vich, Miles A. (eds.), *Readings in humanistic psychology,* The Free Press, Nueva York 1969.

—: «Reductionism and nihilism», en Koestler, A. y Smythies, J. R. (eds.), *Beyond reductionism: New perspectives in the life sciences, (The Alpbach Symposium 1968),* Macmillan, Nueva York 1970.

—: «What is meant by meaning?», en Canning, Jeremiah W. (ed.), *Values in an age of confrontation,* Charles E. Merrill Publishing Company, Columbus, Ohio 1970.

—: «Beyond self-actualization and self-expression», en Kemp, C. Gratton (ed.), *Perspectives on the group process: A foundation for counseling with groups,* Houghton Mifflin Company, Boston 1970.

—: «Logotherapy», en Sahakian, William S. (ed.), *Pyschopathology today: Experimentation, theory and research,* F. E. Peacock Publishers, Itasca, Illinois 1970.

—: «Universities and the quest for peace», *Report of the First World Conference on the role of the university in the quest for peace,* State University of New York, Binghamton, N. Y. 1970.

—: «Youth in search fo meaning», en Doty, James E., *Students search for meaning,* The Lowell Press, Kansas City, Missouri 1971.

—: «Beyond pluralism and determinism», en Ray, W. y Rizzo, N. D. (eds.), *Unity through diversity: A festschrift for Ludwig von Bertalanffy,* Gordon and Breach, Nueva York 1973.

—: «Meaninglessness: A challenge to psychologists», en Millon, Th. (ed.), *Theories of psychopathology and personality,* W. B. Saunders Company, Filadelfia 1973.

—: «Encounter: The concept and its vulgarization», en Strupp, H. H. y otros (eds.), *Psychotherapy and behavior change* Chicago, Aldine ublishing Company, 1974.

—: «Paradoxical intention and dereflection: Two logotherapeutic techniques», en Arieti, S. (ed.), *New dimensions in psychiatry: A world view,* John Wiley & Sons, Inc., Nueva York 1975.

—: «Man's search for ultimate meaning», en Needleman, J., (ed.), *On the way to self-knowledge,* Alfred A. Knopf, Inc., Nueva York 1976.

—: «Logotherapy», en Herink, R. (ed.), *The psychotherapy handbook,* New American Library, Nueva York 1980.

—: «Opening address to the First World Congress of Logotherapy: Logotherapy on its way to degurufication», en *Analecta Frankliana: The Proceedings of the First World Congress of Logotherapy* (1980), ed. por Sandra A. Wawrytko, Institute of Logotherapy Press, Berkeley 1982.

—: «Logotherapy», en *Encyclopedia of Psychology,* ed. por Raymond J. Corsini, vol. 2, John Wiley, Nueva York 1984.

—: *Logos, paradox and the search for meaning,* en Mahoney, M., Freeman, A. (eds.), *Cognition and psychotherapy,* Plenum, Londres-Nueva York 1985, p. 259s.

—: «Paradoxical Intention», en Weeks, Gerald R. (ed.), *Promoting change through paradoxical therapy,* Brunner/Mazel, Nueva York 1986-1991.

—: «Man's search for ultimate meaning», en Viktor E. Frankl, *Logotherapie und Existenzanalyse,* Piper, Múnich 1987, p. 265-282.

—: «Facing the transitoriness of human existence», en Novak, M. (ed.), *Aging and society: A canadian reader,* Nelson Canadá, Toronto 1995, p. 421-428.

Friedman, Maurice, «Viktor Frankl», en *The worlds of existentialism,* Random House, Nueva York 1964.

Ibor, J. López, «Logotherapy», en *Encyclopedia of psychology,* ed. por H. I. Eyse-necker, W.Arnold and R. Meili, John Wiley, Nueva York 1972, vol. II, p. 215.

Korchin, Sidney J., «Logotherapy», en *Modern clinical psychology,* Basic Books, Inc., Nueva York 1976.

Leslie, Robert C, «Sullivan and Frankl: Giants in modern psychiatry», en Finck, Willis C. y otros (eds.), *Pursuit of meaning: The Proceedings of the Seventh World Congress of Logotherapy,* Institute of Logotherapy Press, Berkeley 1989, p. 111-121.

—: «Logotherapy and pastoral counseling», en Crous, F., Havenga Coetzer, A. A. y van den Heever, G. (eds.), *On the way to meaning – Essays in remembrance of Viktor Frankl,* Viktor Frankl Foundation of South Africa, Benmore 1997.

Lukas, Elisabeth, «The logotherapeutic method of dereflection», en Usuf Hariman (ed.), *The therapeutic efficacy of the major psychotherapeutic techniques,* Charles C. Thomas, Springfield 1983.

—: «The meaning of life and goals in life for the chronically ill», Crous, F., Havenga Coetzer, A. A. y van den Heever, G. (eds.), *On the way to meaning – Essays in remembrance of Viktor Frankl,* Viktor Frankl Foundation of South Africa, Benmore 1997.

Marks, Isaac M., «Paradoxical intention (logotherapy)», en Krauss, St. (ed.), *Encyclopaedic handbook of medical psychology,* London-Boston, Butterworth 1976.

Maslow, Abraham H., «Comments on Dr. Frankl's paper», en Sutich, Anthony J. y Vich, Miles A. (eds.), *Readings in humanistic psychology,* The Free Press, Nueva York 1969.

Massey, Robert F., «Frankl», en *Personality theories,* Van Nostrand, Nueva York 1981.

Meyer, Werner F., «Logotherapy as personology: a comparison between logotherapy and certain well-known personality theories», en Crous, F., Havenga Coetzer, A. A. y van den Heever, G. (eds.), *On the way to meaning – Essays in remembrance of Viktor Frankl,* Viktor Frankl Foundation of South Africa, Benmore 1997.

Mira y López, Emilio, «La psicoterapia existencial de Frankl», en *Psiquiatría,* Librería El Ateneo, Buenos Aires 1955.

—: «La logoterapia de V. Frankl», en *Doctrinas psicoanalíticas,* Editorial Kapelusz, Buenos Aires 1963.

Patterson, C. H., «Frankl's logotherapy», en *Theories of counseling and psychotherapy,* Harper & Row, Nueva York 1966.

Prada, Rafel, «Frankl y la logoterapia», en *Sea usted terapeuta. Escuelas sicológicas y sicoterapéuticas,* Ediciones Paulinas, Bogotá 1984, p. 138-143.

Rosenhan, David L. y. Seligman, Martin E. P, «Viktor Frankl and logotherapy», en *Abnormal psychology,* Norton, Nueva York, 1984.

Sahakian, William S., «Viktor Frankl», en *History of psychology,* F. E. Peacock Publishers, Inc., Itasca, Illinois 1968.

—: «Logotherapy», en *Psychotherapy and counseling: Studies in technique,* Rand McNally, Chicago 1969.

Sahakian, William S. y Mabel Lewis Sahakian, «Viktor E. Frankl: Will to meaning», en *Realms of philosophy,* Schenkman Publishing Company, Inc., Cambridge, Massachusetts 1974.

Salit, Norman, «Existential analysis; Logotherapy –the gulf narrows», en Burstein, A. (ed.), *The worlds fo Norman Salit,* Bloch, Nueva York 1966.
Sánchez Peláez, Abel, «Frankl y el sentido del sufrimiento», en *La gente y la mente,* Librería Pensamiento Vivo, Caracas 1959.
Seltzer, Leon F., «Paradoxical Intention», en *Paradoxical strategies in psychotherapy,* John Wiley, Nueva York 1986.
Strunk, Orlo, «Religious maturity and Viktor E. Frankl», en *Mature religion,* Abingdon Press, Nueva York-Nashville 1965.
Swanepoel, Elsabe, «From logotherapy to play therapy», en Crous, F., Havenga Coetzer, A. A. y van den Heever, G. (eds.), *On the way to meaning – Essays in remembrance of Viktor Frankl,* Viktor Frankl Foundation of South Africa, Benmore 1997.
Vanderveldt, James H. y Robert P. Odenwald, «Existential analysis», en *Psychiatry and catholicism,* McGraw-Hill, Nueva York 1952.
Williams, David A. y Joseph Fabry, «The existential approach: Logotherapy», en Gazda, George M. (ed.), *Basic approaches to group psychotherapy and group counseling,* Charles C. Thomas, Springfield 1982.
Yalom, Irvin D., «The contributions of Viktor Frankl and "dereflection"», en *Existential psychotherapy,* Basic Books, Nueva York 1980.
Zavalloni, Roberto, «Human freedom and logotherapy», en *Self-determination,* Forum Books, Chicago 1962.

3. Artículos y miscelánea

Acevedo, Gerónimo, «Viktor Frankl en la Argentina: su primer contacto con América», en *Journal des Viktor-Frankl-Instituts,* 3, 1 (1995) 40.
—: «La logoterapia aplicada a la vida cotidiana», en *Revista Mexicana de Logoterapia,* 2 (1999) 38.
—: «Relación entre la calidad de vida, el enfermar y la logoterapia», en *NOUS, Boletín de Logoterapia y Análisis Existencial,* 3 (1999) 7.
Ansbacher, Rowena R., «The third viennese school of psychotherapy», en *Journal of Individual Psychology,* 15 (1959) 236-237.
Ascher, L. Michael, «Paradoxical intention viewed by a behavior therapist», en *The International Forum for Logotherapy,* 2, 3 (1980) 13-16.
—: «Application of paradoxical intention by other schools of therapy», en *The International Forum for Logotherapy,* 4, 1 (1981) 52-55.
—: «Employing paradoxical intention in the treatment of agoraphobia, en *Behavior Research & Therapy,* 19 (1981) 533-542.

Atlas, Alan J., «Logotherapy and the Book of Job», en *The International Forum for Logotherapy,* 7, 1 (1984) 29-33.

Barbona, Natalina, «Clinical evolution and immunology on HIV subjects treated with Logotherapy», en *Journal des Viktor-Frankl-Instituts,* 5, 2 (1997) 15.

Barnes, Robert C, «Finding meaning in unavoidable suffering», *en Journal des Viktor-Frankl-Instituts,* 1, 2 (1993) 14.

—: «A report on the tenth world Congress on Logotherapy», en *The International Forum for Logotherapy,* 19, 1 (1996), 57-58.

Bazzi, Tullio, «Paradoxical intention and autogenic training – Convergence or incompatibility?, en *The International Forum for Logotherapy,* 2 (1979) 35.

Birnbaum, Ferdinand, «Frankl's existential psychology from the viewpoint of individual psychology», en *Journal of Individual Psychology,* 17 (1961) 162-166.

Boeringa, J. Alexander, «Blushing: A modified behavioral intervention using paradoxical intention», en *Psychotherapy: Theory, Research and Practice,* 20, 4 (1983) 441-444.

Bulka, Reuven P., «An analysis of the viability of Frankl's logotherapeutic system as a secular theory», tesis del Departamento de Estudios religiosos de la Universidad de Ottawa para la obtención del grado de «Master of Arts», 1969.

—: «Denominational Implications of the religious nature of logotherapy», tesis del Departamento de Estudios religiosos de la Universidad de Ottawa para la obtención del grado de «Doctor en Filosofía», 1971.

Burck, James Lester, «The relevance of Viktor Frankl's "will to meaning" for preaching to juvenile delinquents», tesis para la obtención del grado de «Master of Theology» en el Southern Baptist Theological Seminary, Louisville, Kentucky 1966.

Coward, D., «Self-transcendence and correlates in a healthy population», en *Nursing Research,* 45 (1996) 116-121.

Crumbaugh, James C, «The application of logotherapy», en *Journal of Existentialism,* 5 (1965) 403-412.

—: «Experimental studies in existentialism: II. The Purpose-in-Life Test as a mesure of Frankl's noögenic neurosis» (trabajo presentado en la Sec. 24 de la Convención Anual de la American Psychological Association en Nueva York, septiembre de 1966), en *Newsletter for Research in Psychotherapy* (Veterans Administration Center, Virginia), 8, 4 (1966) 45 (resumen).

—: «Cross validation of Purpose-in-Life Test based on Frankl's concepts», en *Journal of Individual Psychology,* 24 (1968) 74-81.

—: «Aging and adjustment: The applicability of logotherapy and the Purpose-in-Life Test», en *The Gerontologist,* 12 (1972) 418-20.
—: «Changes in Frankl's existential vacuum as a measure of therapeutic outcome», en *Newsletter for Research in Psychology* (Veterans Administration Center, Bay Pines, Florida), 14, 2 (mayo 1972) 35-37.
—: «Frankl's logotherapy: A new orientation in counseling», en *Journal of Religion and Health,* 10 (1971) 373-86.
—: «The Seeking of Noetic Goals Test (SONG): A complementary scale to the Purpose in Life Test (PIL)», en *Journal of Clinical Psychology,* 33, 3 (julio 1977) 900-907.
—: «An experimental study in existentialism: The psychometric approach to Frankl's concept of "noögenic neurosis"», en *Journal of clinical Psychology,* 20 (1964) 200-207.
—: «Logotherapy revisited as love therapy», en *The International Forum for Logotherapy,* 19, 1 (1996) 9-14.
—: Crumbaugh, James C. y Leonard T. Maholick, «The case of Frankl's "will to meaning", en *Journal of Existential Psychiatry,* 4 (1963) 43-48.
— Sister Mary Raphael y Raymond R. Shrader, «Frankl's will to meaning in a religious order» (presentado a la División 24 de la American Psychological Association, en su convención anual en San Francisco, 30 de agosto de 1968), en *Journal of Clinical Psychology,* 26 (1970) 206-207.
Díaz, Carlos, «Educar en la autenticidad afectiva», en *NOUS, Boletín de Logoterapia y Análisis Existencial,* 2, (1998) 91.
DuBois, James M., «Eclecticism, evidence, and logotherapy: A study on the foundations of human psychology, with special reference to the contributions of Viktor Frankl», *en Journal des Viktor-Frankl-Instituts,* 1, 2 (1993) 56.
Dunn, Joseph R., «The wit and wisdom of Viktor Frankl; an interview with Joseph Fabry», en *Humor & Health Journal,* 8, 1 (1999) 1-9.
Duncan, Franklin D., «Logotherapy and the pastoral care of phisically disabled persons», tesis del Departamento de Psicología de la Religión de la facultad de Teología para la obtención del grado de «Master of Theology» en el Southern Baptist Theological Seminary, 1968.
Duque, Txema, «Intervención logoterapéutica con drogodependientes en prisión», en *NOUS, Boletín de Logoterapia y Análisis Existencial,* 2 (1998) 59.
Eisenberg, Mignon, «Logotherapy and the College Student», en *The International Forum for Logotherapy,* 2, 3 (1980) 22-24.
—: Logotherapy – Prescription for survival», en *The International Forum for Logotherapy,* 5, 2 (1982) 67-71.

Elmore, Thomas M. y Eugene D. Chambers, «Anomie, existential neurosis and personality: Relevance for counseling», en *Proceedings* de la 75ª Convención anual de la American Psychological Association, 1967, p. 341-342.

Fabry, Joseph, «A most ingenious paradox», en *The Register-Leader of the Unitarian Universalist Association,* 149 (junio 1967) 7-8.

—: y Max Knight (pseud. Peter Fabrizius), «Viktor Frankl's logotherapy», en *Delphian Quarterly,* 47, 3 (1964) 27-30.

—: «The use of humour in therapy», en *Delphian Quarterly,* 48, 3 (1965) 22-36.

—: «Some practical hints about paradoxical intention», en *The International Forum for Logotherapy,* 5, 1 (1982) 25-30.

—: «Logotherapy in the third millenium», en *The International Forum for Logotherapy,* 20, 2 (1997), pp. 68-76.

—: «Viktor Frankl – Recuerdos personales», en *Revista Mexicana de Logoterapia,* 2 (1999) 7.

Fabry, Joseph y Lukas, E., «In pursuit of logos. Correspondence with Viktor Frankl», en *Journal des Viktor-Frankl-Instituts,* 3, 1 (1995) 50.

Flores de Mallet, María Elba y Verónica Lemen Meyer de Causabon, «La logoterapia en México», en *Revista Mexicana de Logoterapia,* 2 (1999) 52.

Forstmeyer, Annemarie von, «The will to meaning as a prerrequisite for self-actualization», tesis presentada en la Facultad de la California Western University para la obtención del grado de «Master of Arts», 1968.

Fox, Douglas A., «Logotherapy and religion», en *Religion in Life,* 34 (1965) 235-244.

Franco, Guadalupe, «Por este libro estoy aquí», en *Revista Mexicana de Logoterapia,* 2 (1999) 77.

Frankl, Viktor E., «Zur geistigen Problematik des Psychotherapie», en *Zentralblatt der Psychotherapie,* 10 (1938) 33-45: trad. cast.: «Problemática intelectual de la psicoterapia», en *Logoterapia y análisis existencial,* Herder, Barcelona ²1994.

—: «Logos and existence in psychotherapy», en *American Journal of Pyschotherapy,* 7 (1953) 8-15.

—:«Dimensiones del existir humano», en *Diálogo,* 1 (1954) 53.

—: «Logos y existencia en psicoterapia», en *Revista de psiquiatría y psicología médica de Europa y América Latina,* 2 (1955) 153.

—: «Group psychotherapeutic experiences in a concentration camp» (artículo leído en el Segundo Congreso Internacional de Psicoterapia, Leiden, Holanda, 8 de septiembre de 1951; *Group Psychotherapy,* 7 (1954) 81-90.

—: «The concept of man in psychotherapy» (artículo leído en la Royal Society of Medicine, Sección de Psiquiatría, Londres, 15 de junio de 1954); *Pastoral Pyschology,* 6 (1955) 16-26.
—: From psychotherapy to logotherapy», en *Pastoral Pyschology,* 7 (1956) 56-60.
—: «Guest editorial», en *Academy Reporter,* 3, 5 (mayo 1958) 1-4.
—: «On logotherapy and existential analysis» (artículo leído en la Association of the Advancement of Psychoanalysis, Nueva York, 17 de abril de 1957; *American Journal of Psychoanalysis,* 18 (1958) 28-37.
—: «The will to meaning», en *Journal of Pastoral Care,* 12 (1958) 82-88.
—: «The search for meaning», en *Saturday Review,* 13 (septiembre 1958).
—: «Análisis existencial y logoterapia», en *Revista de psiquiatría y psicología médica de Europa y América Latina»,* 4 (1959) 42.
—: «The espiritual dimensión in existential analysis and logotherapy» (artículo leído en el Cuarto Congreso Internacional de Psicoterapia, Barcelona 5 de septiembre de 1958); *Journal of Individual Psychology,* 15 (1959) 157-165.
—: «Beyond self-actualization and self-expression» (artículo leído en la Conferencia de Psicoterapia Existencial, Chicago, 13 de diciembre de 1959; *Journal of Existential Psychiatry,* 1 (1960) 5-20.
—: «Paradoxical intention: A logotherapeutic technique» (artículo leído en la American Association for the Advancement of Psychotherapy, Nueva York, 26 de febrero de 1960); *American Journal of Psychotherapy,* 14 (1960) 520-535.
—: «Logotherapy and the challenge of suffering» (artículo leído en la American Conference on Existential Psychotherapy, Nueva York, 27 de febrero de 1960); *Review of Existential Psychology and Psychiatry,* 1 (1961) 3-7.
—: «Religion and existential psychotherapy», en *Gordon Review,* 6 (1961) 2- 10.
—: «Dynamics, existence and values», en *Journal of Existential Pyschiatry,* 2 (1961) 5-16.
—: «Psychotherapy and philosophy», en *Philosophy Today,* 5 (1961) 59-64.
—: «Basic concepts of logotherapy», en *Journal of Existential Psychiatry,* 3 (1962) 111-118.
—: «Psychiatry and man's quest of meaning», en *Journal of Religion and Health,* 1 (1962) 93-103.
—: «Logotherapy and the challenge of suffering», en *Pastoral Psychology,* 13 (1962) 25-28.
—: «The will to meaning», en *Living Church,* 144 (24 junio 1962) 8-14.

—: «Angel as much as beast: Man trascends himself», en *Unitarian Universalist Register-Leader,* 144 (febrero 1963) 8-9.

—: «Existential dynamics and neurotic escapism» (artículo leído en la Conferencia sobre Psiquiatría Existencial, Toronto, 6 de mayo de 1962); *Journal of Existential Psychiatry,* 4 (1963) 27-42.

—: «Existential escapism», en *Motive,* 24 (enero-febrero 1964) 11-14.

—: «The will to meaning» (artículo leído en la Conferencia de Fenomenología, Lexington, 4 de abril de 1963); *Christian Century,* 71 (22 abril 1964) 525-517.

—: «In steady search for meaning», en *Liberal Dimension,* 2, 2 (1964) 3-8.

—: «The concept of man in logotherapy» (Conferencia 175° Aniversario, Georgetown University, Washington, 27 de febrero de 1964); *Journal of Existentialism,* 6 (1965) 53-58.

—: «Logotherapy and existential analysis: A review» (artículo leído en el Simposio de Logoterapia, Sexto Congreso Internacional de Psicoterapia, Londres, 26 de agosto de 1964); *American Journal of Psychotherapy,* 20 (1966) 252-260.

—: «Self-trascendence as a human phenomenon», en *Journal of Humanistic Pyschology,* (1966) 97-106.

—: «What is meant by meaning?», en *Journal of Existentialism,* 7, 25 (otoño 1966) 21-28.

—: «Time and responsibility», en *Existential Psychiatry,* 1 (1966) 361-366.

—: «Logotherapy and existentialism», en *Psychotherapy: Theory, Research and Practice,* 4, 3 (agosto 1967) 138-142.

—: «What is a man?», en *Life Association News,* 52, 9 (septiembre 1967) 151-157.

—: «Logotherapy», en *Israel Annals of Psychiatry and Related Disciplines,* 7 (1967) 142-155.

—: «Experiences in a concentration camp», *en Jewish Heritage,* 11 (1968) 5-7.

—: «The search for meaning» (resumen de una serie de conferencias dadas en el Brandeis Institute en California)*; Jewish Heritage,* 11 (1968) 8-11.

—: «Eternity is the here and now», en *Pace,* 5, 5 (abril 1969) 2.

—: «Youth in search for meaning» (3ª Conferencia Paul Dana Bartlett Memorial); *The Baker World (The Baker University Newsletter),* 1, 4 (enero 1969) 2-5.

—: «The cosmos and the mind. (How far can we go?) A dialogue with Geoffery Frost», en *Pace,* 5, 8 (agosto 1969) 34-39.

—: «Fore-runner of existential psychiatry», en *Journal of Individual Psychology,* 26 (1970) 12.

—: «Entering the human dimensión», en *Attitude,* 1 (1970) 2-6.

—: «Determinism and humanism», *en Humanitas (Journal of the Institute of Man),* 8 (1971) 23-36.
—: «Existential Escapism», en *Omega,* 2, 4 (1971) 307-311.
—: «The feeling of meaninglessness: A challenge to psychotherapy», en *The American Journal of Psychoanalysis,* 22, 1 (1972) 85-89.
—: «Paradoxical intention and dereflection», en *Psychotherapy: Theory, Research and Practice,* 12, 3 (1975) 226-37.
—: «Determinismo y humanismo», en *Psychologica. Revista argentina de psicología realista,* 2 (enero-junio 1979) 25-35.
—: «Logotherapy», en *The International Forum for Logotherapy,* 1, 1 (1978 -1979) 22-23.
—: «Endogenous depression and noogenic neurosis», en *The International Forum for Logotherapy,* 2, 2 (1979) 38-40.
—: «Psychotherapy on its way to rehumanization», en *The International Forum for Logotherapy,* 3, 2 (1980) 3-9.
—: «The future of logotherapy», en *The International Forum for Logotherapy,* 4, (1981)71-78.
—: «On the meaning of love», en *International Journal of Logotherapy,* 10, 1 (1987) 5-8.
—: «Meaning in industrial society», en *The International Forum for Logotherapy,* 15, 2 (1992) 66-70.
—: «Conferencia dada por el Dr. Viktor E. Frankl», (Conferencia en la Universidad Católica Andrés Bello de Venezuela, octubre de 1985, por encargo de la «Cátedra Fundacional de Antropología Filosófica Dr. Viktor E. Frankl», en *Revista logoteoría, logoterapia, logoactitud,* (Buenos Aires) 23 (1996) 3.
Gerz, Hans O., «The treatment of the phobic and the obsessive-compulsive patient using paradoxical intention sec. Viktor E. Frankl», en *Journal of Neuropsychiatry,* 3, 6 (julio-agosto 1962) 375-387.
—: «Experience with the logotherapeutic technique of paradoxical intention in the treatment of phobic and obsessive-compulsive patients» (artículo leído en el Simposio de Logoterapia del Sexto Congreso Internacional de Psicoterapia, Londres, agosto de 1964); *American Journal of Psychiatry,* 123, 5 (noviembre 1966) 548-553.
—: «Reply», en *American Journal of Psychiatry,* 123, 10 (abril 1967) 1306.
Giampietro, Antonio Carlos, «Tecnica da "Apelacao"», en *Logoterapia. Revista Brasileira de Logoterapia,* 1, 1 (1997) p. 30.
Giorgi, Bruno, «The Belfast Test: A new psychometric approach to logotherapy», en *The International Forum for Logotherapy,* 5 (1982) 31-37.

Graue de Migoya, Regina, «De nutrología a logoterapeuta», en *Revista Mexicana de Logoterapia*, 2 (1999) 56.
Grollman, Earl A.: «Viktor E. Frankl: A bridge between psychiatry and religion», en *Conservative Judaism*, 19, 1 (otoño 1964) 19-23.
—: «The logotherapy of Viktor E. Frankl», en *Judaism*, 14 (1965) 22-38.
Grossman, Nathan, «The rabbi and the doctor of the soul», en *Jewish Spectator*, 34, 1 (enero 1969) 8-12.
Guerra, Liliana, «Mediación y logoterapia», en *Revista logoteoría, logoterapia, logoactitud*, 22, (1996) 33.
Guttmann, David, «"Homo elector" and "homo patiens": Fate, choice, suffering, and meaning in the works of Szondi and Frankl», en *Journal des Viktor-Frankl-Instituts*, 5, 1 (1997) *66*.
—: «On wit and humor in logotherapy», en *Journal des Viktor-Frankl-Instituts*, 6, 2 (1998) 9.
—: «Logotherapeutic and "depth psychology". Approaches to meaning and psychotherapy», en *Bulletin Logotherapie en Existentiele Analyse*, (Holanda) 9, 2 (1999) 2.
Hall, Mary Harrington, «A conversation with Viktor Frankl of Vienna», en *Psychology Today*, 1, 9 (febrero 1968) 56-63.
Harrington, Donzal Szantho, «The view from the existential vacuum», en *Academy Reporter*, 9, 9 (diciembre 1964) 1-4.
Havens, Leton L., «Paradoxical intention», en *Psychiatry & Social Science Review»*, 2 (1968) 16-19.
Haworth, D. Swan, «Viktor Frankl», *Judaism*, 14 (1965) 351-352.
Heines, Karl-Dieter, «Experience with logotherapy and existential analysis in a hospital for psychiatry, psychotherapy, and neurology», en *The International Forum for Logotherapy*, 20, 1 (1997) 4.
Hirsch, Bianca Z., «Comparison of logotherapy and brief therapy», en *The International Forum for Logotherapy*, 19, 2 (1996) 85.
—: «The application of logotherapy in public education», en *The International Forum for Logotherapy*, 21, 2 (1998) 65.
Holmes, R. M., «Alcoholics anonymous as group logotherapy», en *Pastoral Psychology*, 21 (1970) 30-36.
Hooper, Richard I., Mary K. Walling y W. D. Joslyn, «Logotherapeutic principles in the treatment of panic attacks with agoraphobia: A case history», en *The International Forum for Logotherapy*, 19, 2 (1996) 95.
Hyman, William, «Practical aspects of logotherapy in neurosurgery», en *Existential Psychiatry*, 7 (1969) 99-101.
Idiáquez, Lourdes, «Testimonio», en *Revista Mexicana de Logoterapia*, 2 (1999) 67.

Jahoda, Elisabeth, «Can logotherapy help cancer patients?», en *The International Forum for Logotherapy,* 8, 2 (1985) 89-93.

Johnson, Paul E., «Logotherapy: A corrective for determinism», en *Christian Advocate,* 5 (23 noviembre 1961) 12-13.

—: «The challenge of logotherapy», en *Journal of Religion and Health,* 7 (1968) 122-130.

—: «Meet doctor Frankl», en *Adults Students,* 24, 8 (octubre 1964) 8-10.

—: «The meaning of logotherapy», en *Adults Students,* 26, 8 (abril 1967) 4-5.

—: «Do we need a new psychology?», en *Adult Students,* 26, 11 (julio 1967) 3-4.

Jones, Elbert Whaley, «Nietzsche and existential analysis», tesis del Departamento de Filosofía de la Facultad de la Graduate School of Arts and Science para obtención del grado de «Master of Arts» en la Universidad de Nueva York, 1967.

Kaczanowski, Godfryd, «Frankl's logotherapy», en *American Journal of Psychiatry,* 117 (1960) 563.

—: «Logotherapy – A new psychotherapeutic tool», en *Psychosomatics,* 8 (mayo-junio 1967) 158-161.

Kalmar, Stephen, «Viktor Frankl habla de su vida», en *Revista logoteoría, logoterapia, logoactitud,* 22 (mayo 1996) 9.

Klingberg, Haddon, Jr., «Tracing logotherapy to its roots», en *Journal des Viktor-Frankl-Instituts,* 3, 1 (1995), p. 9.

Klitzke, Louis L., «Students in emerging Africa: Humanistic psychology and logotherapy in Tanzania», en *Journal of Humanistic Psychology,* 9 (1969) 105-126.

Kovacs, George, «The question of death in logotherapy», en *The International Forum for Logotherapy;* 5, 1 (1982) 3-8.

—: «Viktor E. Frankl's place in philosophy», en *The International Forum for Logotherapy,* 8, 1 (1985) 17-21.

Kosukegawa, Tsugio, «A comparative study of the differences between Christian existence and secular existence, and of their existential frustration», en *Japanese Journal of Educational and Social Pyschology,* 7, 2 (1968) 195-208.

Krasko, Genrich, «Viktor Frankl against Sigmund Freud», en *Journal des Viktor-Frankl-Instituts,* 5, 1 (1997) 82.

Kroeff, Paulo, «Consideraciones sobre el valor de actitud en logoterapia», en *NOUS, Boletín de Logoterapia y Análisis Existencial,* 2 (1998) 39.

Lantz, James E., «Dereflection in family therapy with schizophrenic clients», en *The International Forum for Logotherapy,* 5, 2 (1982) 119-122.

Leslie, Robert C., «Viktor E. Frankl's new concept of man», en *Motive,* 22 (1962) 16-19.

Loisi, Osvaldo, «El complejo epistemológico del vacío existencial, a propósito del tema del suicido», en *Revista logoteoría, logoterapia, logoactitud,* 22, (mayo 1996) 25.

Long, Jerry, Jr., «A logotherapeutic tribute to Viktor Frankl», en *The International Journal of Logotherapy and Existential Analysis (Journal des Viktor-Frankl-Instituts),* 6, 1 (1998) 38.

—: «Intervención en la crisis y más allá: utilizando la logoterapia para trascender el trauma», en *Revista Mexicana de Logoterapia,* 2 (1999) 14.

Lukas, Elisabeth S., «New ways for dereflection», en *The International Forum for Logotherapy,* 4, 1 (1981) 13-28.

—: «Logotherapy: Healing through meaning», en *The International Forum for Logotherapy,* 10, 1 (1987) 9-16.

—: «"Key words" as a guarantee against the imposition of values by the therapist», en *The International Forum for Logotherapy,* 22, 1 (1999) 1.

Maholick, Leonard T., «...to comfort always», en *Journal of the Medical Association of Georgia,* 50 (1961) 559-560.

Maslow, A. H., «Comments on Dr. Frankl's paper», *en Journal of Humanistic Psychology,* 6 (1966) 107-112.

Maas, Willem, «Logotherapy and existential analysis, existential psychotherapy – Similarities and differences», en *Viktor Frankl Foundation of South Africa Journal,* 5, 1 (2000) 35-38.

Mahoney, Michael J., «Paradoxical intention, symptom prescription, and principies of therapeutic change», en *The Counseling Psychologist,* 4, 2 (1986) 283-290.

Martín, Luisa B., «Responsabilidad para la formación y desarrollo de la familia», *Logoteoría, logoterapia, logoactitud,* 12, 25 (noviembre 1997) 12.

«Meaning in life», en *Time,* (2 febrero 1968) 38-40.

Meier, Augustine, «Frankl's "will to meaning" as measured by the Purpose-in-Life Test in relation to age and sex differences», en *Journal of Clinical Psychology,* 30 (1974) 384-86.

Miguez, Eloisa Marques, «Literatura infantil e logoterapia», en *Revista Brasileira de Logoterapia,* 1, 1 (1997) 23.

Moore, Cora, «The use of visible metaphor in logotherapy», en *The International Forum for Logotherapy,* 21, 2 (1998) 85.

Morrison, Eileen E., «Integrating logotherapy into a course in ethics», en *The International Forum for Logotherapy,* 22, 1 (1999) 44.

Muilenberg, Don T., «Meaning in life: Its significance in psychotherapy», tesis presentada en la facultad de la Graduate School, Universidad de Missouri, 1968.

Müller-Hegemann, D., «Metholological approaches in psychotherapy: Current concepts in east Germany», en *American Journal of Psychotherapy,* 17 (1963) 554-568.
Murphy, Maribeth, L., «Viktor Frankl: The new phenomenology of meaning», en *The U.S.I.U. Doctoral Society Journal,* 3, 2 (junio 1970) 1-10 y 4, 1 (invierno 1970-1971) 45-46.
Newton, Joseph R., «Therapeutic paradoxe, paradoxial intentions and negative practice», en *American Journal of Psychotherapy,* 22 (1968) 68-81.
Noblejas de la Flor, M. Ángeles, «Meaning levels and drug-abuse therapy: An empirical study», en *The International Forum for Logotherapy,* 20, 1 (1997) 46.
—: «Instrumentos logoterapéuticos de evaluación y aplicación a la drogadicción», en *Revista logoteoría, logoterapia, logoactitud,* 12, 24 (1997) 22-30.
—: «Logoterapia: responsabilidades a Viktor Frankl», *NOUS, Boletín de Logoterapia y Análisis Existencial,* 2 (1998) 7.
—: «Tríada trágica de la vida: sufrimiento, culpa y muerte», en *NOUS, Boletín de Logoterapia y Análisis Existencial,* 2 (1998) 17.
—: «Estructura factorial de los tests PIL y Logo-test», en *NOUS, Boletín de Logoterapia y Análisis Existencial,* 3, (1999) 67.
Onah, Godfrey Igwebuike «Viktor Frankl and the birth of logotherapy», *Euntes Docete,* 45, 1 (1992) 73-91.
«Originator of logotherapy discusses its basic premises» (entrevista), en *Roche Report. Frontiers of Clinical Psychiatry,* 5, 1 (1 enero 1968) 5-6.
Oro, Óscar Ricardo, «Familia, valores y logoterapia», en *V Encuentro Latinoamericano – IX Congreso Argentino de Logoterapia, Revista logoteoría, logoterapia, logoactitud,* 22 (mayo 1996) 15.
Ozcáriz, Ana María, «La logoterapia y la prevención de las drogodependencias», en *NOUS, Boletín de Logoterapia y Análisis Existencial,* 2 (1998).
Owen, Ian Rory, «Introducing an existential-phenomenological approach», *Bulletin Logotherapie en Existentiele Analyse* (Holanda), 9, 2 (junio 1999) 16.
Pacciolla, Aureliano, «The unconscious in religiosity, spirituality, and morality», *en Journal des Viktor-Frankl-Instituts,* 1, 2 (1993) 89.
Pareja-Herrera, Guillermo, «Logotherapy and social change», en *The International Forum for Logotherapy,* 2, 3 (1980) 38-39.
—: «Logoterapia entre escombros», en *Logoterapia,* Publicación de la Fundación de Estudios Franklianos y de la Sociedad Argentina de logoterapia, Buenos Aires (noviembre 1985) 15-19.
—: «Un lugar para la agresividad en la educación contemporánea. Una comprensión logoterapéutica», en *Actas del X Congreso de Psicología,* 28 de oc-

tubre, Gómez Palacio, Dgo., Instituto Superior de Ciencia y Tecnología 1986.

Peña, Margarita Gurrola, «El nivel vacío existencial y severidad de alcoholismo», en *Logoteoría, logoterapia, logoactitud,* 12, 25 (noviembre 1997) 27.

Pérez, Adolfo Serafín, «Una reflexión sobre las neurosis colectivas», en *Revista logoteoría, logoterapia, logoactitud,* 12, 25 (noviembre 1997) 42.

Pervin, Lawrence A., «Existentialism, psychology and psychotherapy», en *American Psychologist,* 15 (1960) 305-309.

Pintos, Claudio García, «What is behind depression among the elderly? Logotherapy and the treatment of geriatric depression», en *Journal des Viktor-Frankl-Instituts,* 1, 2 (1993) 27.

Polak, Paul, «Frankl's existential analysis», en *American Journal of Psychotherapy,* 3 (1949) 517-522.

—: «The anthropological foundations of logotherapy», en *The International Forum for Logotherapy,* 2, 3 (1980) 46-48.

Prats, José Ignacio, «Análisis logoterapéutico de obras literarias», en *NOUS, Boletín de Logoterapia y Análisis Existencial,* 2, (1998) 47.

Princot, Elizabeth, «Vigencia y continuidad del pensamiento de Viktor E. Frankl», tesis, Universidad Católica Andrés Bello, Caracas 1984.

Rowland, Stanely J., Jr., «Viktor Frankl and the will to meaning», en *Christian Century,* 79 (6 junio 1962) 722-724.

Ruggiero, Vincent R., «Concentration camps were his laboratory», en *The Sign,* 47 (diciembre 1967) 13-15.

Sahakian, William S., «Philosophical therapy: A variation on logotherapy», en *The International Forum for Logotherapy,* 3, 2 (1980) 37-40.

—: «Viktor Frankl's meaning for psychology», en *The International Forum for Logotherapy,* 8, 1 (1985) 11-16.

Sappington, A. A., John Bryant y C. Oden, «An experimental investigation of Viktor Frankl's theory of meaningfulness in life», en *The International Forum for Logotherapy,* 13, 2 (1990) 125-130.

Schachter, Stanley J., «Bettelheim and Frankl: Contradicting view of the Holocaust», en *Reconstructionist,* 26, 20 (10 febrero 1961) 6-11.

Shaughnessy, Michael F., «Humor in logotherapy», en *The International Forum for Logotherapy 7,* 2, (1984) 106-111.

Sisterna, Pablo D., «Logoterapia, ciencia y la pregunta por el sentido», en *Revista logoteoría, logoterapia, logoactitud* (Buenos Aires), 23 (noviembre 1996) 36.

«That nothing feeling», en *Time,* (1 junio 1962) 48.

«The doctor and the soul. Dr. Viktor Frankl», en *Harward Medical Alumni Bulletin,* 36, 1 (otoño 1961) 8.

«The father of logotherapy», en *Existential Psychiatry,* 1 (1967) 439.
Turner, R. H., «Comment on Dr. Frankl's paper», en *Journal of Existential Psychiatry,* 1 (1960) 21-23.
Unikel, Alejandro, «El autodistanciamiento en la logoterapia y su resonancia en la meditación budista, 2ª parte: Algunos criterios y técnicas para lograr autodistanciarse», en *Revista Mexicana de Logoterapia,* 2 (1999) 42.
Victor, Ralph G. y Krug, Carolyn M., «"Paradoxical intention" in the treatment of compulsive gambling», en *American Journal of Psychotherapy,* 21, 4 (octubre 1967) 804-814.
«Viktor Frankl», en *The Colby Alumnus,* 51 (primavera 1962) 5.
Waugh, Robert J. L., «Paradoxical Intention», en *American Journal of Psychiatry,* 123, 10 (abril 1967) 1305-1306.
Weiss, M. David., «Frankl's approach to the mentally ill», en *Association of Mental Hospital Chaplains' Newsletter,* (otoño 1962) 39-42.
Weisskopf-Joelson, Edith, «Some comments on a viennese school of psychiatry», en *Journal of Abnormal and social Psychology,* 51 (1955) 701-703.
—: «Logotherapy and existential analysis», en *Acta Psychotherapeutica,* 6 (1958) 193-204.
—: «Paranoia and the will-to-meaning», en *Existential Psychiatry,* 1 (1966) 316-320.
—: «Some suggestions concerning the concept of awareness», en *Psychotherapy: Theory, Research and Practice,* 8 (1971) 2-7.
—: «Logotherapy: Science or Faith?», en *Psychotherapy: Theory, Research and Practice,* 12 (1975) 238-40.
—: «The place of logotherapy in the world today», en *The International Forum for Logotherapy,* 2, 3 (1980) 3-7.
Wirth, Arthur G., «A search for meaning», en *Improving College and University Teaching,* (1961) 155-159.

4. Películas, discos y vídeos

Frankl, Viktor E., «Logotherapy», película producida por el Departamento de Psiquiatría, Neurología y Ciencias de la Conducta, Universidad de Oklahoma Medical School.
—: «Frankl and the search for meaning», película producida por Psychological Films, 205 W. Twentieth St., Santa Ana, California 92706.
—: «Some clinical aspects of logotherapy. Artículo leído en la Anderson County Medical Society de Carolina del Sur»; «Man in search of meaning. Conferencia en la Convención anual de la Anderson County

Mental Health Association en Carolina del Sur» y «Man's search for ultimate meaning, conferencia pronunciada en la Peachtree Road Methodist Church en Atlanta, Georgia», vídeo grabado para la televisión a petición de WGTV, Universidad de Georgia, Athens, Georgia 30601.
—: «Meaning and purpose in human experiencie», vídeo producido por el Rockland Community College; Library Services, 145 College Road, Suffern, Nueva York 10901.
—: «Education and the search for meaning. An interview by Professor William Blair Gould of Bradley University», vídeo producido por la Bradley University Televisión; Bradley University, Peoria, Illinois 61606.
—: «Youth in search of meaning. The third Paul Dana Bartlett Memorial Lecture», vídeo producido por KNBU y grabado para la televisión, a petición del Presidente James Edward Doty, Baker University, Baldwin City, Kansas 66006.
—: Clinical aspects of logotherapy», conferencia en vídeo; Medical Illustration Services, Veterans Administration Hospital, 3801 Miranda Avenue, Palo Alto, California 94304.
—: «Logotherapy», conferencia en vídeo; Educational Televisión, Escuela de Medicina de la Universidad de California, Departamento de Psiquiatría, Langley Porter Neuropsychiatric Institute, 3rd Avenue y Parnassus Avenue, San Francisco, California 94112.
—: Tres conferencias sobre logoterapia, pronunciadas en el Brandeis Institute; Brandeis, California 93064. Discos de larga duración.
—: «Man in search of meaning: Two dialogues», «Self-transcendence: The motivational theory of logotherapy and existentialism», vídeos producidos por Sound Seminars, College Division, McGraw-Hill Book Company, P. O. Box 402, Hightstown, N. J. 08520.
—: «The student's search for meaning», cinta de audio producida por WGTV, Universidad de Georgia, Athens, Georgia 30601.
—: «The existential vacuum», («Existential frustration as a challenge to psychiatry» – «Logotherapy as a concept of a man» – «Logotherapy as a philosophy of life», grabaciones producidas por Argus Communications, 3305 North Ashland Avenue, Chicago, Illinois 60657.
—: «The existential vacuum: A challenge to psychiatry. Addres given at The Unitarian Church, San Francisco, California, october 13 1969», grabaciones producidas por Big Sur Recordings, P. O. Box 4050, Depat. P. T., San Rafael, California 94903.
—: «A panel of experts ftom the fields of medicine, anthropology, psychiatry, religión, social work, philosophy, and clinical psychology, discussing topics of interest with Dr. Frankl at the First World Congress of Logothe-

rapy», San Diego, 1980; cinta de vídeo, Institute of Logotherapy, P. O. Box 2852, Saratoga, CA 95070, USA.
—: «Conversation hour with Viktor E. Frankl (C289-CHV8) at The Evolution of Psychotherapy Conference on December 13, 1990», cinta de vídeo, The Milton H. Erickson Foundation, 3606 North 24th Street, Phoenix, Arizona 85016.
—: «Existential psychotherapy», dos casetes, The Center for Cassette Studies, 8110 Webb Avenue, North Hollywood, CA 91605.
—: «Man in search of meaning: Towards a dehumanization of psychotherapy», conferencia pública en la University of South Africa, 29 de septiembre de 1984, cintas de vídeo y audio, Business Section, Dept. Publishing Services, UNISA, Box 392, Pretoria 0001, Sudáfrica.
—: «Man in search of ultimate meaning», conferencia «Oskar Pfister Award» en la asamblea anual de la American Psychiatric Association (Dallas, 1985), casete de audio (L 19-186-85) producida por Audio Transcripts, 610, Madison Street, Alexandria, Virginia 22314.
—: «Man in search of meaning. The philosophical foundations of logotherapy», conferencia dada el 22 de noviembre de 1986 en la Open Philosophical University, Bilthoven, Holanda, casete de audio. Tekstotaal, P. O. Box 9264, 3506 GG Utrecht, Holanda.
—: «Resources of survival», conferencia en la Southern Methodist University, 12 de noviembre de 1987; casete de vídeo, Department of SMU, 103 Fondren Library West, Dallas, Texas 75275.
Frankl, Viktor E. y Huston Smith, «Value dimensions in teaching», película en color para la televisión, producida por Hollywood Animators, Inc., para la California Junior College Association; Dr. Rex Wingnall, Director, Chaffey College, Alta Loma, California.
Hale, Dr. William H., «An interview with Viktor E. Frankl. With and introduction by Dr. Edith Weisskopf-Joelson, Professor of Psychology at the University of Georgia», cinta de vídeo grabada para la televisión a petición de WGTE, University of Georgia, Athens, Georgia 30601.
Kimble, Melvin A., «An overview of logotherapy and Its application to aging», conferencia en la asamblea anual de la American Society on Aging, vídeocasete producida por Terra Nova Films, 9848 S. Winchester Avenue, Chicago, IL. 60643.
Lukas, Elisabeth, «Logotherapy in practice», cinta de vídeo, Institute of Logotherapy, P. O. Box 2852, Saratoga, CA 95070, USA.
Pareja-Herrera, Guillermo, «El hombre en busca de un sentido: Viktor E. Frankl», guión audiovisual y videocinta, Beta 15, México 1985.

Reker, Gary, «Operationalizing Frankl's logotherapy», conferencia en la asamblea anual de la American Society on Aging, cinta de vídeo producida por Terra Nova Films, 9848 S. Winchester Avenue, Chicago, IL. 60643.

ÍNDICE ONOMÁSTICO

ÍNDICE ANALÍTICO